全国教育科学“十一五”规划教育部重点课题
“新课程改革中转变学生学习方式的研究”课题（DHA090190）研究成果

浙江省教育科学“十一五”规划重点课题
“中小学生语文课程学习指导研究”课题（SB5）研究成果

教育部2013年人文社会科学研究规划基金项目《基于学情分析视角的课堂学习经验发展研究》（13YJA880006）研究成果

21世纪语文课程学习指导丛书

丛书主编：王光龙

YUWEN ZONGHEXING XUEXI LUN

语文综合性学习论

陈隆升 著

语文出版社
·北京·

图书在版编目（CIP）数据

语文综合性学习论 / 陈隆升著. -- 北京 : 语文出版社, 2020.12
ISBN 978-7-5187-1153-6

Ⅰ. ①语… Ⅱ. ①陈… Ⅲ. ①语文课—教学研究—中小学 Ⅳ. ①G633.302

中国版本图书馆CIP数据核字(2020)第222547号

责任编辑 程艳梅
封面设计 刘姗姗
出　　版 语文出版社
地　　址 北京市东城区朝阳门内南小街51号　100010
电子信箱 ywcbsywp@163.com
排　　版 北京大有艺彩图文设计有限公司
印刷装订 北京市科星印刷有限责任公司
发　　行 语文出版社　新华书店经销
规　　格 787mm×1092mm
开　　本 1/16
印　　张 18.25
字　　数 316千字
版　　次 2020年12月第1版
印　　次 2020年12月第1次印刷
印　　数 1～2,000
定　　价 38.00元

010-65253954(咨询) 010-65251033(购书) 010-65250075(印装质量)

“21世纪语文课程学习指导丛书”前言

学习，作为人类联系客观世界和主观世界的重要活动，从孔子“学而时习之，不亦说乎”那个时代起，就成为人们研究的一个母题。但由于学科分化过程中的诸多原因，一直以来学习只是作为心理学、教育学领域研究的一个方面，没能形成一个独立的学科。20世纪中期，国际社会提出了“教会学习”“学会学习”的口号，联合国教科文组织（UNESCO）《学会生存：教育世界的今天和明天》《教育：财富蕴藏其中》等报告又提出了“终身学习”“学会学习”“学习化社会”等理念，学习得到前所未有的重视，对学习问题的研究也日渐增多。随着知识经济时代、信息化社会的到来，人们开始从不同的学科视角对人的学习进行深入研究。20世纪80年代，随着我国人才学的创立和发展，人在成才过程中的学习问题成为人们研究的热点。一批有识之士把“学习”从其他学科中独立出来，进行全方位、系统、综合的研究，并在构建学科理论体系上做出了切实的努力，学习作为一门新兴的独立学科——学习科学，终于在中国大地上应运而生了。它的诞生，为语文学习问题研究提供了强大的理论支持，也为广大教师的语文学习指导提供了丰厚的实践指南。

对于语文学习问题的研究，自1904年语文独立设科以来间有专论发表，如天民的《自习主义读法预习法》（1917）、杨贤江的《初中学生学习国文的旨趣》（1923）、萧楚女的《中学国文修学指导》（1923）、陈东原的《国文学习法》（1923）、陶行知的《读书与用书》（1934）、叶苍岑的《对中学新生谈国文学习》（1942）、叶圣陶的《略谈学习国文》（1942）、叶圣陶的《中学国文学习法》（1948）、宋云彬的《语文学习三阶段》（1950）、周祖谟的《怎样自学语文》（1954）、冰心的《漫谈语文的教与学》（1959）、叶圣陶的《认真学习语文》（1962）、张志公的《从儿童学字的角度看书写工具》（1962）、苏步青的《略谈学好语文》(1979)、魏书生的《培养学生的自学能力》(1981)、张隆华和周庆元的《阅读是学习之母——阅读心理测试小结》(1981)、顾黄初的《“多读多写”辨析》(1982)、韩雪屏的《有效地进行精读训练》(1986)、陈日亮的《得法养习 历练通文》(1996)、许建中的《语文学习基本规律探讨》(2002)、王光龙的《语文学习方法的理论探讨》(2003)、朱绍禹的《以问题为组带的阅读学习新理念》(2004)、王光龙的《语文学习素质及其培养》(2005)、曾祥芹的《阅读的主体间对话和陌生感体验》(2006)、王光龙的《语文学习方式的选择和运用》(2008)等。这些专论虽然是对语文学习具体问题的零散的研究,但反映了人们长期以来对语文学习问题的持续关注,展示了对语文学习问题研究的思想认识成果。

新时期以来,对语文学习问题的研究更加深入,出版了10多部语文学习研究论著,如曾祥芹和韩雪屏的《阅读学原理》(1989)、佟士凡的《语文学习论》(1993)、王光龙的《语文学习方法学》(1993)、董国华的《初中语文学习方法指导》(1995)、林化君、陈黎明和张幼冬的《追问与发现——语文学习心理论》(1998)、曾祥芹的《阅读学新论》(1998)、毓明笠的《中学语文学习心理与学习方法研究》(1999)、王光龙的《语文学习方法的理论与实践》(2002)、王光龙的《语文学习概论》(2003)、许建中等的《语文高效学习艺术》(2005)、陈玉秋的《中学生作文学习与人的发展》(2005)、乔桂英的《阅读学习方法指导学》(2007)等。这批论著的内容涉及语文的阅读学习、作文学习、学习方法、学习艺术、学习心理、学习素质等方面,使我国语文学习研究的内容得到进一步深化和拓展。这一时期,在部分高校教材如《语文学科教育学》《语文教学论》《语文课程与教学论》的内容框架中,语文学习也列为独立的一章了。而将一般的语文学习研究与当前的语文课程学习研究联系起来,从语文课程学习指导角度来研究中小学生的语文学习问题,则是21世纪基础教育语文课程改革中提出的新课题。

21世纪之初在全国范围推行的基础教育语文课程改革,为语文学习研究提供了新的契机和动力。新的课程标准突出了学生的学习主体地位。如《义务教育语文课程标准(2011年版)》在课程理念中指出:“学生是学习的主体。语文课程必须根据学生身心发展和语文学习的特点,爱护学生的好奇心、求知欲,鼓励自主阅读、自由表达,充分激发他们的问题意识和进取精神,关注个体差异和不同的学习需求,积极倡导自主、合作、探究的学习方式。教学内容的确定,教学方法的选择,评价方式的设计,都应有助于这种学习方式的形成。”在教学建议中指出:“学生是语文学习的主体,教师是学习活动的组织者和引导者。语文教学应在师生平等对话的过程中进行。语文教学应激发学生的学习兴趣，培养学生自主学习的意识和习惯，引导学生掌握语文学习的方法，为学生创设有利于自主、合作、探究学习的环境。应尊重学生的个体差异，鼓励学生选择适合自己的学习方式。”

新的课程标准对学生的语文学习提出了明确具体的学习目标。如《义务教育语文课程标准（2011 年版）》在课程目标中指出：“培育热爱祖国语言文字的情感，增强学习语文的自信心，养成良好的语文学习习惯，初步掌握学习语文的基本方法。”“能主动进行探究性学习，激发想象力和创造潜能，在实践中学习和运用语文。”《普通高中语文课程标准（实验）》在课程目标“积累·整合”中规定：“能围绕所选择的目标加强语文积累，在积累的过程中，注重梳理。根据自己的特点，扬长补短，逐步形成富有个性的语文学习方式。了解学习方法的多样性，掌握学习语文的基本方法，能根据需要，采用适当的方法解决阅读、交流中的问题。通过对语文知识、能力、学习方法和情感、态度、价值观等方面要素的融汇整合，切实提高语文素养。”

如何落实语文课程的理念和目标，承担和加强对中小学生语文课程学习的指导，是广大语文教师教学实践中面临的新问题，也是语文教育理论工作者需要研究的新课题。依据语文课程改革的需要，全面开展语文课程学习指导的研究，是新世纪基础教育课程改革赋予我们的重要历史责任。

依据系统论的原理，语文课程学习指导的内容也是一个大系统。这个大系统应该由两个子系统构成，一个是语文课程学习内容系统，一个是语文学习心理、行为系统。语文课程学习内容系统包括：一、义务教育阶段语文课程学习内容——识字写字、阅读、写作、口语交际、综合性学习；二、普通高中阶段语文课程学习内容——必修课程内容（阅读与鉴赏、表达交流）、选修课程内容（诗歌与散文、小说与戏剧、新闻与传记、语言文字应用、文化论著选读）。语文学习心理、行为内容系统，包括语文学习心理、语文学习方法、语文学习习惯、语文学习方式、语文学习模式、语文学习管理、语文学习素质等。语文课程指导内容系统图示如下：

- 语文课程学习指导系统
  - 语文课程学习内容
    - 义务教育语文课程学习内容
      - 识字与写字
      - 阅读
      - 写作
      - 口语交际
      - 综合性学习
    - 普通高中语文课程学习内容
      - 必修
        - 阅读与鉴赏
        - 表达与交流
      - 选修
        - 诗歌与散文
        - 小说与戏剧
        - 新闻与传记
        - 语言文字应用
        - 文化论著选读
  - 语文学习心理行为
    - 语文学习心理
    - 语文学习方法
    - 语文学习习惯
    - 语文学习方式
    - 语文学习模式
    - 语文学习管理
    - 语文学习素质

全面开展对语文课程学习指导的研究，不仅要清楚指导的内容结构系统，而且要综合和融汇指导的内容，从有利于学生学习和教师指导出发设计出一个指导的框架体系。综合和融汇的主要对象是语文课程学习内容这一子系统。义务教育阶段和高中阶段的语文课程学习内容，虽然有其分明的阶段性和不同的学习目标，但高中语文课程学习的内容是在义务教育阶段基础上的延伸、拓展和深入，呈螺旋上升、综合发展形态。如，高中阶段必修课程内容的“阅读与鉴赏”能力的培养、“表达与交流”能力的培养，都是在义务教育阶段听说读写基本能力基础上向更高层次的发展性培养。高中选修课程内容的“诗歌与散文”“小说与戏剧”“新闻与传记”“语言文字应用”“文化论著选读”等五个系列，也都是在义务教育阶段的阅读、理解、审美、探究和语言运用等能力基础上分文体、分专题的综合语文能力的提高性培养。因而，两个阶段课程学习内容的指导，有必要融汇于一体，以义务教育阶段的语文课程学习内容为框架，延伸到高中阶段的语文课程学习内容。至于语文学习心理和行为指导的内容，我们看到，两个阶段的指导内容呈纵向推进、全面发展形态。虽然义务教育阶段和高中阶段的学生心理行为存在年龄上的差别，但高中生的语文学习心理和行为是在义务教育阶段基础上的进一步发展，表现在学习心理上是由义务教育阶段的他觉、接受、自觉到高中阶段的更为自觉、成熟和稳定，表现在学习行为上则是由义务教育阶段的练习、熟习和习惯到高中阶段的更为自主、有效和灵活。

依据上述对语文课程学习指导内容系统的认识，我们将语文课程学习指导的内容设计为识字写字学习指导、阅读学习指导、文学作品学习指导、写作学习指导、口语交际学习指导、综合性学习指导、语文学习评价指导等若干个模块。将语文学习心理行为指导内容设计为语文学习心理指导、语文学习方法指导、语文学习习惯指导、语文学习方式指导、语文学习模式指导、语文学习管理指导和语文学习素质培养等若干个模块。两个系列的每个模块都可以成为一个独立专题进行研究。每个模块依据需要还可以分为更小层级的模块。如语文学习方法模块，就可以分为识字写字学习方法、阅读学习方法、写作学习方法、口语交际学习方法四个更小的模块，进行更为具体的研究。

从培养学生学会学习和终身学习的角度看，语文学习心理行为系统内容的指导则更为重要。按照心理学对知识的一般分类，学科知识内容属于陈述性知识。陈述性知识也叫描述性知识或记忆性知识，它主要用来回答事物是什么、为什么或怎么样的问题，具有静态的性质。学习心理行为内容则属于程序性知识。程序性知识也叫操作性知识或步骤性知识，其实质是一套对外办事的操作步骤和过程，也包括对内调控的策略知识，主要用来解决做什么和怎样做的问题，具有动态的性质。对于语文学科来讲，陈述性知识的学习指导是基础的、必要的。掌握语文学科基础的陈述性知识，有助于全面提高人的语文素养与文化修养。通过陈述性知识的学习能将部分知识转化为语文心智技能，形成适应工作和生活需要的语言理解与表达能力。而语文学习心理和行为，则是在学习语文学科的陈述性知识的过程中，掌握语文学习方法，养成语文学习习惯，形成有个性的语文学习方式，养成语文学习的基本能力，从而具备现代社会公民的基本学习素质，成为学习化社会中学会学习的人。这理应成为语文课程学习指导的首要目标。这一认识符合教育部《基础教育课程改革纲要（试行）》中规定的课程改革的第一条具体目标：“改变课程过于注重知识传授的倾向，强调形成积极主动的学习态度，使获得基础知识与基本技能的过程同时成为学会学习和形成正确价值观的过程。”

全套丛书分为十多个分册，虽然每个分册都列为一个独立专题进行研究，但课题组对每个专题的研究和分册的撰写，都在以下四个方面提出了共同的要求，做出了切实的努力。

一、全面落实语文课程的理念和目标

今天的语文课程学习是在 21 世纪之初启动的我国第八次基础教育课程改革背景下的语文课程学习，《义务教育语文课程标准（2011 年版）》和《普通高中语文课程标准（实验）》两个文件是学生语文课程学习和教师指导语文课程学习的基本纲领和具体标准。全面落实语文课程的理念和目标是本丛书编写的基本任务和理想追求。语文课程的理念和目标是语文新课程学习指导的指针和内容。在每一专题的研究和分册内容的编写中，都安排独立的章节阐述“学习理念”和“学习目标”。例如在《识字写字学习论》《阅读学习论》《写作学习论》《口语交际学习论》等分册中都有两个章节分别论述“学习的理念”和“学习的目标”等内容。通过对学习理念、学习目标的专门论述，通过在各章节中渗透学习理念和学习目标，保障语文课程理念和目标的具体落实。对于读者来说，这不仅可以加深对课程理念、目标的理解，提高自己对课程理念和课程目标的认识，而且还可以从实践操作层面落实课程理念和目标。

二、追求专题理论的系统性和先进性

语文课程学习指导每个专题的研究都努力追求建构一个独立的理论系统。理论的系统性体现在每个分册的章节排列顺序及其内在联系上。在每个理论系统中，既有我国古代传统学习理论的深厚基础，又有现代先进学习理论的借鉴运用。如《文学作品学习论》分册的理论体系由十一章构成：文学作品学习概述、中学文学作品学习的变革与发展、文学作品学习的理论基础、文学作品学习的基本内容、文学作品学习的心理机制（上、下）、文学作品学习方法（上、下）、不同体裁文学作品学习、文学作品学习评价、文学作品的课外学习。这样一个理论体系，虽然还不能说已经十分全面和完善，但它毕竟创建了一个比较合理的理论系统，为后人的继续研究提供了初步理论框架和基本内容设置，给读者提供了一门系统的理论知识和一个开放的理论视野。各专题理论的先进性体现在综合运用当代课程论、教学论、学习论、心理学、语言学、文学等学科新的研究成果，形成专题的理论系统。各专题理论的系统性和先进性使它能够在语文课程改革的实践中有效指导中小学生的语文课程学习。

三、注重学习指导的实用性和操作性

语文课程是一门实践性很强的课程，语文学习是一种语言心智技能学习，因此，语文课程学习指导追求理论的实用性和实践的操作性。本丛书虽然各册论述的内容不同，但在阐述其专题学习理论时，都十分重视理论的实用性和指导的操作性。如《阅读方法指导论》分册，先设第一、二、三章对阅读学习方法的地位、内容、目标和历史发展等进行全面论述；中间在第四章“朗读的方法”、第五章“默读的方法”、第六章“精读的方法”、第七章“略读的方法”、第八章“速读的方法”里都设指导与运用一节，专门论述阅读方法的实践指导和操作运用问题；第九章“阅读学习方法的指导”，对阅读学习方法指导的意义、原则、模式和方法做了系统论述；最后第十章论述“阅读学习方法的检测和评价”。这样一个内容框架安排，充分体现了阅读学习方法指导理论的实用性和实践指导的可操作性。语文教师能够从中既获得系统的学习指导理论，又可以掌握阅读学习方法指导的具体操作要领，从而提高阅读学习方法指导的科学性和有效性。

四、提供语文教师专业培训的实用教材

教育部《关于大力加强中小学教师培训工作的意见》中明确指出：“教育大计，教师为本。有好的教师，才有好的教育。教师培训是加强教师队伍建设的重要环节，是推进素质教育，促进教育公平，提高教育质量的重要保证。”加强语文教师培训，也是深入推进当前语文课程改革的重要举措和保障。教师培训的模式、方式虽然多种多样，但都需要设计合理和方便使用的培训教材。本丛书以两个语文课程标准为依据，以新的语文课程理念为指导，着眼于学生学会学习和教师有效学习指导，分专题对语文课程学习内容及其指导进行了全面的论述，使语文课程学习理论与学习指导得到有机结合，努力满足中小学教师对语文课程学习指导实践的需要，成为语文教师专业培训的实用教材。同时，本丛书还可以作为语文教师在职专业进修的自修教材。

经过编委会同人数年的艰苦创作，丛书即将出版。站在学生学习的立场，从指导学生的课程学习着眼，编写一套语文课程学习指导丛书，的确是一种前人没有过的创举。在丛书出版之际，我要真诚感谢编委会全体同人的工作和友情。为了推动新一轮的语文课程改革，为了促进中小学生的语文课程学习，为了创建我国的语文学习科学大厦，大家认真写作，锲而不舍，相互勉励，友好合作，以共同事业为纽带结成了一个有实力、讲智慧、重情义的学术团队。靠着这样一支学术团队，完成了这套三百万字的中型学术丛书！

丛书学术顾问朱绍禹先生生前十分关心和支持本丛书的编写工作。他曾多次解答作者的咨询，并对几位作者的部分书稿亲笔批示修改意见。那时朱先生因腰部受损已经不能长时间伏案工作了，有时他就垫块软垫跪伏在地板上写批阅意见。当我知道这一情况后，心底十分震撼！每当丛书编写和出版遇到困难时，脑际就会浮现出朱先生跪伏写批语的情景，这激励我决心克服一切困难完成丛书的编写工作，以告慰朱先生的在天之灵。丛书学术顾问陶本一先生在住院期间仍询问丛书的进展情况，他的关心和激励是我坚持奋进的莫大动力。对两位先生的关心、指导和鼓励，我们表示深深的谢意！

王光龙

2011 年立冬时节于杭州三塘

目　　录

引　论　被开拓的学科课程的经验世界

自 1904 年独立设科以来，作为学科课程的语文课，一直是在“破”与“立”之间挣扎。这种挣扎集中体现为如何看待学生经验活动的设计与实施。传统的做法是课内进行听说读写的单项学习，而把大量的语文学习经验活动寄希望于课外进行，但在实际操作中课内与课外常常脱节，造成课内活动不充分、课外活动漫无边际的现象。2000 年新课程改革提出了“语文综合性学习”的设想，旨在拓宽语文学科课程的经验活动路径，通过“综合性”的学习方式把课内与课外连成一体，以改进日趋僵化的语文课堂教学。在这样的课程框架下，学生课内与课外一体化的语文实践活动日渐增多，语文学习的经验世界得以逐步拓展，这也必将大力推动语文课堂教学形态的转型。

一、语文“课”的两种课程取向

语文“课”在深层是受到课程体制和课程编制形成的课程价值取向制约的，并不以语文教师的个人意志为转移。陈桂生把“课”区分为两种不同的课程取向：学科课程取向和经验课程（或活动课程）取向。[①] 我国现在占主体的语文“课”是学科课程取向的，经验活动课程只是作为学科课程的一种补充。

（一）两种课程取向的语文“课”有不同的逻辑起点

“学科课程”取向的语文“课”是以教科书为本位展开的，其基本教学设计流程是：

（1）钻研教材，包括钻研教学大纲和教科书，阅读有关参考书。通过钻研教

① 陈桂生.“备课”引论 [J]. 全球教育展望，2007（2）.

学大纲，了解本学科的教学目的，掌握教材体系、基本内容和教学方法上的基本要求，统观全局，抓住主线，为了掌握教材，教师还要阅读有关的参考资料，不断积累资料。

（2）了解学生，包括了解他们对一定学科的有关知识、技能掌握的范围和质量；了解他们的学习兴趣和学习态度；了解他们的思维特点、自学能力和学习习惯等……在了解学生的基础上，预测他们在学习新教材中可能出现的问题……

（3）组织教材和选择教学方法。组织教材，一般要求做到条理清楚、层次分明、逻辑谨严、重点突出、观点明确、论据充足、难易适度、详略得当；选择教学方法，主要根据具体教学任务、学科的性质和教材的特点以及学生的年龄特点等来考虑决定。①

这样的设计流程体现的是“课”背后的学科课程取向，即“课”以教科书为本；上课即教师“教”的活动，“教”的活动旨在使学生掌握教科书中的知识。

“经验活动课程”取向的语文“课”则体现以下观念：“课”是学生的学习活动，“教材”（不一定是教科书）是学生学习的材料，上课是教师对学生学习活动的指导，备课属于教师对学生学习指导的准备（其中包括在上课时展示什么、如何展示、为什么展示的考虑）。

两种不同课程取向的语文“课”，虽然都是以帮助学生获得一定的学习结果为目的，但两者的设计所遵循的逻辑线路是不一样的。“学科课程”的逻辑起点是“教材”，它所遵循的是从“钻研教材”到“了解学生”，再到“组织教材和选择教学方法”，也即它以教材的内容和逻辑结构为起点，帮助学生获得教材所蕴含的“课程内容”。而“经验活动课程”的逻辑起点是“学生”，关注的是“学习目标”“学习者”“学科内容”“学习需要”等内容，它以帮助学生获得“经验发展”为目标。

由此看来，两种不同取向的语文“课”各自有一套内在的逻辑体系，逻辑起点和逻辑运行轨迹大相径庭。在对待“学”的态度上，具有不同的逻辑基础。“学科课程”取向追求的是学科内容和教材内容如何转化成学生的学习经验，而“经验活动课程”取向追求的则是学生的经验如何在原来的基础上获得提升。

① 中国大百科全书编写组. 中国大百科全书·教育卷 [Z]. 北京：中国大百科全书出版社，1985：20.

（二）折中造成的难题：学科内容与经验活动的冲突

在当前的课堂上，完全按照传统的“学科课程”取向模式来上课的教师应该是很少了，最明显的变化是课堂教学中加入了大量的“学生活动”。这代表的是一种试图对这两种课程取向的折中趋向。然而，“折中”是需要经过学理审议的，因为这两种取向是有不同的学理基础和逻辑要求，光在一种模式中武断地加入另一种模式的设计要素，难免会出现“水土不服”的现象。下面我们以曾经引起广泛争议的“创造性阅读”课例《孔乙己告状》[①] 来加以进一步阐释，我们将该课例摘引如下：

《义务教育语文课程标准（2011 年版）》明确提出阅读的基本理念：逐步培养学生探究性阅读和创造性阅读的能力，提倡多角度的、有创意的阅读，利用阅读期待、阅读反思和批判等环节，拓展思维空间，提高阅读质量。

按照常规，品悟了文章语言、领悟了人物形象之后，我让学生根据自己的理解自主提问，每人五个，要求问题不能在任何资料上照抄，只能是自己思考所得。作业批阅时有两个问题引起了我的兴趣：“当最后一次别人问孔乙己又偷了东西时，他为什么没有像平常一样分辩？”“丁举人把孔乙己打成这样，他为什么不去告状？”是呀，假如孔乙己分辩，他会说些什么？如果孔乙己去告状，他会拿出什么理由？当思维的火花突现时，我激动异常——为什么不让学生模拟一个法庭辩论会呢？

带着学生的问题，我导入了延伸的内容：“昨天叫同学们提问题，有两个问题我觉得很有价值，下面请大家看一看，你们是否赞同我的观点。”（计算机出示两个问题）学生看后沉默了一会儿，有人马上高声说：“赞同！”“哦，为什么？”我追问下去。另一个学生连忙接下去：“孔乙己太窝囊了！是应该叫他扬扬眉吐吐气，去公堂之上论论理：他丁举人怎么可以随便打人？”看他一脸愤愤不平的神色，再看看其他同学的脸色，似乎都支持他的这一说法。“其他同学觉得怎么样？”“让孔乙己去告状！”回答几乎是异口同声地。“既然如此，我们将两个问题合并一下，成为一个假想中的场景，题目就叫《孔乙己告状》，你们看如何？”“好啊！”“告状是不是可以随便进行的？”“不行，告状要有理由。”“那么如果孔乙己去告状，他会以什么作为主要理由？为什么？”学生马上低头再次翻

① 陈爱娟. 孔乙己告状 [J]. 中学语文教学，2003（12）.

阅课文。不一会儿，学生甲站了起来说："丁举人随便打人。大家都是读书人，丁举人无非中了举，可他凭什么能随便打人？而且是在自己的家里打别人，那不是私设公堂，是犯法的吗？"（其他学生大笑）学生乙接着说："应该抓住'偷'字做文章。孔乙己自己又没说偷，是丁举人他们硬说他偷的。孔乙己可以据理力争——凭啥说我偷？"学生丙往前深入一步："咸亨酒店老板可以为他作证：孔乙己在店里的品行比别人都好，就是从不拖欠。从不拖欠就是有钱，仅凭这一点，他还会去偷吗？"我说："既然如此，孔乙己用什么理由告状待会请大家自己挑选。现在我们要讨论的问题是：孔乙己告状时会不会带证人？如果带，你认为他会带谁？他会请律师写状纸吗？丁举人将会有些怎样的反应？告状最终结果怎么样呢？""你们每人用笔自己虚拟一个法庭，将孔乙己告状的过程和结果写下来，我看了之后，挑选几篇场面生动、结局不一、过程特别的，再让大家评论，怎么样？"

26分钟之后，第一个模拟法庭辩论交上来了。他的文章格式仿照了莎士比亚的《在法庭上》，而又有了自己处理的痕迹：他在第一行写的是——原告：孔乙己；被告：丁举人；证人：小四、阿德；原告辩护律师：宗氏明；被告辩护律师：邬有才；县官：张富贵。这张人物表之后，就是序幕、人物的上下场和具体的人物对话。这真让我眼睛一亮。接着，其他学生纷纷上交自己的劳动成果。当堂完成一篇作文，这在此届学生身上，还是破天荒第一次。我仔细地审阅着每一个思索的结晶，兴奋不已。大多数学生设想孔乙己的结局为惨败而归，因为他确实爱偷，是罪有应得（也有认为他说话太酸，且又没有向县官送钱行贿的）；只有极少数学生把孔乙己设想成一个胜利者，因为孔乙己没有进入丁宅，是他们牵强附会；还有极个别学生来个全联想——孔乙己当官了，丁举人忙不迭地想要巴结他，他的官司不打而赢。

课后我总结收获与反思：1. 旧瓶一定能装新酒。传统课文可以采用新的理念来教学，处理得当的话，还可以加强学生对课文的研读力度与深度。为此，一定要注重反思性思维和批判性思维的培养。2. 创造性阅读也须联系学生的生活实际，让学生在新奇中探索假定的角色，为综合实践活动——演课本剧打下扎实的基础。

任课教师在这节课里有一个明显的意图：突破传统的"学科课程"取向的阅读教学思路。为此设计了一个"学生经验活动"。也即是说，把"经验活动课程"取向的设计要素插入了"学科课程"取向的教学设计中，试图通过这个活动的开展来发展学生的"探究性阅读和创造性阅读的能力"。在课例中，任课教师通过陈述“收获与反思”对这种设计做出了主观有效性宣称。分析其主观有效性宣称的内容，我们可以看到，教师认为这样的设计与处理在两个方面是有效的：一是采用“新的理念”教学传统课文，“可以加强学生对课文的研读力度与深度”；二是“联系学生的生活实际”开展创造性阅读，可以为“综合实践活动”奠定基础。然而，正是这个有效性宣称本身透露出这节课的设计与教学陷入了两难境地。前者表明是以“经验活动”的方式（即教师自称的“创造性阅读”）来开展“学科课程”取向的教学活动，后者则显露是把“学科课程”取向的教学活动作为“经验活动课程”取向的教学活动的准备。产生这种矛盾的主要原因是任课教师没有尊重两种不同取向课程设计模式自身的逻辑结构，对两种模式的设计要素做了随意嫁接。正是这种随意嫁接，模糊了两种课程的逻辑边界，引发了论者对这个课例的批评。从“学科课程”的逻辑出发的论者认为，这堂课的“创造”缺乏文本依托，偏离了《孔乙己》这篇文章的实际，是一堂比较“离谱”的创造性阅读课。① 有的论者认为这样的“创造”不具备现实意义，是一种“夹生”式的“半成品”，对学生的真正创造性的培养是一种误导。② 李海林也认为该课例的设计是对“学科课程”取向的逻辑结构的破坏：“文本失去了对解读的整体性、本质性、前提性意义，学生可以从文本中的某一素材或要素出发（而不必从文本的整体出发），以该一素材或要素作为‘引子’（只是引子），创造另一种意义结构；文本首先被‘破碎’了，然后某一‘碎片’被拾起，镶进另一个意义结构中，该意义结构与原意义结构没有本质性联系。”③“‘一般性社会阅读’也许可以从文本的‘非基础性’内容出发，创造与文本没有什么本质联系甚至毫无联系的东西；但‘教学性阅读’则必须从文本的‘基础性’内容的内在逻辑出发，读出由文本的基础性内容内在逻辑所规定的可能性中的东西。”④

另一方面，有论者从“经验活动课程”取向提出了批评，认为鲁迅小说笔力深厚，颇耐人寻味，作为一个十几岁的孩子学习这样的文章，最好的方法就是在老师的引导下老老实实品读课文。至于学生提出的问题，如“丁举人把孔乙己打

① 蒋红森. 要严肃对待文学作品的文本价值 [J]. 中学语文教学，2003（12）.

② 冯贻联. 谨防“创造”出毛病来 [J]. 中学语文教学，2003（12）.

③ 李海林. “无中生有式创造性阅读”批判 [J]. 中学语文教学，2005（1）.

④ 李海林. 创造性阅读的理性思考与实践分析——再论“创造性阅读”[J]. 中学语文教学，2005（4）.

成这样，他为什么不去告状？”“大家都是读书人，丁举人无非中了举，可他凭什么能随便打人？”教师根本没有必要以虚拟法庭的形式来解决问题，只要引导得法，把学生自己提的问题教给学生自己依据文本讨论解决，是完全能够使他们深入理解文本的思想内涵的，这样才能真正“加强学生对课文的研读力度和深度”。[①] 更有的论者认为本课例不是创造性阅读课例，而是一堂读写结合的写作课例。但任课教师在引导学生开展写作活动时，没有做好相应的准备，并且违背了创作规律。“设身处地”想象，就应该尊重文本，准确把握人物身份地位和个性特征，按照文本对情节的暗示进行想象，想象应合情合理。这一点，任课教师没有给学生强调，导致相当一部分学生的想象“离谱”。只有明确了写作意图，才能完成“旧瓶装新酒”。学生离孔乙己时代已近百年，对那个时代的狱讼制度、官场内幕并不熟悉；对当今的《民法》《民事诉讼法》《治安管理处罚条例》等也不熟悉，更没有深切的生活人生体验，他们能写好孔乙己告状吗？所以，只好瞎编乱造。[②] 有的批评者认为，该课例中教师巧设写作情景的教法，拓展了学生的思维，引起了学生的写作欲望，培养和锻炼了学生的想象力，确实有它的独到之处。但以课文为写作材料应慎重。首先，利用课文材料来让学生作文，目的是什么？如果是以“写”促读，把“写”作为对阅读教学的补充和深化，那么这种训练肯定是有益的。如果不是出于这个目的，而是为写作而写作，那就大可不必。现代作文教学要求材料具有时代气息，必须源于生活，贴近生活，反映生活。而《孔乙己》的社会背景离学生太远，显然不具备这一特点。其次，续写的基本要求是在对人物性格把握准确、全文旨意理解透彻的基础上，遵原文的思路作延伸。如果人物命运发生变化，也要符合人物性格，做到合情合理。再次，学生尝试用现代的法制和思维观念去解决古人的问题，显得较为天真，容易导致学生对作品的历史局限性认识不足[③]。有的老师认为，这个课例不能叫作创造性阅读，应叫改编，是改编原作，是写作活动，而不是阅读文本的行为。如果作为初中语文作文教学的一种创新写作，让孔乙己去告状打官司，应该有成功之处。但如果把它定位为创造性阅读，则不妥当。当课例中学生发出“丁举人把孔乙己打成这样，他为什么不去告状”的疑问时，正是学生“创造性”阅读的起点，这时教师

① 孙志云. 我也说几句 [J]. 中学语文教学，2004（4）.

② 林振树. 关于《孔乙己告状》的两点思考 [J]. 中学语文教学，2004（4）.

③ 卜子夏. 以课文为作文材料应慎重 [J]. 中学语文教学，2004（1）.

应该适时引导学生们进行自主讨论和对话，可惜任课教师错失了教会学生自主阅读并最终学会阅读的良机，顺应了学生的思路而走向了歪路。[①]

从“学科课程”立场来看，这是一节“离谱”的创造性阅读课，而从“经验活动课程”立场来看，也是一节准备不充分的综合实践课或写作活动课。

所以，“经验活动”在进入“学科课程”教学设计的过程中，需要根据两种课程模式的内在逻辑结构做出学理审议，盲目地折中必然造成课堂的混乱。

二、语文综合性学习是对学科课程“经验通道”的拓展

虽然语文课的两种课程取向有各自的逻辑框架，但各自的学习经验元素却并不是水火不容的。实际上，学生在两种课上的经验活动是有很多相同之处的。尤其是在“学科课程”取向的语文课堂上若能融入一些“经验活动课程”的元素，或者若能将课堂上难以学习的教学内容延续到课外经验活动中，这都将大大拓展学科课程的经验通道。

（一）“经验活动”在“学科课程”中可以有多大空间

前文《孔乙己告状》课例试图把学生的“经验活动”插入“学科课程”中，引发我们去深度思考一个问题：学生的“经验活动”在“学科课程”中可以有多大空间，即什么样的“经验活动”在“学科课程”中是合适、合宜并合法的？

这样一个问题自然要涉及“经验活动”以什么内容参与学科课程的教学。对这个问题，人们常常是从活动结果出发加以研究，即审议通过“经验活动”，学生获得了怎样的“知识经验”。因为经验本身是有正确与错误之分的。“有些经验具有错误的教育作用。任何对经验的继续生长有阻碍或歪曲作用的经验，都具有错误的教育作用。”[②]杜威曾经分析了一些常见的错误经验，“有一种经验可以使人感觉淡漠，使人们缺乏感受性和反应性，因而，就会限制将来获得比较丰富经验的各种可能性。再则，一种特定的经验虽然可能在一个特殊领域内增加一个人的机械的技能，然而，又会使他陷入陈规旧套，其结果也会缩小经验继续增长的范围。一种经验可能立即使人感到快乐，然而它却促使人们养成马马虎虎和不细心的态度。这种态度就会改变后来的经验的性质，因而，就会妨碍人们去得到这些经验应该给予他们的东西。再则，一些经验可能彼此互不联结，虽

① 董水龙.创新阅读不是“大话”阅读[J].中学语文教学，2004（7）.

②［美］杜威著，姜文阁译.我们怎样思维·经验与教育[M].北京：人民教育出版社，2004：248-249.

然每个经验本身是令人愉快的甚至是令人兴奋的，可是它们彼此之间不能够持续地连贯起来。”①

所以，什么样的“经验活动”在“学科课程”中是合适、合宜并合法的，实际上就转化成了对学生所获得的经验的正确与错误的辨析。正确的活动经验可以纳入“学科课程”中，反之，错误的活动经验则应该加以排斥。批评者对《孔乙己告状》课例的审议，实际上就是遵循了这样一个思路。大多数教师与学者的批评并不是反对“创造性阅读”本身，而是针对学生在课堂里到底创造出了怎样的阅读经验，这些阅读经验对学生的发展会起怎样的作用。很明显，学生在课堂讨论和写作中形成的一些经验是错误的，如：

学生甲站了起来说：“丁举人随便打人。大家都是读书人，丁举人无非中了举，可他凭什么能随便打人？而且是在自己的家里打别人，那不是私设公堂，是犯法的吗？”（其他学生大笑）学生乙接着说：“应该抓住‘偷’字做文章。孔乙己自己又没说偷，是丁举人他们硬说他偷的。孔乙己可以据理力争——凭啥说我偷？”学生丙往前深入一步：“咸亨酒店老板可以为他作证：孔乙己在店里的品行比别人都好，就是从不拖欠。从不拖欠就是有钱，仅凭这一点，他还会去偷吗？”

极少数学生把孔乙己设想成一个胜利者，因为孔乙己没有进入丁宅，是他们牵强附会；还有极个别学生来个全联想——孔乙己当官了，丁举人忙不迭地想要巴结他，他的官司不打而赢。

这些错误的经验足以使人们推断出这节课经验活动的无效性，因为这些经验对发展学生的“文本阅读经验”起着阻碍作用。

有许多参加讨论的教师对该课例尝试的“写作活动”方式是持肯定意见的，有位教师认为课文完全可以做作文材料，写作的主要形式是续写或扩写，设计的步骤是：（1）透彻理解原文，把握内容形式；（2）选准角度，设计题目，激发联想和想象，及时成文；（3）相互评改，交流展览。以《孔乙己中举》为题，进行续写训练，要求充分发挥联想和想象，描绘出孔乙己中举后的情形。任课教师举了一位学生的当堂写作活动成果：②

① [美] 杜威著，姜文阁译. 我们怎样思维·经验与教育 [M]. 北京：人民教育出版社，2004：248-249.

② 赵清芳.《孔乙己》完全适于做作文材料 [J]. 中学语文教学，2004（4）.

孔乙己中举

孔乙己从咸亨酒店回到家里，躺在一堆干柴火上，眼睛呆呆地盯着露着天的屋顶出神。夜，已经很深了，“呜呜”作响的风声夹着偶尔的几声犬吠，给这深秋的夜平添了几分凄凉、冷落。

孔乙己慢慢闭上了双眼……

忽然，一个眉清目秀的小童，手执拂尘，从天而降。他用手一拉孔乙己，身子便腾空而起，直冲云端而去。

大约一炷香工夫，两人来到一座富丽堂皇的大殿前，“灵霄殿”三个遒劲有力的大字端刻在宫门上。步入宫门，只见一位面如冠玉的中年人，头戴冲天九龙戏珠冠，身着衮龙袍，端坐在一张雕龙宝座上，两边是肃然静立的文武百官。只听那中年人开口道:“孔乙己，朕念你苦读半生，一世清贫，特宣你到这天界之上，赐你举人出身，封你为九天吏部侍郎，掌管天上凡间的科考事务。太白金星，把你的金丹给他一粒，替他医一医那残废的双腿吧。”“谢主隆恩！”孔乙己忙磕头谢恩。

从此以后，孔乙己便在仙界逍遥自在地生活起来。他吃的是珍馐佳肴，饮的是玉露琼浆，住的是琼楼玉宇，穿的是绫罗绸缎，出则乘车，入则扶持，真可谓一步登天。

一天，孔乙己突发奇想，要到下界走一遭。早饭后，他带一仙童出了南天门，飘然来到人间。真是无巧不成书，正好落在咸亨酒店门口。“掌柜的，快开门！”小童上前叩门。随着“吱”的一声，掌柜的脑袋探了出来，睡眼惺忪。当他看清站在眼前的两个人时，惊得瞠目结舌。但转瞬又换上一副笑脸:“哟，这不是孔……孔老弟吗？”“不，应该叫孔老爷！”小童厉声纠正。“哦……是……是孔老爷。快，快，里边有请！孔……孔老爷，今天是什么风把您这位贵人给吹来了？您今日屈驾前来，真让小店蓬荜生辉啊！您需要什么，尽管吩咐，我叫伙计给您老送去。”掌柜的边拿袖子抹着一张已照见人影的红漆方凳，一边小心地赔着笑脸。“啊……我记得还欠你十九个钱呢，今日是特地来还账的。”“孔老爷，咳……咳，看您老说到哪里去了？小的我孝敬您老还来不及呢，怎么还敢收您老人家的钱？”

这时，门外早已挤满了人，短衣帮、长衫主顾、那个温酒的小伙计，还有几个分吃他茴香豆的小孩子。他们的脸上都明显带着惊诧和羡慕，在门外叽叽咕咕地议论着。孔乙己的脸上微微显露出得意的神情。他微微斜了一下眼，满意地扫了一眼自己这身锦绣彩衣，然后从怀里掏出一锭雪白的银子，朝那曲尺形的大柜台上一掷，慢慢站起身，用手轻轻掸了掸衣襟，迈开标准的八字步，高昂着头，向咸亨酒店的门外踱去……

第二天，太阳出来的时候，人们发现孔乙己直挺挺地躺在干草堆上，脸上满是得意之色……

任课教师对学生形成的“学习经验”做出了有效性宣称：这篇文章写孔乙己临死之前产生的种种幻想，不仅符合原作情节发展的逻辑，也是符合孔乙己性格特点的，他生前念念不忘进学和中举，以至穷困潦倒还沉迷不醒，临死之前产生这些幻想是十分合乎情理的。这就更进一步突出了他热衷功名、至死不悟的性格特点，更深刻地揭示出封建科举制度的毒害。

还有一位教师认为《孔乙己》创造性阅读必须“咬定文本不放松”，要做到三点：咬定“主题”不放松，咬定“人物性格”不放松，咬定“环境”不放松。这位教师自称运用“非指示性教学”上了一堂《孔乙己》创造性阅读课。还举了几个学生的习作成果：①

孔乙己之死

孔乙己离开了咸亨酒店，用手慢慢地走开了，本来并不很长的街道，在孔乙己看来仿佛有十万八千里，他已经精疲力尽奄奄一息了。一天傍晚，纷纷扬扬的雪花飘落在孔乙己身上，他爬进了一座破庙，风更大了，雪更猛了，黑暗中孔乙己把身上的长衫紧了又紧。

孔乙己蜷缩在墙角，眼珠已经不动了，一本破旧的《四书》紧紧贴在他的胸口上，还散发着微微的体温，他身上依旧裹着那件又脏又破的长衫，凛冽的寒风在孔乙己头上呜呜地号叫着……

笑声中的孤独者——孔乙己

孔乙己是笑声中的孤独者，在人们的笑声中来，在人们的笑声中去，最后在人们的笑声中死去。在鲁镇的诸色人等中，孔乙己大半生的经历、大半生的追

① 俞建科. 咬定文本不放松——也谈创造性阅读 [J]. 中学语文教学，2005（2）.

求、言行举止、衣食穿着，无一不成为人们（尤其是那些短衣帮们）的谈资和笑料，每当他在咸亨酒店门前出现的时候，“热闹”便达到了“高潮”，店内外充满了快活的空气。人们同孔乙己谈笑的时候，不是往孔乙己的伤口上撒盐，就是在他心灵的创伤处狠狠捅上一刀，当人们的笑声此起彼伏的时候，就是孔乙己泪如一江春水、心在流血的时刻。没有一个人去同情他，更没有一个人去抚慰他心灵上的伤疤，他只有和小孩子一起才能“一晌贪欢”。和他曾经“同是天涯沦落人”的丁举人，早已在中举那天和他在经济上、地位上、心灵上“划清了界线”。这样一颗孤独的心灵，在这样一个世界上能坚持多久？我认为，时间不会很长！

勇敢地脱下你的长衫

孔乙己，勇敢地脱下你的长衫吧，人生的路千条万条，三百六十行，行行出状元，何必一定要走那条“独木桥”呢？你应该脱下长衫，放下文人的清高和孤傲，把自己未了的心愿藏在心中，做一个实实在在地地道道的短衣帮，为生计忙碌几年，然后置几亩薄田修几间宅院，儿孙满堂，不也其乐融融？不再因生活的困顿而遭殴打和凌辱，不再因文人的清高自诩和虚荣而受嘲笑与戏弄。人生总是不完满的，人生也不是一厢情愿的，人生是实实在在的，需要一步一个脚印地往前走。

以上是“学科课程”取向的语文“课”上学生经验活动的三种“经验结果”。第一种即《孔乙己告状》形成的模拟法庭式经验结果（以下简称“甲种经验结果”）；第二种即以《孔乙己中举》为代表的续写式经验结果（以下简称“乙种经验结果”）；第三种即以《孔乙己之死》为代表的非指示式经验结果（以下简称“丙种经验结果”）。

（二）不充分的条件：“经验结果”缺失的设计要件分析

三种“经验结果”在内容上都是以“写作”的成果呈现的，而且都是从对经典文本的阅读“拓展”或“转移”到写作的呈现上。也即它们的共同之处是：学生阅读学习的“经验结果”是通过写作学习的方式“呈现”出来。呈现出来的具体内容（我们可以看到的）主要是学生的主观经验，也就是各位教师所谓的“创造性阅读经验”或“个性化阅读经验”。从三种学习结果看出，学生是通过“想象或联想”的方式把自己的个人经验参与到学习中，并在一定程度上把个人经验拓展到了教材内容上。但教材内容是在怎样的条件下以怎样的方式参与学生的经验改造的，则三种经验结果体现出不同的情形。甲种经验结果，有些学生对“孔乙己为什么不去告状”的分析与理解显然脱离文本内容及背景太远，这些经验对学生的经验生长显然是不利的，不具有“教育的价值”。乙种经验结果体现的是对文本内容的续写，教材只为学生的经验生成提供前提背景，生成的经验从学生的想象角度来看是合理的，但与教材内容的关联性不大。丙种经验结果体现的主要是学生对文本人物与主题的评价，从学习的价值来说应该是最高的，但这些经验结果与学生在自然状态下（非教育情境下的无目的阅读方式）的学习结果区分不明显，我们看不出教材内容是在什么方向和什么目的下融入学生的经验中参与对学生经验的改造的。

从三种经验结果我们可以看出，经验结果所依赖的经验活动在设计上存在以下几方面的不足：

第一，经验活动缺乏明确的目标。虽然经验活动获得了一定的结果，但这些结果是为了实现怎样的学习目标而获得的，不够清晰。教师设计了这些经验活动，其目的仅仅是为活动而活动。教者也许会解释，这样的活动是为了培养学习的创造性阅读能力或想象力与联想力等，但这样的解释是苍白无力的，因为所谓“创造性阅读能力”只是指出了一种范围，并不是一种教学目标，充其量只是表达了语文的课程目标。具体的教学活动不可能直接实现高度抽象化和概括化的课程目标，它只能实现具体的明确的阶段目标。甲种经验结果，其出发点是学生在阅读学习中提出的两个问题，如果整节课围绕这两个问题组织讨论，目标指向还是比较明确的。但后来教师只是把这两个问题当作引子，引出“模拟法庭”式的学习活动，教学活动偏离了教材内容，致使目标变得模糊不清。乙种经验结果，以续写方式进行写作训练，但续写训练的目标是为了引导学生加深对文本的理解还是为了提高学生的写作能力，不清楚。只是让学生写了一篇文章而已。丙种经验结果，其写作方式显然是为阅读教学服务的，是为了促进学生的创造性阅读，但这些个性化的阅读成果是为了实现怎样的创造性阅读目标而形成的，不明确。似乎只是要求学生读了这篇课文，“咬定了文本”就可以写出阅读体验。这样没有目标的教学，势必过度强化学生的“个体经验”，弱化了“课堂”的作用。这样的学习活动，教师其实不用在课堂上进行，只要布置一个“写读后感”的作业，学生在家里照样可以获得这样的经验结果。

第二，经验活动内容完全被个体经验取代。三种经验结果体现出的共同问题，是给予学生绝对的权力，让学生充分表达出自己的个性化经验，个体经验过度膨胀。没有看到学生的个性化理解往往会出现错误或是不完整，学生的个性化理解要受到文本所包含的课程内容的制约。如果一味发展学生的个体经验，任其在课堂无限制地膨胀，其实就是取消了课堂与教师的作用。而同时学生自身的学习也不会有进步的，因为学生的经验要获得发展，除了其自身个体具有经验的“连续性”生长之外，还需要符合经验的“交互性”原则。即“为了使经验具有教育作用，经验必须延伸到正在扩展中的教材的领域中去，即延伸到事实的或知识的以及观念的教材中去”。[①] 三位教师设计的经验活动内容缺乏“交互性”或“交互性”不充分。甲种经验结果整个就离开了教材内容，完全是学生的个体经验的表达；乙种经验结果以教材内容为背景，展示的是学生自身的联想，属于“交互性”不充分；丙种经验结果也完全是学生的个体经验的表达。三种活动形式中的活动内容以学生的个体经验为主，拓展到了一些教材内容。但因为教学目标不明确，课程内容基本是不清楚的。活动内容的事实层面主要涉及教材内容。而我们知道教材内容只能作为一个课程内容的体现材料，是教学的一个中介或例子，如果把教材内容当作课程内容，只有“定篇”才合适。但三位教师并不是把这篇课文当作定篇来教的（他们是要通过这篇课文的学习培养学生的创造性阅读能力的），于是课程内容的架空势所必然。

第三，缺乏对学习有效性的课堂评估设计。三位教师对经验活动结果都做了主观有效性宣称，但从他们的过程介绍中，我们看不出其在教学设计阶段做过对学习有效性的跟踪安排。这很明显暴露出教学设计上忽视了对教学效果的评估设计，评估设计的忽视意味着教师对教学活动的进程中学生的经验发展是漠不关心的。教师满足的是学生有了活动体验并说出了或写出了自己的意见，至于这些意见是否合理，则不予追究。如甲种经验活动结果很明显包含了不合理的意见，但由于教师在备课时没有设计评估环节，所以这些不合理的意见也被当作了“创造性阅读”的活动成果。如果在设计时能安排评估环节，那么在教学进程中教师就可能与学生一道对课堂经验活动中出现的不同意见加以讨论审议，区分出正确的经验与不合理的经验。

第四，经验活动的路径单一。教师为学生经验活动提供的路径主要是在阅读基础上的“写作”，缺乏更加丰富而多样的活动方式，学生获得的经验结果是零散的、片段的，缺乏完整性。需要引入更加系统的程序化的活动方式，提供具有一定挑战的问题和活动支架，拓展学生的经验通道，整合学生的文本阅读经验与

① [美] 杜威著，姜文阁译. 我们怎样思维 · 经验与教育 [M]. 北京：人民教育出版社，2004：295.

生活经验，使原有的经验在更宽阔的背景上得到改造与发展。

我们凭借三种经验活动结果审议三位教师的教学设计，可以看出教师在设计时对经验活动的条件设计是不充分的，教学目标不明确，教学内容的展开不合理，教学过程缺乏评估机制，经验活动的路径单一。而这四个方面恰恰是教学设计的要件。要件的缺乏，导致经验活动的盲目性，经验活动结果自然就出现了偏差。这样的经验结果在当前的课堂上是一种普遍现象，而且大多数结果都是挂着“创造性阅读”或“个性化阅读”的招牌。

由此，我们也可以看出，原本属于“经验活动课程”的“经验活动”，并不能随便插入到“学科课程”教学中，而是需要进行“合理性”审议。满足“合理性”的条件应该有：具体而明确的教学目标、合理的经验活动内容、丰富的活动路径和一定的有效性评估机制。

（三）合理“筹划”学科课程中的综合性“经验活动”

“学科课程”与“经验活动课程”这两种课程取向体现了各自的设计理论和逻辑要求，但二者之间的要件未必不能加以整合。关键是整合的行为要建立在合理性审议的基础之上。而且从语文课堂教学的发展来看，把“学科课程”的设计要件与“经验活动课程”的设计要件进行合理性整合是大势所趋。这也是语文新课程改革的需要。新课程大力倡导综合性学习，力主学习方式的转变，其实质就是要通过综合性的方式融入“经验活动课程”的要件来改造传统的“学科课程”。

在具体的课堂教学设计中，要改造传统的“学科课程”的设计模式，并不是一件简单的事。在当前课改中出现的许多不正常的现象基本是做了简单的“移用”，即直接将一种自然状态（非课堂状态）中的“活动”方式移到“学科课程”中，并贴上新课程的理念标签，以为这就是适应新课程的“学科课程”设计，如前述甲种经验活动结果中的课例，教师在开始就贴上了新课程的理念：“《义务教育语文课程标准（2011 年版）》明确提出阅读的基本理念：逐步培养学生探究性阅读和创造性阅读的能力，提倡多角度的、有创意的阅读，利用阅读期待、阅读反思和批判等环节，拓展思维空间，提高阅读质量。”以为只要有这个帽子，下面所安排的活动方式（即“模拟法庭”活动）自然就是合理的。在这里，教师实际是把理论思维与设计思维混在一起了，准确地说，是把“认知”与“筹划”杂糅在一起。

人类有两种旨趣殊异的思维活动，一是认知，一是筹划。认知是为了弄清对象本身究竟是什么样子，筹划是为了弄清如何才能利用各种条件做成某件事情。

认知的最高成果就是形成理论，理论是用抽象概念建构起来的具有普遍性的观念体系；筹划的典型表现就是工程，工程是用具体材料建构起来的具有个别性的实存体系。观念体系是客体对象的主观化，实存体系则是主体意愿的客观化。认知型思维的高级形式就是理论思维，筹划型思维的高级形式则为工程思维。①

课堂教学是一种具有目的意图的实践性活动，基于学科课程的语文综合性学习设计是为学生的语文学习实践活动的顺利开展而进行的一种筹划，它要遵循工程思维的要求。在筹划的过程中需要理论指导，但相应的理论必须纳入有待筹划的“工程主体”的有效建构范围来考虑。相关的理论所揭示的道理只能作为设计赖以成立的依据，但不能直接用理论思维来开展语文教学设计。综合性学习设计就是筹划综合性“经验活动”这个工程，它需要以各种学习理论、教学理论、语文学科教学理论等为基础，这些理论有些是同质的，有些是异质的。筹划就是要围绕具体的综合性“经验活动”，把以这些理论为基础的各种要件（同质或异质）整合起来形成一个完形的形式。要完成这项筹划与整合的任务，需要对各种与课堂学习有关联的因素进行分析，即需要对影响综合性“经验活动”的各种同质或异质的要件进行学理分析，以确定实施综合性“经验活动”的基本要件。这样的学理分析需要以相应的理论为基础。而各种异质的要件能够融合的前提是理论思维所揭示的“理”（即其中的属性）。

所以，对各项理论的“认知”是为“筹划”（教学设计）服务的，通过认知获得的学理不能直接运用到课堂设计中，这里需要通过筹划活动即工程思维的转化。

从工程思维出发，以建构和筹划综合性“经验活动”为中心，可以使“学科课程”的传统教学方式与“经验活动课程”的教学方式的相应构件得到重新解释和有效整合。前述三个课例试图使两者结合，但因为是用理论思维来开展的教学设计，出现了思维方式的僭越，导致“经验活动”缺少四项有效的要件。如果其设计能够从筹划（工程思维）出发，就会根据“实体完形”的原则，为学生经验活动提供有效性检验。这样就可以使整个活动的设计相对合理。

（四）语文综合性学习指向学生的言语实践经验的提升

语文学科课程的经验世界的拓展，在课堂形态上表现为学生经验活动的增

① 徐长福．理论思维与工程思维：两种思维方式的僭越与划界 [M]. 上海：上海人民出版社，2002：4–5.

加，其实质是通过综合性的方式提升学生的言语实践经验。这已经得到了广大语文教育研究者和语文教师的一致认可。其中余应源的观点具有代表性，他认为："对于语文课来说，知道什么是语言没有本质意义，而能不能使用语言，会不会开展语文活动才是语文课矢志不渝的追求，其终极指向只能是个体的言语能力。而言语能力的获得必须通过言语实践，唯有言语实践才是形成言语能力的必然途径。因此从根本上说，语文课是以学生活动为中心的实践性课程、经验性课程、应用性课程，而不是以获取系统知识为目的的学科课程。但语文课又不能简单定位于活动课程。因为语文知识教学不可或缺，但相对于有终极意义的能力而言，知识是为能力服务的，是作为培养能力的手段而存在的，两者是手段与目的的关系。脱离开个体的言语实践，单纯的知识讲授是不可能实现语文课的教学目的。因此，我们不妨定位语文课于具有学科课程特征的活动课程。"①从余应源的观点我们可以看到，在学科课程取向的语文课中言语实践活动具有目的性意义。

吴忠豪则从语文课的活动"情境"方面提出："语文教师应积极提供能激发和支持儿童有意义的语言使用的情境，让儿童从使用语言中学习语言，从说话中学习说话，从聆听中学习聆听，从阅读中学习阅读，从习作中学习习作。"②

王尚文在此基础上得出结论："语文能力只有在语文实践中才有可能得到培养和提升，这应该说是语文教学的不二法门，就如学习游泳必须下水一样，舍此别无他途。质言之，就是把语文课上成语文实践活动课。"③

这种以实践活动经验为核心的语文课程变革的诉求，集中体现在语文课程标准的"课程性质"表述中："语文是一门学习语言文字应用的综合性、实践性课程。"《义务教育语文课程标准（2011 年版）》也设计了落实这一课程性质的课堂教学路径——语文综合性学习。

因此，可以说，语文综合性学习就是为语文课程提供综合性的学习经验，以丰富、充实、激活日趋僵化的语文课程。这里"综合性的学习经验"是关键。"学习经验"是指学生为获得期望的成绩和行为所进行的活动和所感受的体验，学习经验是一个广义词，包括为达到计划目标而在课内或课外进行的、个人的以

---

① 余应源，曾洁."科学世界"语文教学科学化刍议 [J]. 江西师范大学学报（哲学社会科学版），2003（4）.

② 吴忠豪 . 关于语文训练的讨论 [J]. 课程 · 教材 · 教法，2008（12）.

③ 王尚文. 语文课是语文实践活动课 [J]. 课程 · 教材 · 教法，2009（4）.

及集体的活动。[1]语文综合性学习就是通过拓展经验的通道来改造语文课程。这些通道既可以安排在课外，也可以安排在课内。其中，拓展课内的经验通道尤其关键。

拓展语文课程的经验活动通道有助于改善当前的语文教学。正如黄厚江所言，学生的经验活动可以打破语文教学中的四大“迷障”：

一是教学内容以文本解读和学科知识为中心。很多老师的阅读教学，就是学习文本的内容，全文的主题是什么，每段的意思是什么，甚至是每句的含义是什么，无不一一落实。至于学习这些东西有什么样用处，几乎不予考虑。

二是教学目的以掌握结论和答案为中心。在不少老师的心中，上语文课就是让学生掌握一大堆结论和答案。教师提问题，学生找答案，是教学常态。学生找不到答案，教师就报答案，学生记答案，学生回家再做练习填答案。

三是教学方法以教师讲解分析为中心。阅读教学常常是课文学完了，学生文本都没有好好看；甚至作文课也是教师讲解为主，讲读满分作文、高分作文，讲写作知识，讲写作方法。

四是能力培养以做练习为中心。以为只要做练习就能解决一切问题，现代文阅读、文言文阅读、古诗欣赏、写作能力，一切的一切只要多做练习，就能达到要求。“上课 + 做练习”成为学生学习语文的常态。[2]

语文教学要改革，必须打破这些“迷障”。而只有运用经验活动教学的方法指导学生的学习，以上种种“迷障”才可能被冲破。因为“学习”是在不确定的状况中去经验，并且赋予经验以一定的意义的。但“经验”不可能以教师传递、儿童接受的方式去“教授”。教育者只能为儿童提供经验的“场”，促进其赋予这种经验以一定的意义。儿童唯有借助自身展开的教育，才能学会知识。[3]

言语实践经验只有在相应的活动中才能得到提升，而活动需要情境才能展开。活动情境一定是众多要素有机综合在一起的。言语实践活动和听说读写及文化脉络的关系，可以用“纸风车模型”来说明。在语文未独立设科之前，这三者是浑然一体的；独立设科之后，听说读写分项教学，就如同把一张四方形硬纸片剪成了听说读写几个部分，但是，如果不把这四个部分叠合统领在一起，语文教

① 江山野主编译. 简明国际教育百科全书・课程 [Z]. 北京：教育科学出版社，1991：196.

② 黄厚江. 语文活动课要突破“非学科性”的课程观 [J]. 中学语文教学，2016（7）.

③ 钟启泉. 课堂革命 [M]. 南京：江苏人民出版社，2017：31.

学就成了四个支离破碎的“残片”，只有用“言语实践”这个主轴将读写听说贯穿整合为语文综合性学习，整个学科才会在文化“气流”的作用下，快速地旋转起来。①

三、语文综合性学习的研究现状

对语文综合性学习的研究，在当前语文教育研究领域是颇受关注的。因为在语文课程中这是一个新的提法，或者说这是新课程标准的一个亮点，所以引起了理论研究者和一线教师的广泛关注。

（一）研究的基本趋势

自 2001 年《全日制义务教育语文课程标准（实验稿）》颁布以来，对“语文综合性学习”的研究越来越多，一度成为语文教育研究的热点。笔者在中国知网通过关键词“语文综合性学习”搜索 2001.1 至 2019.5 期间相关的研究文章，得到 1963 篇。这些文章包括理论研究、经验介绍、教学案例等。其中博士学位论文 1 篇、硕士学位论文 351 篇。所有文章按照年度统计，分别为：2001 年 2 篇，2002 年 23 篇，2003 年 48 篇，2004 年 66 篇，2005 年 75 篇，2006 年 110 篇，2007 年 151 篇，2008 年 141 篇，2009 年 108 篇，2010 年 138 篇，2011 年 132 篇，2012 年 137 篇，2013 年 149 篇，2014 年 150 篇，2015 年 137 篇，2016 年 137 篇，2017 年 125 篇，2018 年 110 篇，2019 年 24 篇（预测值 105 篇）。下面是中国知网对 2001 至 2019 年研究文章篇数的年度变化趋势分析图。

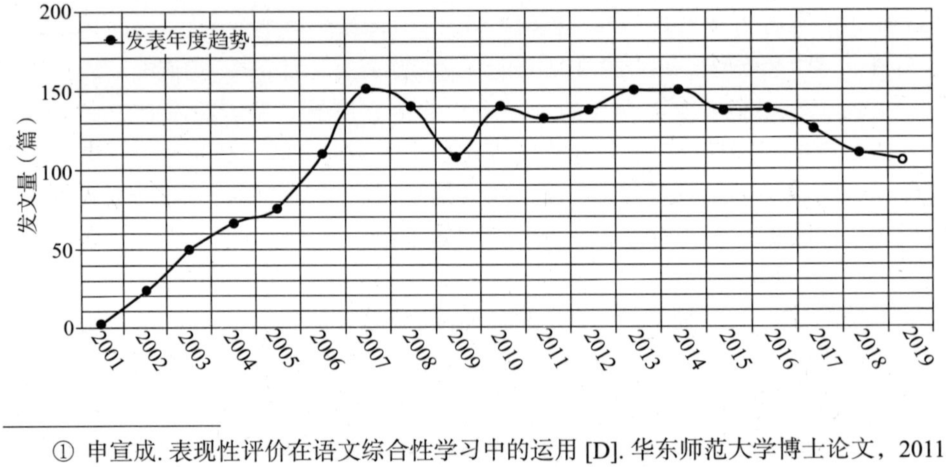

① 申宣成. 表现性评价在语文综合性学习中的运用 [D]. 华东师范大学博士论文，2011.

由此可见，从 2001 年到 2007 年研究文章的数量逐年递升，于 2007 年（151 篇）到达一个高峰。接下来的几年篇数有所回落，后来在 2014 年（150 篇）又达到高峰，这个高峰的形成可能与 2011 年《义务教育语文课程标准》的修订与颁布有关系，在修订版的课程标准中对语文综合性学习有了更为清晰而具体的说明，激发了广大教师和研究者对语文综合性学习探讨的热情。

语文综合性学习受到持续的关注，主要原因可能有两个：

一是语文课程内容与学习方式的错位导致的困惑。一方面是百年来的语文教学内容在逐步走向更加精细的分化，教学内容的层级与序列化的编制为众多教师和研究者所热衷，而所谓的层级和序列化，主要是按照语言学、文章学的知识体系来切分的，忽略了学生经验这一极。所以层级化也好，序列化也好，最终难以在课堂上取得实效。另一方面，大家都认识到语文学习实践性、综合性和运用性是很强的，而实践性和运用性应该与学生的经验结合起来的，其成效主要体现在语文学习活动中。但这些贯穿了学生经验的活动基本上是被排除在课堂之外的，由所谓的“课外活动”或“第二课堂”来承担。这样的结果，直接导致了“培养听说读写能力”目标的落空。百年来语文课程与教学方面的几次较大的讨论，其话题虽然体现为工具性与人文性的争论、语文性质的争论，但其出发点都是源于语文课程与教学目标的落空所带来的困扰。现在提出“综合性学习”，大家都觉得这是一条诱人的出路。

二是来自语文教学改革提出设置“综合实践活动”课程的启发。综合实践活动要求知识的学习与学生的生活经验相结合，以问题、主题或项目为核心展开探究性学习，打开学习的广阔渠道，倡导学生把课本所学的知识运用到生活实践中去解决真实的问题。这样学生的学习得到了解放，他们可以自主选择感兴趣的问题或主题，整合各学科所学的知识，与同学一道展开合作探究活动，自主、合作、探究的学习方式排上了用场。所有这些都为语文课程与教学改革提供了一种愿景。从决策层、研究层到实践层，没有哪一层面不为之所诱惑，大家认为综合性学习的确能够承担起改造现有语文课程的重任，语文课程引入综合性学习，一定会重建出一种新气象。

国外的综合学习课程改革，主要是从两个层面进行的。第一个层面是基础教育课程层面上的改革，即加强和沟通各学科间的联系，并在此基础上形成综合性活动的课程。综合性活动课程是综合程度最高的课程形态，它不是其他课程的辅助或附庸，而是具有自己独特功能和价值的独立的课程形态，与语文、数学、社会等其他课程有等价性与互补性。各国此类课程的名称不同，但功能基本都是以培养学生探究精神、创新意识和实践能力为基本宗旨。第二个层面是在学科内部进行的，着眼学科教学目标、内容和方法的改革，实现学科教学的综合化、活动化和实践化。语文综合性学习属于第二个层面，也就是学科内部的改革，强调在实践活动中培养学生的语文实践能力。因而语文综合性学习不是一门单独的课程，而是现代语文课程中的一个组成部分。日本、英国、美国等国家的母语教材中有相当分量的综合性学习活动内容，这类综合性学习活动尽管在实施时也会牵涉其他学科知识的综合应用，强调与学生的社会生活相结合，但是其主要功能是培养学生的语文实践能力。①

从具体研究内容来看，1963 篇研究文章大体可以分为以下几类：（1）对语文综合性学习的边界、内涵、本质与特征的研究；（2）对各个版本语文教材中的语文综合性学习专题设计的研究；（3）对语文综合性学习的设计、实施、评价的研究；（4）对语文综合性学习课程资源开发的研究；（5）对语文综合性学习实践经验与误区的研究；（6）对语文综合性学习的中外比较研究。

在著作类方面，也涌现出了一批具有代表性的著作，褚树荣的《教室里的革命》（浙江教育出版社 2002 年版）是对语文综合性学习进行专题研究的较早成果，该书以主题活动为主线，对语文教学中出现的各类主题活动进行了较为系统的探讨，并力图用相关的理论对主题活动的发展趋势做出相应的解释。黄伟、陈尚达的《语文综合性学习研究与教学设计》（广西教育出版社 2004 年版）对语文综合性学习的核心概念和边界进行了研究，收集了当时出现的语文综合性学习活动的设计方案，并做了较为深入的分析，提出了语文综合性学习教学设计的改进建议。靳彤的《语文综合性学习：理论与实践》（中国社会科学出版社 2007 年版）以问题解决的项目研究为主线，从理论及操作层面对语文综合性学习进行了研究，力图构建语文综合性学习的目标体系及教学实施与评价体系。包建新的《语文综合性学习案例教学论》（浙江大学出版社 2012 年版）从案例教学的角度出发，解剖了大量的语文综合性学习教学案例，辨析了相关概念，在案例分析的基础上对语文综合性学习的内涵及设计要领做了较为深入的研究。张霞尔主编的《实践 探究 开放——初中语文综合性学习教学及思考》（宁波出版社 2013 年版）立足于人教版教材的语文综合性学习单元设计，收集了大量的教学案例及一线教师的教学

① 吴忠豪. 外国小学语文教学研究 [M]. 上海：上海教育出版社，2009.285.

经验，为语文综合性学习活动的深入开展提供了有益的借鉴。王荣生、申宣成主编的《语文综合性学习教什么》（华东师范大学出版社 2014 年版）梳理了教育部“国培计划”上海师大培训基地教师培训工作坊的主题报告、课例研究等相关培训资源，在理论和实践两大层面上均具有前沿性和可操作性，尤其是在体例上做了尝试，书中每个部分均设计了阅读者参与的方法与路径。

（二）存在的问题

语文综合性学习的研究得到了研究者和一线教师的广泛关注，取得了不少成果，但我们梳理已有的研究文献，也发现不少问题。

1. 学理基础需要进一步探讨。关于语文综合性学习的概念、内涵、边界、类型、活动设计与实施等内容的讨论虽然很热烈，但多数只是凭空断言或是人云亦云，很少是从学理上做出分析与推论的。“语文综合性学习”这一名称虽然是《义务教育语文课程标准》首次提出，但其概念内涵并不是横空出世的，我们需要对其加以理论上的解释与研究，而不是仅仅以课程标准研制者及课程标准文本中的内容作为标准。我们需要研究课标研制者所提出的理据，需要审议课程标准条文的合理性与适切性。尤其是“语文学习”与“综合性学习”之间的关联性要寻求学理上的支持，现在的研究更多的是基于一种现实性的需要而做出的决断，为何语文学习是一种综合性的学习呢？为何“综合性”有助于提高学生的语文学习成效呢？“综合性”有怎样的学术渊源呢？这些问题都没有得到合理的解释。目前的理论探讨多着力探索“到底应该怎样做”，对这一学习方式的理论基础思考不够，对“为什么要这样做”的前提思考不够。对其本体认识还不够清晰，不少文章把语文综合性学习和综合实践活动、研究性学习混为一谈。在相关的评价研究中，对终结性评价如中考中语文综合性学习的考核研究较多，对课堂内的评价关注不够，关于学生的自我评价的研究和学生之间互评的探索尚需加强。

同时，对教材层面的语文综合性学习的学理探索较少，虽然有一些不同教材的比较研究，但无论是比较的项目还是研究的深度都不够，大多是就事论事，没有上升到学理层面来思考。

2. 研究的视域需要进一步拓展。对语文综合性学习的研究更多的是基于对当前语文教学现状的批评，建设性的研究较少。我们需要拓展研究的视域，从纵横两个方面加以深入的研究探讨，所谓纵向的研究就是对传统语文教育理论与经验的研究，尤其是古代语文教育的综合性。其实我国古代的语文教育有许多方面是值得我们借鉴的，例如古人语文学习鼓励学生“以一总多”“多样性的阐发”等就是一种很合理的综合性学习取向。又如古人语文学习活动中的“揣摩法”“句读法”“属对法”“雅集”等方式方法都是比较典型的综合性学习方法。所谓横向的研究是指中外的比较研究，国外很多国家的母语教育一直采取的就是综合性的设计与实施，洪宗礼等主编的十卷本《母语教材研究》为我们提供了大量研究资料，但我们的研究者没有很好地利用这些宝贵的资料，虽然有一些关于中外语文综合性学习比较研究的论文，但研究的深度不够，尤其是对国外语文教育中的综合性学习活动的设计与组织方式研究不够，导致我们关于语文综合性学习活动的建设性意见太缺乏，从而制约着一线教师语文综合性学习活动的顺利开展。

3. 实践过程中出现的问题需要得到及时研究。目前语文综合性学习的实施状况仍不容乐观，考试的压力、资源的不足、安全的顾虑等诸多因素影响了语文综合性学习的开展，在课时保障、活动展开的充分性上需要加强。已有案例在活动展开阶段，能够根据选题引导学生进行分组、拟定活动方式，展开相关活动，注重了课内外的综合，在活动的呈现方式上基本上能注重学生语文能力的综合，能适当进行科际的综合。“但如何在不同的综合性学习活动中恰当地进行目标的综合、内容的综合、实施的综合、评价的综合，如何在综合中既能够做到有效综合又能够把握其中的度，使之不至于泛化而失去语文综合性学习这一自我，如何在同一综合性学习的主题下根据不同地区、不同学生的具体情况采用不同的活动展开等方面，还有不少值得深入研究的问题。”①

4. 研究方法需要多样化。现有的研究大多是文献研究和个案研究，有少部分是地区性的问卷调查。语文综合性学习要素之间相关性的实证研究、基于教学改进的行动研究等方法相对缺乏。语文综合性学习活动的研究需要更多的过程观察与行动研究，而目前大量的语文综合性学习活动都是出于一种自发状态的开展，教师组织学生参与综合性学习活动之后缺乏相应的分析与研究，个案与个案之间缺乏比较，大多数的综合性学习活动过程没有形成证据链，难以进行循环研究，经验难以发掘，偏失之处难以得到改进。

① 李莉 . 语文综合性学习研究现状的内容分析——基于对 2001—2010 年期间 142 篇研究论文的分析 [J]. 陕西教育（高教版），2012（3）.

第一章　语文综合性学习概述

第一节　语文综合性学习的内涵

要明白语文综合性学习的内涵，首先需要明确语文综合性学习的边界，然后再来认识其定义及其基本特点。

一、“语文综合性学习”不是什么

2001年颁布的《全日制义务教育语文课程标准（实验稿）》首次提出了“综合性学习”的要求，以加强语文课程内部诸多方面的联系，加强与其他课程以及与生活的联系，促进学生语文素养全面协调地发展。那么到底“语文综合性学习”是什么？课程标准本身并没有给出定义，因而其内涵与外延都相对模糊。于是许多学者和教师试图给语文综合性学习划界，划界的主要内容包括厘清语文综合性学习与语文学科学习、语文实践活动、综合实践活动、语文课外活动、语文研究性学习等的关系。固然，语文综合性学习与其他各类学习活动都有相同的地方或存在着一些关联，但要给语文综合性学习划界，就不能立足于“同”，而应该立足于“异”，即弄清楚语文综合性学习与其他各类语文学习活动的区别。把“不是什么”弄清楚了，再来明确“是什么”就相对容易一些。

（一）“语文综合性学习”不是综合课程

从课程类型的角度来看，“语文综合性学习”是语文学科课程的组成部分，属于学科课程，而不是综合课程。综合课程是以一定的方式将传统的分科课程加以综合，或者直接将学术学科加以综合而形成的课程。虽然《义务教育语文课程标准（2011年版）》中关于综合性学习的陈述提到“加强语文学科与其他学科的联系”，但语文综合性学习的“综合”与综合课程的“综合”具有不同的目标指向，语文综合性学习“综合”指向的是通过加强与其他学科的联系建立更大的学习背景而使学生更有效地提高语文素养。综合课程的“综合”指向的是打破学科的界限，让学生在各学科的“关联”中提升运用知识解决问题的能力。

（二）“语文综合性学习”不是综合实践活动

综合实践活动是基于学生的直接经验，密切联系学生自身生活和社会生活，体现对知识的综合运用的课程形态。这是一种以学生的经验与生活为核心的实践性课程。综合实践活动体现了课程的综合化趋势，而且它是综合性程度最高的课程，具有整体性、实践性、开放性、生产性和自主性等特征。在我国《基础教育课程改革纲要（试行）》中有这样的阐述：从小学至高中设置综合实践活动并作为必修课程，其内容主要包括：信息技术教育、研究性学习、社区服务与社会实践以及劳动与技术教育。由此看来，在我国基础教育新课程体系中，“综合实践活动”是一种与各学科课程领域有着本质区别的新的课程领域。①

语文综合性学习与综合实践活动二者最主要的区别在于以下几方面：一是综合实践活动强调超越学科界限，而语文综合性学习具有鲜明的学科个性特征。二是综合实践活动课程是一门高度综合的经验性课程，其主导价值在于使学生获得关于现实世界的直接经验和真切体验；语文综合性学习属于学科课程——语文的一个组成部分，其主导价值在于传承人类文明，使学生掌握人类积累下来的文化遗产。三是综合实践活动的主要任务在于通过相关学科的整合，促进学生认识的整体性，发展并形成把握和解决问题的全面的视野与方法；语文综合性学习的主要任务在于全面提高学生的语文素养。②四是语文综合性学习以语文课程的基本内容和目标之一而存在，“综合”和“活动”都是手段。在“综合”和“活动”中实现语文课程的基本目标，是综合性学习的宗旨。而综合实践活动课程是一种具有独特存在方式与价值，独立于其他学科课程之外的课程。它旨在通过实践，通过学生直接参与以及特定的情景体验等方式，培养学生的创新意识、综合运用知识的能力和社会责任感等。③

---

① 钟启泉，崔允漷，张华. 为了中华民族的复兴 为了每位学生的发展——《基础教育课程改革纲要（试行）》解读 [M]. 上海：华东师范大学出版社，2001：71.

② 王哲成. 小学综合实践活动与语文综合性学习的比较研究 [J]. 天津教育，2006（3）.

③ 董新良. 对综合性学习的几点思考 [J]. 中国小学语文教学论坛，2004（1）.

（三）"语文综合性学习"不是一个独立的学习领域

语文综合性学习是对语文课程性质中的"综合性""实践性"内涵的展开，直接承接语文课程的"综合性"和"实践性"，它管到的是整个语文课程与教学，贯穿识字写字、阅读、写作、口语交际等各大学习领域，谋求各大学习领域的"综合性"和"实践性"的具体实施。

因此，语文综合性学习不是与识字写字、阅读、写作、口语交际并列的学习领域，或者可以说它不是一个独立的学习领域。《义务教育语文课程标准（2011年版）》从课程性质的"综合性"和"实践性"延伸出加强语文综合性学习的依据："语文学习应注重听说读写的相互联系，注重语文与生活的结合，注重知识与能力、过程与方法、情感态度与价值观的整体发展。"

由这里的"联系""结合""整体发展"可以看出语文综合性学习不是一个独立的学习领域。课程标准中关于"课程目标与内容"陈述中的一段话也可以佐证：

> 学段目标与内容从"识字与写字""阅读""写作"（第一学段为"写话"，第二、第三学段为"习作"）"口语交际"四个方面提出要求。课程标准还提出了"综合性学习"的要求，以加强语文课程内部诸多方面的联系，加强与其他课程以及与生活的联系，促进学生语文素养全面协调地发展。

对此，语文课程标准修订组也做出了解读：

"综合性学习与识字与写字、阅读、写作和口语交际一起，构成了语文教学五个方面的内容，但综合性学习是一个特殊的学习领域，它与其他四个方面的教学内容不在同一个层面上，它不具备比较单一的内容目标。"①

解读中的"教学内容不在同一个层面""不具备比较单一的内容目标"清楚地说明"语文综合性学习"不是一个独立的学习领域。

正如郑国民等所言："语文综合性学习的理念不但要自始至终贯穿于语文学习的过程中，而且要渗透语文学习的全部。阅读中要强调综合性学习，写作中要强调综合性学习，口语交际中也要强调综合性学习。"②

---

① 义务教育语文课程标准修订组编写. 温儒敏，巢宗祺主编. 义务教育语文课程标准（2011年版）解读 [M]. 北京：高等教育出版社，2012：234.

② 郑国民，冯伟光，沈帼威. 语文综合性学习的理论基础与基本特征 [J]. 语文建设，2002（4）.

语文综合性学习与写作教学、阅读教学和口语交际教学在性质上是不一样的。“写作教学、阅读教学和口语交际教学是从言语行为方式这个角度切入进去的，它们属于语文的学科形态，就像物理学科的电学、热学、力学一样，看得见、摸得着，是显性的。而语文综合性学习则是从语文的学习方式入手的，它不属于学科形态，而属于教学形态。与其他四个学习领域相比，它提出的维度、层面、角度、性质、呈现方式以及内涵全都是不一样的。”①

二、“语文综合性学习”的定义

从现有的研究文献来看，关于什么是“语文综合性学习”的说法有上百种，其中做出了较为明确定义的也有五十多种。比较有代表性的定义有：

1. 语文综合性学习是基于学生的直接经验，密切联系学生自身生活和社会生活，体现对语文知识的综合运用的学习形态。②

2. 语文综合性学习，就是以学生自主合作、探究为学习方式，以语文课程与其他课程相沟通、书本学习与社会实践相结合的语文实践活动为主体活动，体现听说读写能力与情感、态度、价值观的协调发展和语文素养的整体提高的学生自主学习过程。③

3. 语文综合性学习是以语文学科为依托，注重语文学科与其他学科、语文学科与学生生活、语文学科与社会生活之间的整体联系，它以问题为中心，以活动为主要形式，以综合性的学习内容和综合性的学习方式促进学生综合性的发展。这种发展的落脚点在于全面提高学生的语文素养上。④

4. 语文综合性学习是一种立足于语文课程基础之上，通过学生自主地开展语文实践活动以促进其语言素养的整体推进和协调发展的学习方式。⑤

5. 语文综合性学习是一种综合听读说写的课程目标、综合多种多样的学习方式、在语文学习中渗透多种学科知识与能力的实践活动。语文综合性学习是以学生发展为中心，围绕语文课程目标，紧密联系学生生活，注重综合性、主体性、

---

① 李海林. 语文综合性学习的意蕴分析与活动设计 [J]. 载王荣生，申宣成主编 . 语文综合性学习教什么 [M]. 华东师范大学出版社，2014：42.

② 王文彦、蔡明 . 语文课程与教学论 [M]. 高等教育出版社，2002：185.

③ 韦键 . 解读语文课程标准中的“综合性学习”[J]. 教学与管理，2003（8）.

④ 郭根福 . 把握“综合性学习”内涵，提高语文综合性学习的能力 [J]. 中小学教师培训，2004（2）.

⑤ 郑国民 . 中学语文教学研究 [M]. 中国广播电视出版社，2004：263.

参与性、生成性的学习方式。①

6. 语文综合性学习是语文课程中一种相对独立的教学形态。它以语文课程的内部整合为基点，强调语文课程与其他课程的整合，强调语文学习与生活的整合，强调语文学习与实践的整合，强调多种学习方式的整合，以促进学生语文素养的整体推进和协调发展。②

7. 语文综合性学习是立足于学生的语文潜能，顺应或激发学生的欲望和需要形成问题，并关联其他学科和生活的有关内容解决问题，以自主学习、合作学习、探究学习为主要学习方式，在语文实践中实现学生语文素养整体提高的语文教育活动。③

8. 语文综合性学习就是在真实的或接近真实的情境中展开的、整合了两种或两种以上语文要素（读写听说）的言语实践活动。④

这些语文综合性学习的定义，均是从不同的立场出发加以界定的。这些定义具有各自不同的表述，也有一些共同的地方。大多数定义都认为语文综合性学习是“教学形态”“学习方式”“学习活动”等。

根据现有定义中的一致性认识和我们的看法，本书对“语文综合性学习”确定了一个操作性定义：

“语文综合性学习”是从语文课程的“综合性”和“实践性”衍生出来的为强化语文各学习领域之间、语文与生活及其他学科知识之间关联性的经验活动，旨在促进学生语文素养的全面提高。

本书要讨论的语文综合性学习，基本立场是如何改革我们的语文课程，即在学科课程的前提下寻求更加合理的内容与方式来增强语文课程的活力，提高语文教学的有效性。在这样一个基本思想指导下，综合性学习体现在语文课程、教材、教学三个层面。

---

① 靳健 . 语文综合性学习与语文研究性学习的义理建构 [J]. 甘肃高师学报，2007（1）.

② 靳彤 . 语文综合性学习：理论与实践 [M]. 中国社会科学出版社，2007：24.

③ 包建新（语文综合性学习案例教学论 [M]. 浙江大学出版社，2012：17.

④ 申宣成（语文综合性学习设计与实施的“微技能”[J]. 载王荣生，申宣成主编 . 语文综合性学习教什么 [M]. 华东师范大学出版社，2014：73.

在课程层面理解，语文综合性学习是语文课程的重要组成部分，与分领域学习是紧密联系在一起的，是分领域学习的补充和完善，而不是独立的一种课程形态，其目标是语文课程的相应目标。在教材层面理解，语文综合性学习应该体现在每一篇课文或一组课文的教学设计中，即在课文后面的学习活动设计中应该包含综合性学习。在教学层面理解，语文综合性学习应该是重要的学习方式，每节课或每篇课文的教学过程都应该包含综合性学习，目的在于使碎片化的分领域学习内容得以整合，达到融会贯通的高层次理解和在真实情景中的灵活运用。

三、语文综合性学习的基本特点

关于语文综合性学习的特点，有许多学者和教师都提出了自己的看法。本书在综合众多学者与教师看法的基础上提出了自己的观点，认为语文综合性学习的基本特点体现为三个关键词：语文性、综合性和活动性。这三个关键词分别强调了语文综合性学习的三个本质性特征，“语文性”强调其课程性质，“综合性”强调其教学内容，而“活动性”则强调其教学与学习方式。

（一）语文性

“语文综合性学习”是语文课程的一种教学形态，它的前提是“语文”，失去了“语文”，“语文综合性学习”就由语文课程的一种教学形态变成了中小学课程体系中的一门课程。实际上，“语文综合性学习”之所以被提出、被强调，正是因为是语文教学本身的需要，也是因为语文本身是综合的、实践的。

“语文综合性学习”是属于语文学科的一种学习，它与阅读、写作、口语交际共同组成语文学习的四大板块，是语文课程的一个有机的组成部分，这是体现“综合性学习”学科性质的关键，任何“非语文”与“泛语文”的倾向，都背离了这一点。从课程的基本理念来讲，“综合性学习”在于“全面提高语文素养”；从学习方式的改进来讲，综合性学习在于倡导自主、合作、探究；从课程设计的思路来讲，综合性学习在于拓展语文学习的内容；从课程实施的方略来讲，综合性学习在于融通与语文学习相关的多方面的联系。总的来说，综合性学习是以全面提高学生的语文素养为指归的。①

① 史绍典.“综合性学习”拒绝去语文化 [J]. 中学语文教学，2005（6）.

这一段话较为明确地主张语文综合性学习是语文学科的一种学习，边界划分清晰，突出了综合性学习就是为了改善与促进语文学习，提高学生的语文素养。

“语文综合性学习”尽管注重综合，把自然、社会、人类历史等方方面面整合在一起，让学生学习，但它首先应该姓“语”，即不管我们的学习活动涉及哪个领域，哪门学科，采取哪些方式，其落脚点都在“致力于学生语文素养的形成和发展”，而不是对其他学科知识的掌握。①

李海林认为“活动量”“活动对象”“活动成果”这三个指标，是判断一个综合性学习活动是不是“语文的”综合性学习活动的标准，换一句话说，这是三个边界。突破了这三个边界，这个综合性学习就算不上是一个“语文的”综合性学习，虽然也许它是一个不错的“综合实践活动”。第一，活动量。主要是看它是不是有充分的语文活动。所谓充分的语文活动，一是看它在这个活动设计中是不是主要的，二是看它是不是不可替代的，即是不是可有可无的。第二，活动对象。任何活动都有活动对象，一个语文综合性学习是不是一个“语文的”综合性学习活动，主要看它的活动对象是不是“语文”。第三，活动成果。即看学生在完成这项活动后，它的主要学习成果是不是在语文的范围内，是不是语文的成果。“语文综合性学习”作为语文课程的一种教学方式，它的教学内容永远是语文的，它与其他语文教学方式不同的地方在于：它更多地要求创设一种生活化的教学环境，更直接地要求与学生的生活实际联系在一起，更明确地要求培养学生今后在生活中直接需要用到的技能和素养。而“活动量”“活动对象”“活动成果”三条边界，就是使“语文综合性学习”的教学内容是“语文”而不是别的什么东西的三条基本保证。②

语文综合性学习必须强调它的学科性，它是为培养学生语文知识的综合运用能力和听说读写能力服务的，而这一点才是语文综合性学习之“本”，是语文综合性学习区别于一般综合实践活动课的关键所在。综合性学习强调的不是学生通过浏览资料、上网搜索得到了什么样的结果，而是强调在活动的过程中学生运用了哪些阅读的方法，积累了怎样的语文知识，提高了多少语文素养。所以教师在指导学生搜集资料时，应当关注资料的文学因素、文化色彩，鼓励学生为自己查

① 刘云生. 关于“语文综合性学习”本质定位的思考 [J]. 中小学教师培训，2002（3）.

② 李海林. 活动量、活动对象和活动成果的语文性——对一个语文综合性学习的案例分析 [J]. 语文教学通讯（初中刊），2006（9）.

找到的资料做综述或评价。比如“雨的诉说”这个综合性学习，要求学生查找描写雨的古今中外文学作品，教师就可以引导学生对不同的作品进行比较，也可以鼓励他们为自己喜欢的作品写简短的评价文字，还可以要求学生把好的篇章摘抄、背诵下来。这样一来，搜集资料就不再流于形式了，综合性学习中的语文因素也必然得到加强。

在综合性学习中，语文知识的积累、听说读写方面的要求往往是隐含在一些非语文专题的探究活动中，学生不容易把握。所以教师的正面指导便成了学生把握综合性学习中语文因素的关键。[①]

如在一次“说不尽的桥”综合性学习中，教师为突出活动的“语文味”，把活动主题定为“领略桥文化的魅力”，立足于当地教学资源，发动学生利用网络等多种途径搜集、整理、分析资料，同时开展小组合作探究，自行确定成果汇报形式。汇报课上，学生围绕“谈桥说名”“桥与文学”“桥的故事”“桥意新析”四个探究话题展开活动，形式多样，有相声、演讲、故事、配乐朗读等，同时交流收集的谜语、诗歌、对联等，特别是在活动拓展延伸部分，设计了三个活动：（1）看图给桥配对联；（2）给校园中的小桥命名；（3）给南京长江二桥配导游词。整个活动紧紧围绕语言训练这条主线，让学生领略了桥文化的魅力的同时，提高了听说读写的能力，掌握了学习语文的方法。

语文综合性学习内容的选择，应把握好一个度，如果任意扩展，就会丧失了“语文”的学科属性，走向“泛语文”“非语文”；但也不可过于单一，体现不了“综合”的特点，变成单项的学习。如专题“广告多棱镜”是苏教版（九年级上）综合性学习内容之一。有位教师查阅相关材料，发现有关本课的设计存在两种倾向：一是过度强化综合性，集中于多种广告（特别是电视广告）的交流欣赏，徜徉于声色鲜活的多媒体之中，缺少言语实践，弱化了“语文”的学习；另一种则窄化了专题学习的内容，仅仅作为应用文写作课，进行枯燥乏味的语言训练，忽视了广告丰富的文化内涵和社会意义。

鉴于此，这位教师在教学设计时，安排了“广告文化吧：世界，因有品位的广告而精彩”这个环节，先让学生欣赏波司登羽绒服的广告词：

因为你，我爱上这个城市/因为你，我爱上这个季节/你，让这个城市变得

① 聂鸿飞. 固本扶正：综合性学习中怎样把握语文因素 [J]. 语文建设，2004（10）.

浪漫 / 你，让这个季节变得美丽 / 你，让这个世界变得精彩 / 世界，因你而美丽 / 世界名牌——波司登。

学生朗读诗句，初步感知广告词内容，评析这则广告的妙处，如意境美：浓浓的诗意；音乐美：整句散句相结合，节奏富有变化；语言美：拟人、排比等修辞手法的运用。同时突出商品的特点：冬天的浪漫、美丽而精彩。接着欣赏视频广告，体会多媒体广告的妙处（富有磁性的男中音，悠扬舒缓的音乐，唯美浪漫的画面），认识现代广告运用多种媒体增强表现力，通过声音、画面、音乐、文字的有机组合，让人们身临其境。最后教师作小结："走进传媒时代，让我们的广告少一些商业气息，少一些夸大其词，少一些低俗信息；多一点儿诗意情怀，多一点儿社会责任，多一点儿精神追求。世界，因有品位的广告而精彩！"①

这样的设计基于广告语写作的实用价值和文化价值的结合，体现了工具性与人文性的融合，有利于学生语文素养的形成。

（二）综合性

要正确地理解语文综合性学习中"综合"的本质内涵，需要对"综合"的定义进行考察。《现代汉语词典》（第 7 版）中，"综合"有两个义项："①把分析过的对象或现象的各个部分、各属性联合成一个统一的整体（跟'分析'相对）。②不同种类、不同性质的事物组合在一起。"第一个义项指向思维方式，第二个义项指向活动方式。

由此我们可以看到，"综合"一般是指把两个以上事物或者一个事物两个以上的方面紧密结合在一起。《全日制义务教育语文课程标准（试验稿）》指出："综合性学习主要体现为语文知识的综合运用、听说读写能力的整体发展、语文课程与其他课程的沟通、书本学习与实践活动的紧密结合。"从课程标准的规定可以看出，语文综合性学习中"综合"的内容可以分为这样三类：第一，科内综合，即语文内部各要素之间的综合。如听说读写的综合、语言和文学的综合等。科内综合是利用语文内部各要素之间的内在联系，将各要素综合到一起来学习，从而达到都提高的目的。第二，科科综合。科科综合是利用两门学科在某一要素上的共同联系，实现跨学科的综合。如将文学作品中关于战争的叙述与历史书中关于战争的叙述做一对比，从而实现语文和历史的综合。第三，科外综合，即语文和

① 袁爱国，融通：提升语文综合性学习品质 [J]. 新课程研究，2015（1）.

生活的综合、语文和实践的综合等。

在认识事物的过程中，分析与综合是两种基本方式，它们共同推动认识的深化和发展，从而“掌握事物的本质和规律”。在语文教学中，人们最初将语文与生活区分开来，将语文听说读写分割开来，这在一定程度上促进了学生语文能力的发展。但是其局限性也日渐显现出来，长期采取分析的方式致使许多人认为语文学习就是上语文课，上语文课就是学习语文课本，学习语文课本就是学习字词句和几个关键的语段。语文学习的内容被严重地窄化了，语文应有的生活底色消失殆尽。在长期的分析之后，人们又将求索的眼光转向了综合，希望以综合的方式提高学生的语文能力，发展学生的语文素养。从这个意义上说，语文综合性学习中的综合是一种手段、方式，其目的指向提高学生语文素养。

在语文综合性学习中，综合的内容涉及：听说读写之间的综合、语文和其他学科（音乐、历史等）之间的综合、语文和社会生活之间的综合。“这些事物之所以能够相互综合到一起，是因为它们之间具有某种内在的关联性，在语文综合性学习中，综合的方式就是在寻求内在联系的基础上，实现各综合要素的有机统一。这种综合的方式将综合和拼合、杂合区别了开来。建立在内在联系上的综合，可以通过综合要素之间的有机融合和相互影响，加深学生对各综合要素的深入理解，进而实现各综合要素的功能增值。”① 凡综合，应该找到综合对象之间的相通、关联的“综合点”，只有凭借这个“结合部”才能实现两个或多个不同事物、不同学科的融通，进而达成对事物和学科的多重理解。“就语文综合性学习而言，就是要凭借语文与其他学科的联系性，通过学科之间的相互沟通来实现学生学科素质的多重建构。”②

具体来说，语文综合性学习的“综合性”特征体现在如下三个方面：

1. 识字与写字、阅读、写作和口语交际这四个方面学习内容的综合，实现听说读写能力的整体发展。

2. 语文课程学习与其他课程学习的沟通，提高综合能力，促进人文素养与科学素养的共同进步。

3. 书本学习和生活实践学习的紧密结合，引导学生关注自然，关注社会，关

① 乐中保 . 语文综合性学习中“综合”的本质内涵解析 [J]. 现代中小学教育，2008（1）.

② 黄伟 . 关于语文综合性学习边界问题的思考 [J]. 语文教学通讯（初中刊），2006（9）.

注世界，理论联系实际，学以致用。[①]

总体来看，语文综合性学习的“综合性”其实就是与单一性、片面性相对而言的，为了突破语文课程与教学的单一化、片面化甚至僵化的局面，实现多样化的语文学习，使学生获得更多的全面的素养，就需要“综合化”。集中体现为学习途径的综合、学习材料（内容）的综合、学习方式的综合。

（三）活动性

“活动性”指的是语文综合性学习的经验性特征。语文综合性学习与传统语文学科学习相比较，最明显的特征就是学生学习经验的丰富性。经验的丰富性主要是凭借充分的学习活动来实现的。可以说，语文课程性质的“实践性”主要体现在“经验活动”中，语文综合性学习主要是通过各种各样的活动来实现的。

从发展的角度来看，综合性学习是语文活动课的进一步发展。1992 年，《九年义务教育全日制小学、初级中学课程计划（试行）》首次将活动课纳入学校课程。1996 年的《全日制普通高级中学语文教学大纲（供试验用）》，在“课程结构”部分将语文课程分为两大板块——学科类课程和活动类课程。其中，活动类课程包括阅读活动、写作活动、听说活动等，主要形式有读书报告会、朗诵会、故事会、演讲会，还可以组织语文小组、文学社团等。语文活动课从此成为中学语文课程的重要形态。

由语文课外活动发展而来的语文活动课，正式进入语文课程表后有了自身的明确目标，即通过学生活动，在实践中运用语文知识，增强听说读写的能力。语文活动课具有活动性、开放性、多样性等基本特征，为语文综合性学习的成熟奠定了坚实的基础。

语文课程标准的实施建议中提出要“沟通课堂内外，充分利用学校、家庭和社区等教育资源，开展综合性学习活动，拓宽学生的学习空间，增加学生语文实践的机会”，并强调语文综合性学习主要体现为“书本学习与实践活动的紧密结合”“应突出学生的自主性，重视学生主动积极地参与精神，主要由学生自行设计和组织活动”等。这些建议与主张的提出，是对过去的语文活动课活动性、开放性、多样性等特点的继承，但新的时代背景下，语文综合性学习有了更丰富的内涵，如对跨学科学习的要求、对合作学习的要求、对探究能力的要求，语文综

① 义务教育语文课程标准修订组编写. 温儒敏，巢宗祺主编. 义务教育语文课程标准（2011 年版）解读 [M]. 北京：高等教育出版社，2012：234.

合性学习的目标与操作方式，都有了更进一步的发展。[①]

由此，我们可以看到，语文综合性学习的“活动性”不应该有课内与课外之分，尤其是课内的“活动性”更应该增强，语文活动课应该与日常的语文课堂教学融为一体。有的老师提出“语文活动课不必另搞一套，无须另起炉灶。把常态课上成语文活动课，这是摆在语文教师面前的基本任务”[②]，还有的老师指出“语文活动课必须融进语文学科教学，必须融进日常的阅读教学和写作教学”[③]。

有人把语文实践活动归纳为六种类型：（1）阅读交流型。根据一定的目的积极创造条件，如向学生开放图书室、阅览室、网络等，引导学生多读书、好读书、读好书、读整本的书，并广泛交流，激发阅读兴趣。（2）趣味竞赛型。通过竞赛既考查学生应用知识的能力，又培养学生的竞争意识和合作精神，如“词语擂台赛”等。（3）体验表演型。如“自编自演课本剧”“演双簧（改病句）”等。（4）语文游艺型。如“击鼓传花考状元”“会说话的标点符号”等。（5）鉴赏创造型。除“读诗评画”“听声响自编故事”等活动外还可设计可供想象的话题激励学生勇于探索未知领域，展望未来。（6）社会实践型。联系学生实际，联系社会大课堂。这类活动可以设计为写调查报告、春联，学做导游等。[④]

也有人把语文综合性学习过程中常用的学习活动形式分为以下几种：

1. 体验式学习活动。体验式学习活动摒弃枯燥的说教和单纯的认知学习的倾向，强调学生的“身心投入”，即“以身体之，以心验之”，通过角色转换、观察、想象等体验性活动，达到对事物、行为、情感的内省体察，从而获得知识、形成能力、养成个性。这是一种主体性的认识和反思性的实践活动，是一种复杂的身心汇通、情理交融、知行统一的活动，它从根本上区别于“接受性学习”

2. 合作式学习活动。合作式学习活动是综合性学习中使用广泛的一种学习方式。通过讨论交流、传递信息、沟通情感等方式，提高学生发现问题、分析问题、解决问题的能力，提高他们的策划能力、观察体验能力、信息处理能力，同时激发学生个体的创新潜能并使之与集体的智慧相互补充、相互调节、相互融合。

3. 探究式学习活动。培养学生对事物产生强烈的探究兴趣，具有问题意识，

① 靳彤语文综合性学习再认识 [J]. 课程・教材・教法，2008（10）.

② 程翔. 亲身体验与内化生成——谈语文活动课的本质特征 [J]. 中学语文教学，2016（7）.

③ 黄厚江. 语文活动课要突破“非学科性”的课程观 [J]. 中学语文教学，2016（7）.

④ 刘从华，谢 牛. 语文实践活动：综合性学习的重要途径 [J]. 教育研究，2002（7）.

是综合性学习的前提。活动中，努力为学生设置探究的情境，建立探究的氛围，提出疑点，引导他们发现有探讨价值的问题，进而激发他们研究的兴趣和参与的热情。

4. 创造式学习活动。综合性学习重视培养学生的创造力，倡导学生大胆想象、积极思维，主动地了解、认识未知事物，探求不同事物间的联系，体验创造的艰辛和成功的喜悦。因此，综合性学习特别注重学生的创造式学习活动，在活动中丰富创造的源泉，萌发创造的幼芽，迸发创造的火花。

5. 虚拟式学习活动。信息技术的飞速发展，要求学生能够掌握网络、计算机等信息技术手段在语文学习中的一些基本特征和操作策略，自主地去收集、判断、表现、处理、创造各类信息。拓展综合性学习的时空范围，促使多元信息与语文知识碰撞交汇。①

“语文综合性学习”把整个世界作为语文学习的环境，注重让学生在真实的、具体的现实中去学语文，是一种“活化”的学习实践，而不是把语文从活生生的现实生活中抽取出来，进行“纯粹”的学习。说“语文综合性学习”是一种“活化”的学习，除其学习的对象、内容和环境是“活”的外，还在于：一是学习的过程是“活”的，学生不仅仅是静静地看书，还要调查、走访、表演等，在实践中去亲身体验语文，学习语文。二是学习的方法是“活”的，学生可根据自身实际和学习内容、环境的特点选择灵活多样的方法，如以“走进童话世界”为题展开综合性学习，可阅读原著，观看影视片，调查童话对人们生活的影响，绘制童话世界，举办童话文艺活动，自编自创新童话，等等，其学习方式可自由选择。三是学习的手段是“活”的，可以走进现实世界考察、采访等，也可借助现代信息技术，走进网络虚拟世界讨论、交流等，走进人们的心灵世界和情感世界。因此在开展“语文综合性学习”时要在“活”字上下功夫。②

有的学者认为以活动为载体的语文综合性学习的活动性体现为以下“三性”：

第一，主体性。学生是探究活动的主体。教师要鼓励学生走出学校，走向社会开展调查、访问、记录、参观等实践活动，通过活动培养学生对外界环境的主动性，通过感官、数学计算、科学知识、人际协商解决活动中的冲突，通过实践活动感受生动的现实生活，帮助学生构建新的知识，掌握新的技能，发现科学的

① 吴建英. 综合性学习：母语教育的新路径 [J]. 教育研究与评论（小学教育教学），2011（5）.

② 刘云生. 关于“语文综合性学习”本质定位的思考 [J]. 中小学教师培训，2002（3）.

结论。

第二，合作性。综合性的探究活动离不开学生之间的相互合作。在合作探究的过程中，小组成员之间既要有明确的分工，防止出现互相推诿、被动参与或唯我独尊的情况，又要注意小组成员之间的通力合作，教师要指导学生学会在合作中与人协调和展现自我，培养学生合作的意识和合作的精神，提高探究活动的效率。

第三，体验性。体验是探究性活动的重要活动方式。学生在探究活动中需要面对现实生活，以独特的经验，形成个性化的知识。在体验的过程中，学生往往需要对已有的知识进行改造或重组，改造或重组已有知识的过程，既是学生认识能力发展的过程，也是丰富学生精神生活的过程。①

第二节　语文综合性学习的基本功能

语文综合性学习具有深入推进语文课程的改革、推动语文学习方式的转型、推动学生主体性发展、促进语文教师促学能力的深入发展四项基本功能。

一、深入推进语文课程的改革

语文综合性学习促进语文学科的改革与发展。

（一）弥补分科课程的不足

在一定意义上，分科课程人为地割裂了完整的世界图景，而且可能使学生形成对世界的不完整的认识和理解。弥补这种缺陷的途径之一是开设综合课程，但综合课程并非万能良药，综合课程不可能开设于所有学习年段，如《基础教育课程改革纲要》中提出普通高中以分科课程为主，也不能如分科课程那样保证知识学习的深入和系统，因而目前的主流课程形态依然是分科课程。这样，就提出一个重要的问题，即在分科课程的背景下，如何促进学生融会贯通地理解所学内容。综合性学习就是一条有益的途径。与综合实践活动不同，虽然综合性学习也强调学科间的沟通与联系，但它主要还是指某一学科内部的综合活动。语文综合性学习强调语文知识的综合运用、听说读写能力的整体发展以及语文课程与其他

① 郭根福. 把握“综合性学习”内涵提高语文综合性学习的能力 [J]. 中小学教师培训，2004（2）.

课程的沟通等。

语文综合性学习能够在以下几个方面发挥作用:(1)在分科课程至今仍是主流的课程形态的背景下实现课程的综合化，即在一定程度上超越线性递进学习内容的组织方式，以类似网络的超链接方式，使学习内容综合为有多个连接纽结的整体网络;(2)在教学中模拟或建构出相对真实的学习情境，加强教学与学生生活的联系，增强课程学习对学生个人生活的意义;(3)创设多样化的课堂教学活动，使学生能够积极参与教学活动。[①]

（二）促进语文课程目标的综合实现

尽管语文学科内部复杂的综合属性与生物、物理等学科不同，但其自身所建构出来的多重指向与语文教育旨在培养学生语文素养目标的多方面协调发展构成了语文课程综合与分化的矛盾统一。

从语文学科的终极目标而言，学生得到的语文素养必须是综合的，不能仅仅满足是一个会说话的人或者只能理解他人的观点而无法将自己的思考和意图诉诸语言。同时，这种综合素养还包括在文化底蕴和价值判断基础上建构起来的是非辨别和审美鉴赏能力，以便在未来深入社会生活时得心应手。因此，语文课程目标的设置必须对学生的综合素质修养加以全盘考虑，使得各方面协调发展，不能有所偏颇。有一种观点认为，语文素养的这种综合性符合“木桶原理”，即综合素养中的任何一个方面的缺失都会导致语文素养整体水平的下降，而使得其他方面的长处受到抑制。同时，语文素养是多种能力的综合，但这种综合又不是各种能力的简单相加。对于语文素养的综合即对于语文各方面的协调发展，世界各国的认识是普遍一致的。

从某种意义上讲，综合的对立面是分化，综合的前提也是分化，在分化的基础上达成的综合才是坚实可信的。如从课程的设置而言，美国、德国、英国、法国等相当一部分国家和地区仅就语文一门学科就有文学课、写作课、语言交流课、阅读课，甚至拼写、语法等课程。且教材也是分科编写的，如苏联就有“俄语”和“文学”两套教材。法国则有按法国文学史顺序编排的文学教材和按语法系统编排的语言教材等。

素养的综合从本质上说就是种种技能作为共同要素发挥作用的过程。一旦有了这个指向，倘若要达到所期待的目标，语文诸多能力之间就必须平衡发展、相

① 郭华. 让学科气质与平常性丰足课堂——谈分科背景下的综合性学习 [J]. 人民教育，2005(5).

辅相成。语文学科内部的综合是人们永远期待的，而由分化而达成的综合却是真正值得人们研究和思考的。[①]

（三）拓宽语文运用的空间

语文综合性学习，有的是语文学科范围内的听说读写活动，其作用在于突破分细小项目练习的局限，提高学生综合运用的能力。而有的是跨领域的综合，其作用除了锻炼综合运用的能力之外，还以课题引领的形式，突破传统的阅读教学指标和作文路数，使学生进入新的学习活动空间。过去中小学生的阅读主要是课内选文的阅读和课外凭个人兴趣的阅读，而在综合性学习中，学生在课题的引领之下，根据任务的需要，设计方案，组织活动。选择搜集阅读相关的材料开展书面和口头的交流，学生在活动中有分工，有合作，这样的活动不只是集中在一个比较窄小封闭的语文知识或能力问题范围内反复进行技能训练，而是由任务课题出发，打开思路，拓展阅读视野，引进新的话题，帮助学生构建起一个新的思考空间和话语系统。一个人要很好地领会和准确地表达某个方面的思想，他必然要熟悉这个领域的核心知识和概念、惯用词语和某些特定的表达方式。一个人的言语活动如果只是局限在某一个领域，比如说日常生活领域，那么他跟其他人的交流只能是日常生活的话题，因为不熟悉不习惯其他方面的话语，他就很难参与其他领域的交流。语文综合性学习有利于引导学生走进一个个新的话语领域。[②]

二、推动语文学习方式的转型

语文综合性学习是一种新的学习方式，它重在学习过程，重在激发学生的创造潜能，能较好地整合知识和能力运用于实践。这种学习方式是自主的、合作的和探究的，跟过去那种被动的、单一的接受式的学习方式完全不同。[③]学习方式的变革最直接的体现就是学习策略和学习方法的优化。将语文综合性学习理解为一种学习方式，期望的就是通过语文综合性学习为语文学习带来一种新的策略和方法，其主体是学生，目的是让学生学会学习，即掌握学习策略、学会学习的方法，以形成终身学习的能力。[④]语文的综合性学习能较好地帮助学生掌握“自主、

① 刘淼，韩晓蕾。世界综合课程视野中的语文学科 [J]. 中学语文教学，2003（12）.

② 巢宗祺. 语文综合性学习的价值与目标定位 [J]. 人民教育，2005（5）.

③ 韦键. 解读语文课程标准中的“综合性学习”[J]. 教学与管理，2003（8）.

④ 靳彤. 语文综合性学习再认识 [J]. 课程・教材・教法，2008（10）.

探究、合作”的学习方式，有利于学生在整体性的听说读写活动中提高语文素养，有利于语文知识能力的学以致用，有利于培养学生的综合表达能力、人际交往能力、搜集信息能力、组织策划能力以及互动合作和团队精神等。它对于培养学生的创新精神和实践能力，有着深远的意义。

三、推动学生主体性发展

语文综合性学习符合学生心理发展的特点和趋势，体现了母语学习的特点和规律，有利于激发学生的主动意识和探究精神，引导学生在感兴趣的自主活动中全面提高自身的语文素养，进而推动学生主体性发展。

在目标方面，语文综合性学习不是追求片面的知识与能力目标，而是追求包括知性、感性和社会性在内的整体的语文素养和丰赡的人文精神目标。综合性学习追求“实践兴趣”，它立足于教师、学生、教材和环境四个要素相互作用的生态系统。在这个生态系统的相互作用中，学生建立起“三个世界的联系与对话”，实现经验的生成和人性的提升。经验和人的主体性有着天然的联系，它使得学生的学习心理能够摆脱对教师的共生需求，并走向自我独立。现代教育强调学问知识对人的发展的理性作用，却忽视了经验知识对人的感性、个性发展的重要价值。经验知识包括体验知识和方法知识，它和活动、感受、态度、能力、意志等有着密切的联系，这正是语文综合性学习的着力点，也是主体性发展的内在要求。显然，语文综合性学习顺应了语文课程目标新观念和主体性教育的新要求。

在过程方面，综合性学习过程以体现学生的主体性为最基本特征，突出学生的自我发现、自我思考、自我判断与自我解决能力的培养。学生在综合性学习活动中自己发现课题并自主搜集、选择信息，主动探究，以达成问题的顺利解决。学生在“如何做”的主动探究过程中产生丰富的体验性知识和方法性知识，强化反省思维，并逐渐形成创造性地探究事物和解决问题的兴趣和态度，从而逐步实现学生语文素养的深层积淀以及自我价值的深刻体认。有教师做过这样的尝试，把周末的作文改成学生编写“双休日周刊”。虽然编刊物的工作量绝不亚于写一篇作文，然而连那些看到作文就头痛的学生也会劲头十足地投入其中，收集资料、设计图案、整理编撰，忙得不亦乐乎。其成功之处就在于把单纯的写作活动转变为综合性学习活动，变被动为主动。

在评价方面，综合性学习的评价着重于学生的探究精神和创新意识。尤其尊重和保护学生学习的自主性和积极性，鼓励学生运用多种方法，从不同的角度，进行多样化的探究。摒弃整齐划一，寻求问题解决办法的多元化和个性化，是语文综合性学习的内在目的。为此，评价要侧重学生的积极性、主动性、灵活性、合理性与创造性。这就是说，语文综合性学习的评价是以侧重学生的主体性为依据的。[①]

四、促进语文教师促学能力的深入发展

在学科课程的基础教学中，强调语文教师听说读写诸领域的单项教学能力有其合理性，只有具备了扎实的单项教学基本功，才能有效指导学生的语文基本能力的发展。但语文学习的最终目标却并不是仅靠单项学习和单项指导可以实现的，在单项训练之后的综合学习才是提升学生语文素养的关键。

语文教师的促学能力可以分为单项教学能力与综合教学能力两种，这两种能力对学生语文能力的提高起着重要作用。很多国家把语文教师的综合能力看得比单项能力更为重要，例如，美国国家专业教学标准委员会（NBPTS）对教学对象为 14 至 18 岁以上的英语教师制定出的《高中英语教师专业教学标准》内含 16 条标准，其中就把综合性学习指导能力置于各单项教学能力之前加以强调："优秀的英语教师能够将读、写、听、说、浏览和创作媒体文本等在教学中作为一个整体，也善于将英语和其他学科的内容等整合为一体。"其基本理据是认为综合性教学是优秀语文教师的一个特点，它包含两个方面，第一个就是读、写、听、说、浏览和创作媒体文本等是一个相互促进的过程；第二个特点是英语学习需要让学生直接进入到广泛的有意义的跨学科领域的主题与观点的调查与研究中。具体说来，语文教师的综合性促学能力主要体现为以下几方面：

1. 语文教师应该知道语言能力的发展可以促进其他方面能力的发展。因此，他们有意识地设计学习活动来利用这种相互促进的特点，比如，他们经常要求学生回答一些具有智力难度的问题，这需要学生分析和解释文本，需要运用几个或所有的语言运用过程。当学生阅读好的写作范文时，当他们试图写之前，同另一个人或一个小群体交换他们想要写的内容，学生的写作能力能快速地增长。在学生致力于变成一个写作者的时候，他也同时变成了一个注意力更集中、能力更强的阅读者，他不但对一个好作者所说的内容感兴趣，而且对他所说的内容取得的预期效果也感兴趣。教师帮助学生综合地运用所有的交流方式，来有效地达到他

① 陈尚达. 语文综合性学习与学生主体性发展 [J]. 安徽教育学院学报，2004（3）.

们的目标。一些技巧的使用使这种综合教学强调语言过程的相互依赖，技巧的使用也能帮助学生在探究其他学科内容时更加容易，比如，当学生利用技巧来研究支持写作和口头论点的证据时，学生能学会阅读和批判地观察。

2. 语文教师帮助学生更加深刻地理解各种交流形式的差异。让学生学会理解形象性在写作中的重要性（外观、大小、形式、简洁以及图表、图形、插图等），让学生理解口头表达（手势、面部表情、视觉辅助），指定阅读和观察资料（书籍、录像、CD-ROMS）在课堂讨论中的重要性。帮助学生理解口头的、视觉的、书面的交流模式的不同，在单独用视觉的形式或视觉和口头相结合的形式陈述观念时，理解阅读、听、观察、暗示等的不同。这样，学生能形成更高水平的更复杂的交际能力。

3. 语文教师在教学实践中引导学生学习博大的有影响力的主题和观念。当年轻人从事复杂的项目时，他们能学会沿着一个有组织的问题学会怎样分配他们的注意力，搜集感兴趣主题的信息，区别可靠的和琐碎的有偏见的资源，评价不同观点的重要性，综合许多思想成为一个有说服力的总论点，以一种连贯的、紧凑的、详尽的方式表述自己的观念等。学生改善自己思维的清晰性，并在其他学科领域也能用语文来交流。

4. 语文教师应该熟知语文课程中的主题和论点一般反映其他学科内容或者和其他学科领域交织在一起。指导学生深化对其他学科知识的理解，强化学生的关键思维能力，指导学生将交叉学科的训练相互联系起来。比如，教师要求学生通过网络查找当地重要的历史器物，然后创办一份由事实性和虚构性故事组成的报纸，提高一个学生的文学水平。教师还可以通过将历史书中关于战争的描写和大家熟悉的文学作品中对战争的描述做一个比较，将战争文学作品的学习放在这样一个背景中学习。教师也可以让学生提高自己对文学流派的理解，比如印象主义、现实主义。通过将文学与绘画、音乐等进行对照，或者创造自己的文学作品或阐释音乐的风格。教师帮助学生将语文知识和商业领域的应用软件联系起来，让学生发展解决问题的能力和在团队中有效地工作的能力。这些策略使所有的学生都受益，并改变他们的学习方式。所有的学生，特别是有特别需要的学生，当他们有机会以多种方式理解这些概念或运用这些概念的时候，可以提高他们对概念的理解。

5. 语文教师应该知道学生不是在一个抽象的水平上学习语言，他们通过在真实背景下实际的运用语言来学习语言，这个背景可以通过各学科间的学习来创造。教师指导学生分别在语文课堂上以及在跨学科上来发展和扩大他们关于世界的认识，获得语言技能以表达他们新的理解。

第三节　语文综合性学习的基本类型

关于语文综合性学习的类型划分，到目前为止，还没有一种类型划分得到广大教师的一致认可，于是大家只能采取语文教材中以“主题”或“题材”为依据进行的分类。而这种分类是不系统或不完整的，有一些语文课堂教学过程中的综合性活动没有涵盖进来。本书把学生在语文综合性学习中的“经验活动”作为分类依据，划分出三类语文综合性学习：嵌入式的语文综合性学习、拓展式的语文综合性学习、专题式的语文综合性学习。

一、嵌入式的语文综合性学习

所谓“嵌入式”，主要是指在日常的语文课堂教学活动中嵌入“综合性”的经验活动，通过这些经验活动弥补学生学习经验的欠缺，使学生的“学”更加充分，更有利于促进学生对教材内容的理解和教学目标的达成。

由于语文教材是以阅读教学为主线编排的，所以也有的老师把这类综合性学习活动称之为“穿插于阅读教学中的小综合活动”。这类穿插或嵌入的小综合活动，以单元或课文阅读教学为主，综合活动为辅。在单元或课文学习的过程中，开展多种方式的学习活动。运用观察、搜集资料、讨论、合作学习等方式将活动与口语交际、习作和展示等有机地整合起来，落实单元教学目标，全面培养学生语文能力。换一个视角看，小综合活动是向大综合活动的过渡，可以缓解由于学习方式改革带来的教学上的困惑。由于小综合活动以阅读课文学习为主，活动内容单纯，活动范围有限，不影响正常阅读教学活动，更能适应目前的教学实际。同时，穿插其中的综合活动，学生有一定的心理和行动准备，给予的时间有宽松度，能在阅读学习的过程中，做好各项准备。

这类小综合活动，在独立设科百年来的语文课堂教学中一直延续着，如“读写结合”“读写说结合”“读写做结合”等活动方式其实一直活跃在许多语文教师的课堂里。而且每一次课程改革都反复倡导的“课堂形态”或“学习状态”的改变实际上就蕴含着多样性的寻求，即通过综合性活动来改变逐渐僵化的语文课堂教学。

近些年涌现出来的“生本课堂”“以学定教”“学生中心”等课堂教学形态，实际也是运用了小综合活动来实施的。在课堂教学过程中通过“读与写”的结合，让学生“学”的活动得到充分展开，同时加入“说”的要素，把思考的内容写出来与同伴讨论交流。这样，学生的学习经验就得到了较为完整的发展。

总而言之，嵌入式的语文综合性学习是在学科课程的学习中嵌入综合性学习的要素，旨在改进语文课堂教学形态，为语文课程改革注入生机与活力，促进语文课程目标的全面实现。

二、拓展式的语文综合性学习

所谓“拓展式”，是指在日常课堂教学活动之后从课文或单元的内容中拓展出来的综合性活动。这是课堂教学的延续与发展，通过综合性活动的方式让学生的课堂学习经验得到更加综合全面的发展。

拓展式的语文综合性学习是为了配合单元教学内容而引发和延伸的综合活动。在单元阅读教学完成后，以单元主题内容为兴趣点，或以单元内某篇文章为引发，设计并开展的综合活动。单元阅读内容为综合活动提供了基础，综合活动则作为单元主题内容的拓展和延伸。综合活动的内容和要求，都附在单元阅读课文后。在完成阅读教学任务的前提下，由单元阅读内容或某一篇课文引发为综合活动，其中只是活动的深浅、范围的大小的区别。这种课文延伸式的综合方式，阅读是活动的基础和“营养”储备。活动又是阅读内容的深入探究和发展。其特点是教学目标明确，任务突出，学生能集中精力，就专题中的问题展开语文活动。①

拓展式的语文综合性学习可分为两类：

第一类是语文学科内的拓展式语文综合性学习。这是从教材中的单元主题拓展出来的综合性学习，可以根据教材以主题组元的特点，设计识字、阅读、习作、口语交际的综合性学习活动。如人教版课标实验教材小学一年级下册第一单元的主题是“多彩的春天”，对此就可以围绕春天设计“找春天”“画春天”“咏春天”“赞春天”的综性学习活动，带领孩子到大自然中去观察，在枝头、在空

① 王贺玲. 中小学语文综合性学习的呈现与把握 [J]. 河北师范大学学报（教育科学版），2007（11）

中、在田野里找春天；把观察到的春天的景象，用笔画下来，讲给大家听；读关于春天的韵文、儿歌、故事等，选自己最喜欢的作品参加“咏春天”朗诵会；根据自己对春天的体会和感受，写几句赞美春天的话。还有一种情形是把不同年级教材的相关知识进行有机整合，创造性地设计语文综合性学习活动。如小学高年级利用学过的古诗和课标要求阅读的古诗资源，组织“诗词歌赋欣赏”活动，让学生将所学诗词进行分类，按写景、写物、写人、写事分类汇集在一起；然后参照这种分类组成相应的学习小组，搜集相关资料；再进行小组交流，品味、欣赏作品的意境、作者的情怀，领悟作品精妙之处；由小组发言人在班上做诗词歌赋欣赏发言；最后进行再创作，小组合作设计，编排诗歌意境剧，配上适当的背景、服装、道具等，在班上表演。

第二类是跨学科的拓展式语文综合性学习。如学习《赵州桥》一课，可联系美术教材中《家乡的桥》《我为祖国造大桥》和自然常识教材中的《桥》，设计题为“桥”的综合性学习活动。可拟定以下活动程序：“知桥”，利用图书馆、网络等信息渠道获取有关“桥”的资料，了解古今中外著名的桥梁。“画桥”，画一幅自己设计的桥。“造桥”，按照自己设计，用胶泥或其他材料造一座自己喜欢的桥模型。“颂桥”，写一篇赞美桥的文章。①

三、专题式的语文综合性学习

所谓“专题式”，是以单独的专题或主题组织起来的，与学生正在学习的教材或课文没有直接的关联的语文综合性学习。这是综合性程度最高的语文综合性学习，基本是从学生的经验出发，依据学生的兴趣或需要来组织，学生在整个学习过程中起主要作用。专题式的语文综合性学习主要有以下几种②：

1. 专题探究类。此类活动是指学生在教师指导下，从自然现象、社会现象、自我生活中选择和确定有关语文或与语文相关的研究专题，并在研究过程中主动地获取知识、应用知识、解决问题的学习活动。

围绕某一专题，侧重于专项研讨与探究的综合活动往往从若干方面和角度，广泛而深入开掘专题活动内容，提出问题、分析问题，并提出自己的见解和意见。如“莲文化的魅力”专题，要求从四个方面完成综合活动：第一，对莲的科

① 杨世碧. 语文综合性学习的类型 [J]. 语文建设，2004（10）.

② 韦键. 解读语文课程标准中的“综合性学习”[J]. 教学与管理，2003（8）.

学探究，提出若干问题供探究，比如，古莲发芽之谜、莲叶防水和自洁之谜以及藕断丝连的科学解释等；第二，大家来赏荷，从文学意义上对荷展开认识；第三，莲文化探胜，从人文意义上对莲所蕴含意义的认识以及对出淤泥而不染的不同意见的认识；第四，编创关于莲的歌词并作曲。

2. 问题讨论类。此类活动一般都是围绕学生感兴趣的问题展开。这些问题由学生去发现，然后运用语文知识和能力来研究、解决问题。这样的问题可以多种多样，有身边的、自然的、生活的、社会的、家庭的小事，也有学校、社会、国家的大事。解决问题的方法也可以是多种多样的，可以通过查找资料、调查访问、相互讨论等方法解决，可以合作完成，也可以独立完成，问题的答案可以不唯一，允许学生间争论，鼓励学生发表不同的见解。

3. 社会实践类。此类活动让学生走向社会，利用语文为社会服务。在社会的大课堂里学习语文、运用语文、丰富阅历、增长才干，可以组织学生参加游览活动，访问名人，进行社会调查等。

4. 游艺活动类。此类活动将语文知识融入生动有趣的表演、游戏、竞赛等有趣的语文活动中，使学生在愉悦的气氛中综合运用语文知识，提高学生听说读写的能力。如办报办刊、编演课本剧等。

从学习经验的角度来看，专题式的语文综合性学习还具有一种“方法”上的学习目标。日本学者佐藤学认为综合学习的一个意义在于“学习‘学习’方法（learning how to learn）”[①]。他访问了全美各地的许多学校，参观了那里的开放式教室，这种教室实际上是开放式学校传统做法的延伸。在这类教室中，设有与通常的学科教育课程不同的、称之为“主题学习”的综合学习课程。在“主题学习”时，用一年的时间探讨、研究某个特定的主题。这些主题有“环境破坏”“鲸的生态”“广叶树的种类”“日本的文化”“中世纪的宗教与生活”等，各种各样的内容都有。其中，也有不少教室设定了“中药”“枫叶蜜”之类相当特殊的主题。在这些教室中准备了很多资料，学生可按自己感兴趣的问题开展研究活动，并把学习收获写在本子上。这种主题学习的主要目的是进行“学习‘学习’方法”的培养和训练。

①［日］佐藤学著，李季湄译，静悄悄的革命：创造活动、合作、反思的综合学习课程 [M]. 长春：长春出版社，2003：117–118.

第二章　中国古代语文综合性学习

中国古代语文教育，无论是教学内容还是教学方式，都呈现一种高度的综合性，是一种综合性的教育。在中国传统的语文综合性学习中有很多优秀的经验值得继承。

第一节　中国传统语文综合性学习的基本理念

我国古代语文教育没有实施分科教学，语文不是独立的学习领域，语文教育往往与读经教育、德行教育综合在一起。教学内容与教学方法都是综合的，用张隆华、曾仲珊的话来说，就是古代的语文教育常常是“扭合”在一起的[①]。无论是从汉语发展历史的角度还是汉语学习规律的角度来看，这种“扭合”的语文学习都有其必然性，其基本理念体现为“读经即读文”“知行合一”“知类通达”“读写融通”。

一、读经即读文

古代语文教育与读经教育融为一体，起源于人们对“经”与“文”之间关联性的认识。

（一）“经中含文”的认识

刘勰有一段话可以代表人们对“经”地位的认识：

① 张隆华，曾仲珊．中国古代语文教育史 [M]. 成都：四川教育出版社，1995：6.

“经”也者，恒久之至道，不刊之鸿教也。故象天地，效鬼神，参物序，制人纪；洞性灵之奥区，极文章之骨髓者也。[①]

刘勰认为“经”是“至道”“鸿教”，“经”体现“道”与“文”的“同一化”，“经”文本乃是能说明天、地、人之常理者，而它又不只充作文本，本身更进一步化为至道与鸿教，故“经”不只是通向常理常道之途径，而更“化身为”道与“表现出”道，所以才能彰显天地鬼神与物序人伦[②]。所以人们对“经”的学习本身就内含了既学习“道”又学习“文”。对“经”文本的学习既可以把握“经”所代表的“道”，同时可以学习其言语表现形式。两者的学习不是分割开来的，而是综合在一起完成的。

我们从刘勰“五经之含文”的观点也可以看到经与文的关联。刘勰引用扬雄的说法，用玉雕琢成器物作比方，认为“五经”的文章含有文采：“扬子比雕玉以作器，谓‘五经’之含文也。”[③]既然五经包含了文采，那么学习五经文本实际就是在学语文，或者可以说语文学习是在读经的过程中完成的。

刘勰认为“经”是“群言之祖”，各种文章体式都来自“经”，“五经”构成五种不同的大文体，是各种具体文体的渊源：

故论、说、辞、序，则《易》统其首；诏、策、章、奏，则《书》发其源；赋、颂、歌、赞，则《诗》立其本；铭、诔、箴、祝，则《礼》总其端；纪、传、盟、檄，则《春秋》为根：并穷高以树表，极远以启疆，所以百家腾跃，终入环内者也。[④]

由此可以看出，刘勰认为论说类文体来自《易》，诏策类文体来自《书》，赋颂类文体来自《诗》，铭诔类文体来自《礼》，纪传类文体来自《春秋》。

在刘勰看来，无论是作文还是读文，都绕不开“经”。因此，古代的“经”

① 周振甫.《文心雕龙》今译 [M]. 北京：中华书局，1986：26.

② 林维杰. 朱熹与经典诠释 [M]. 上海：华东师范大学出版社，2011：149.

③ 周振甫.《文心雕龙》今译 [M]. 北京：中华书局，1986：30.

④ 周振甫.《文心雕龙》今译 [M]. 北京：中华书局，1986：30.

学教育就包含着语文教育，语文教育的内涵与价值正是通过“经”学教育来体现的。

（二）“文”的综合性特点

从“文”的角度来看，刘勰认为“夫文以行立，行以文传，四教所先，符采相济”[①]。意思就是，文辞凭德行来建立，德行凭文辞来传播，孔子用文辞、德行、忠诚、信义来教育人，而以文辞为先，可见文采跟其他三者互相配合。孔子所指的“文”，不单是语言、文字、文学，而是包括历史的、文学的、哲学的各种各样的古代著作，或简略的记载记录。“古之所谓文者，乃诗、书、礼、乐之文，升降进退之容，弦歌雅颂之声，非今之所谓文也。今之所谓文者，古之辞也。”（清陈澧《东塾读书记》卷二）这“文”“容”“声”，都是“文”的表征，“辞”自然也包括在“文”之内。孔子的“文”，带有大语文的性质。在具体的教学实践中，孔子将教学内容分为四科：德行、言语、政事、文学。其间的“言语”“文学”就直接与语文教育有关。[②]

“文”这个概念的出现，它标志着人们对语言艺术的实际创造和运用，达到了一个新的阶段，也标志着人们对语言艺术的认识有了进一步的发展。

《左传》谈论言辞，言、文并称，或文、辞并称，例如：

仲尼曰：“《志》有之‘言以足志，文以足言’，不言，谁知其志？言之无文，行而不远。”

“动作有文，言语有章，以临其下，谓之有威仪也。”

孔子所引之《志》，有“文以足言”之说，即文采用来帮助言辞完成表达。孔子又进一步论说，强调了“文”对于“言”的重要性，尤其是对于言能否流传久远的作用。既然“文”对于“言”如此重要，那么“慎辞”，就包含应当特别重视“文”这方面的内容。也就是说，对语言在艺术表现形式方面，要特别重视。“文”这个概念，在孔子那里发扬光大。如孔子曰：“质胜文则野，文胜质则史。文质彬彬，然后君子。”对“言语”要求有章法、有文采，主此论者，不仅孔子，卫北宫文子论威仪，也谈到“动作有文，言语有章”，这两句互文，还包

① 周振甫.《文心雕龙》今译 [M]. 北京：中华书局，1986：30

② 张隆华，曾仲珊. 中国古代语文教育史 [M]. 成都：四川教育出版社，1995：47.

含“动作有章，言语有文”的意思。

（三）经学教育与文学教育的综合

经学是对经典的解释而形成的学问，文学是关于怎样写作文章的学问。经学是“述”学，强调探究、传述作者（圣人）之意；文学则是“作”学，要突出个体的观念、情感与意志。经学与文学二者似乎不相干，甚至有些矛盾，其实不然，在经学教育当中蕴含着丰富的文学教育成分。换言之，经学教育与文学教育虽不同，但有相当大的部分是交叉的。

就教材而言，经学教材之《诗》《书》《春秋》《礼》《论语》和《孝经》等，除《礼》和《孝经》外，其他诸书，都具有文学性，可以视为文学教材。

就教学内容和目的而言，表面看，经学与文学确实差别极大。文学教育，最初是识文断句，然后是文章写作之学，最终是情感与审美的教育，指向的是情和美。然而，经学教育的初始阶段，也未尝不是识文断句，在其终极意义上，也并非完全与文学无关。例如，经学的天人感应之说中便蕴含着美感体验，与文学创作者的情感体验类似。

就教学方式而言，经学的教学方式中明显包含很多文学教育因素。西汉经学的教学方式主要是章句之学，要逐章、逐段、逐句、逐字地进行解说，特别注重对整体结构的分析，这里面包含很多文学教育中阅读理解的方法。

就思想观念而言，经学教育的性质，一言以蔽之，是观念教育。这种观念教育，产生了诸多与文学教育相通的效果。

就教育过程而言，在经学教育的过程中同时也完成了文学教育。经学教育表层是章句之学、训诂之学、义理之学，就其深层而言，是培养出特殊的思维方式及个性气质。文学教育在广义、表层上讲，是识文断字之学，是阅读与理解之学，是传授、写作文章的技巧与艺术。就深层而言，文学教育则是培养一种感受世界、观察思考人与事的方式，一种个性气质，一种审美方式。经学教育中完成的对人格的培育，对思维方式的训练，是经学的，也是文学的。

对于五经，先秦学术重在论其内容特质。汉代学术则不然，汉代看重的，是五经对人性情、气质的培养化育作用。最典型的论述如：“温柔敦厚，《诗》教也；疏通知远，《书》教也；广博易良，乐教也；洁静精微，《易》教也；恭俭庄敬，《礼》教也；属辞比事，《春秋》教也。”（《礼记·经解》）人们期待从这些经典中学到的，大多是对性情品格的培育。[①]

（四）语文教学的综合性

1. 教学内容的综合性。古代的语文教育，无论是识字教学还是“国学”常识教学，无论是读书、作文还是思想政治教育，常常是扭合在一起的。不管你扭合的如何，或生硬、或交融，都是想方设法地“扭合”。学语文，也就是学思想、学社会、学自然，进行人生观、世界观的教育。古代的语文教育，基本上是文、史、哲不分的，甚至人文科学、社会科学、自然科学也不分，学伦理、历史、哲学，学科学、技术，也就是学语文。语文教育始终是一身而数任的。它的这种多功能性，就表明了它的内容的极端丰富性。[②]

古代的语文教育，除了文、史、哲的综合性之外，还有“字、词、句、篇、语、修、逻、文”八个方面的综合。

古代很重视识字、写字，编了《急就篇》《三字经》《百家姓》《千字文》等很多识字、写字教材，这些教材后来在教学中常常配合使用。明代教育家吕坤说：“读《三字经》以习见闻，《百家姓》以便日用，《千字文》亦有义理。”（《社学要略》）由此可见，哪怕像这类识字课本也有“习见闻”“便日用”“有义理”的综合作用。

2. 教学方式的综合性。《周礼·春官·宗伯下》：“大司乐掌成均之法，以治建国之学政，而合国之子弟焉。……以乐语教国子，兴、道、讽、诵、言、语。”“以乐语教国子”，郑玄注云：“兴者，以善物喻善事。道，读曰导，导者，言古以剀今也。倍文曰讽，以声节之曰诵。发端曰言，答述曰语。”可以说，乐语更多的是具体的言说方式和言说艺术。换言之，诸侯、卿大夫之子，受到了比较系统的言说训练。它们都带有综合性的特点。它把习舞、习乐、习礼、习语、习文等教习活动融为一体。[③] 通过多种方式引导子弟掌握语言艺术。

孔子非常注重学习方式的综合运用，他揭示了学与思、学与行、思与行、学与习、习与行之间相互联系与相互制约的关系。

例如，在学与思之间，孔子提出了一个中介环节——“问”。问既有增益其所学的功用，也有促进思考的功用。孔子提倡“每事问”“不耻下问”，这是求知

① 郭英德. 中国古代文学与教育之关系研究 [M]. 北京：北京大学出版社，2012：192–194.

② 张隆华，曾仲珊. 中国古代语文教育史 [M]. 成都：四川教育出版社，1995：6.

③ 张隆华，曾仲珊. 中国古代语文教育史 [M]. 成都：四川教育出版社，1995：28.

的重要方法，是博学深造不可缺少的手段。与此同时，孔子又说“疑思问”，问又是释疑、解惑、促进思考的重要方法。

又如，学与行之间也有一个中介环节——“习”。“习”的原义，据《说文解字》，它是鸟数飞的意思。鸟初学飞，时常数飞不已。《礼记·月令》又将学与习连用，曰：“鹰乃学习。”因此，习是对所学知识的温习、练习或实习，它不同于一般意义的“行”。学生求学是为了求知、求能，“学而时习之”可以温故知新，增益其学识与才干。同时“习与性成”又可以修养其德性。至于知行的行，则是指社会实践活动，孔子将“习”列入教学过程，突出了教学活动的特点，这是极富创见的一举。①

3. 教与学的综合性。关于教与学对立统一关系的论述，最早的是《尚书·兑命》所谓的“学（斅）学半”。上古先民对教与学的关系的认识尚处在初级阶段，常常把教与学两种活动统称之谓“学”。在文字学上曾出现“学”的一字二音（xiào，xué）二义（斅，学）现象，这在历史上沿袭了很长时间。孔子继承并发展了关于教、学对立统一的思想，将“学而不厌”与“诲人不倦”并提，这正是既看到了教与学的差别，又看到了它们的联系。孔子的贡献是他认为教以学为基础，孔子施教的依据是学生的学，教学活动是以学生的学习活动为主体的，这一思想直接体现在他的教学原则与教学方法中，最突出的例子是他倡导的启发诱导原则。这一原则着眼于激发学生的学习动机，把握学生的学习机制。孔子认为只有学生好学、乐学，在求学过程中形成积极的求知状态时，教师的启发才能收到良好的效果。启发诱导的目的，是为了使学生学习能力进一步提高。这些思想散见于《论语》中，集中体现在他的一段教育格言中：“不愤不启，不悱不发。举一隅不以三隅反，则不复也。”这段话的前一句谈的是启发的着眼点是学生的学习动机和学习机制，后一句直接言及学生运用知识的能力和思维能力，并以此检验教师的启发是否得当。所以，孔子的启发诱导原则是以学生的学习为基础的，既以学为依据，又以学为归宿。这里不妨把孔子的启发诱导原则，同苏格拉底的“产婆术”做一比较。苏氏的“产婆术”是由教师设问，提出新的课题，学生就已知的知识加以回答，教师通过反诘以暴露学生原有知识的不足和矛盾，最后促使学生得出教师认定的结论。这一教学方法与孔子的启发诱导相同之处是都反对对学生硬灌知识，要求教师引导学生主动地进行学习；不同之处是苏氏以教师的

① 王炳照等. 历代教育论著选评（上册）[C]. 武汉：湖北教育出版社，1994：31.

教为中心，它始于教师的设问，终于教师的结论，教并不以学为依据。有人把它归之为问答式的教授法，可谓一语中的，揭示了苏氏“产婆术”的基本特征。孔子的教以学为基础的思想，对我国传统教育有着深刻的影响，孟子认为君子深造之道在于自得，因而教师只可“与人规矩，不可使人巧”，启发应当“引而不发”，功夫在于学生的自学。朱熹也认为教师启发学生并无定法，只有使学生自得的诱导，才是“正法”。孔子倡之在前，历代教育家应之于后，使我国传统教育形成了“以学定教”的重要特点。①

4. 阅读方法的综合性。古人向来有读经明道的主张，要真正明道则必须综合多方面的能力，运用多种阅读方法。宋代朱熹在教学实践中总结出了很多阅读方法，他认为学习要把握根本的道理：

“识得道理源头，便是地盘。如人要起屋，须是先筑教基址坚牢，上面方可架屋。若自无好基址，空自今日买得多少木去起屋，少间只起在别人地上，自家身己自没顿放处。……须就源头看教大底道理透，阔开基，广开址。如要造百间屋，须著有百间屋基；要造十间屋，须著有十间屋基。……学须先理会那大底。理会得大底了，将来那里面小底自然通透。今人却是理会那大底不得，只去搜寻里面小小节目。”（《朱子语类》）

同时朱熹又认为学习或阅读要在关键处用力，他引用宗杲的话：“如载一车兵器，逐件取出来弄，弄了一件又弄一件，便不是杀人手段。我只有寸铁，便可杀人。”（《朱子语类》）说明阅读文章时要抓到关键处，才会有功效。

清人章学诚认为要综合运用多种方法才能够真正读懂经书：“训诂章句，疏解义理，考求名物，皆不足以言道也；取三者而兼用之，则以萃聚之力补遥溯之功，或可庶几耳。”（《文史通义·原道下》）读经必须把章句、义理、名物三者结合起来，“萃聚”全方位的功力，才有可能理解其中的“道”。

二、知行合一

无论是“经”的学习，还是“文”的学习，古人都重视其学习效果。要求学生不能仅仅死记硬背一些知识，而要从书本中获取“真知”。要获得“真知”就

① 王炳照等. 历代教育论著选评（上册）[C]. 武汉：湖北教育出版社，1994：30.

需要把“知”与“行”结合起来。只有做到“知”与“行”的统一或一致，才能确保所学的知识是“真知”。“知”与“行”的互涉，实际就是在学习过程中把“认知活动”与“经验活动”综合起来，打通内在思维与外在经验的关节，促进学生对文本内容和意义的深度理解。

先秦儒家很注重引导学生把认知过程与经验过程连接起来，孔子非常注重“闻”“见”,《论语》中“闻”字出现了50多次，“见”字出现了70多次。荀子曰:“不闻不若闻之，闻之不若见之，见之不若知之，知之不若行之，学至于行而止矣。”(《荀子·儒效篇》)

宋代朱熹继承了这一观点:“知与行工夫须着并到，知之愈明，则行之愈笃；行之愈笃，则知之愈明。二者皆不可偏废。”(《朱子语类》)

南宋张栻认为:“知之进则行愈有所施，行之力则知愈有所进。”“盖致知力行此两者功夫互相发也。”(《南轩文集·寄周子充尚书》)

明代王阳明指出:“知之真切笃实处便是行，行之明觉精察处便是知，知行工夫，本不可离。”(《王文成公全书·答顾东桥书》)

清代王夫之进一步阐释了两者的关系:“知行之分，又从大段分界限者，则如讲求义理为知，应事接物为行是也。乃讲求之中，力其讲求事，则亦有行矣。应接之机，不废审虑之功，则亦有知矣。是则知行始终不相离，存心亦有知行，致知亦有知行，而更不可分一事以为知而非行，行而非知。”(《读四书大全说》卷三)“知行相资以为用，惟其各有致功，而亦各有其效，故相资以互用。”(《礼记章句》卷三一)

余英时认为，自张横渠、程伊川以来，宋、明儒者多分知识为二类，一为“德性之知”，一为“闻见之知”。从张、程到王阳明，大体上都以为“德性之知，不假见闻”，其结果自然是重德性而轻闻见。故明末、清初的思想家，为了纠正王学末流之弊，遂重新给予“闻见之知”以应有的重视。清初学术由虚入实，顾(亭林)黄(梨洲)王(船山)三大儒持“道问学”之立场益坚。尤其是考证学的出现，意味着“儒家智识主义”(Confucian Intellectualism)的兴起。梨洲处于儒学从“尊德性”转入“道问学”的过渡阶段，东原则是儒家智识主义极盛时代的哲学代言人，专从“道问学”的立场上立论，不再把知识问题与道德问题纠缠在一起，把知识从传统的道德纠缠中解放出来。这是宋、明以来儒家论知识问题所从未达到过的新境界。“陆、王嫌程、朱论学太多，而戴氏却嫌他们论学太略”(胡适语)，程、朱主张“涵养须用敬，进学则在致知”。“敬”属道德范围，

“学”属知识范围，这表示程、朱对“尊德性”与“道问学”之间要维持一种平衡。但程、朱皆以“尊德性”为第一义，而以“道问学”为第二义，故“敬”在“学”之前。朱子“穷理致知”必归于“涵养主敬”，东原则“详于论学，而略于论敬”，他根本不承认“敬”可以有助于致知穷理。[①]

对《论语》中的“多闻，择其善者而从之；多见而识之，知之次也”，王阳明和戴震有不同的解释。

王阳明认为：“良知不由见闻而有，而见闻莫非良知之用。故良知不滞于见闻，而亦不离于见闻。……‘多闻，择其善者而从之。’‘多见而识之。’既云择，又云识，其良知亦未尝不行于其间。但其用意乃专在多闻多见上去择识，则已失却头脑矣！”（《传习录》卷二）王阳明根本不要学者先存一求见闻之念。

戴震则认为：“然闻见不可不广，而务在能明于心。一事豁然，使无余蕴，更一事而亦如是，久之，心知之明，进于圣智，虽未学之事，岂足以穷其智哉！”（《孟子字义疏证》）戴震极端重视闻见之知，而且照他“德性资于学问”的说法，则德性之知应该就是闻见之知的最后结果。在这个问题上，戴震可以说对宋明的理学传统做了一次大颠倒。[②]

二人同引《论语》中“多见”“多闻”之语，而立论之相异如此。这种对比最可见两百余年间儒家对知识问题的态度发生了何等剧烈的变化。正如余英时所揭示的：阳明“良知不由见闻而有”之说，是儒学在“尊德性”阶段中的应有之义；而东原所谓“德性资于问学”，则是儒学转入“道问学”阶段后所必至的结论。[③]

而戴震“一事豁然，使无余蕴”数语是从朱熹《大学·格物补传》转手而来。朱熹云：“是以大学始教，必使学者即凡天下之物，莫不因其已知之理而益穷之，以求至乎其极。至于用力之久，而一旦豁然贯通焉，则众物之表里精粗无不到，而吾心之全体大用无不明矣！”但戴震虽自朱熹转手，却已暗中对朱熹的说法做了重大修正。朱熹相信心具众理，故说格物既久，可以一旦豁然贯通，而达

① 余英时. 论戴震与章学诚：清代中期学术思想史研究 [M]. 北京：生活·读书·新知三联书店，2000：20–33.

② 余英时. 论戴震与章学诚：清代中期学术思想史研究 [M]. 北京：生活·读书·新知三联书店，2000：27.

③ 余英时. 论戴震与章学诚：清代中期学术思想史研究 [M]. 北京：生活·读书·新知三联书店，2000：28.

到吾心全体大用无不明的最后境界。戴震不取“理得于天而具于心”之说，而解释“理”为客观事物之内在条理，因此他认为不断地从事穷物致知，最后可以使人的认知心变得晶莹明澈，但认知的本身则是一永无止境的历程。戴震的修正恰是把朱熹的“格物致知”论导入一个更为彻底的智识主义的方向。①

值得注意的是这些智识主义的倾向在朱熹那里“尚甚隐微”，而到了戴震则开始得到充分的发挥。这也是清代儒学已转入“道问学”阶段的一个清楚的指标。② 由此，古人所倡导的“知行合一”综合性学习方式具有了更加理性而务实的内涵。

三、知类通达

知类通达指的是学习过程中善于从一“个”中推论出一“类”的道理。这实际上就是帮助学生建立书本知识与生活世界、个案与整体之间的内在关联，促进所学知识的融会贯通，进而提高其综合实践能力和创新能力。知类通达是语文综合性学习的内在思维机制，也是连接学习内容与学生经验的关键通道，古人在语文教育实践中总结出引导学生实现知类通达的三种方式：

（一）兴发

兴发是建立文本学习与学生经验之间关联的重要通道，也是促进学生从“个”到“类”转化的重要方式。

例如，汉代《韩诗外传》就非常注重激发研习者自身对作品的联想和领悟，并关联士人的人格培育问题。《韩诗外传》解诗，不注重诗作的表现方式、表现技巧，也不注重诗人是如何言说其怀抱的，而是特别关注诗所言说的与研习者有何相干，对研习者有何启示。《韩诗外传》的解读方式，主要是从《诗经》中寻求一种思想上的体悟与发现，重在激活研习者的思想，激活研习者的联想，富于启示性。这就是一种兴发的方式。《韩诗外传》的兴发式文学教育具体表现为：以故事解说诗句或对同一节诗做多角度解说。具体方式有：以具体人物言行来解说抽象的道德品质；用故事解说抒情性的诗句；用故事解说描述性的诗句；将叙事兼抒情的诗句，演绎成故事。这种故事化的解说方式，消解了经的神圣意味，

① 余英时. 论戴震与章学诚：清代中期学术思想史研究 [M]. 北京：生活·读书·新知三联书店，2000：29.

② 余英时. 论戴震与章学诚：清代中期学术思想史研究 [M]. 北京：生活·读书·新知三联书店，2000：31–32.

有利于研习者生活经验的触发。

故事与所解说的诗句，促进学生思索“事”与诗句之间的联系，思索解诗者之用意何在。故事加诗句的解说模式，产生了诗句以外的丰富的联想意义，给研习者以活跃的思想。尽管《韩诗外传》兴发式解读方式不重诗本义、诗本事，大多数并非诗的正解，而是别解，但这别解却有其特别的文学教育意义。究其源，《韩诗外传》以故事解诗的方式实是战国以来流行研习《诗经》的一种传统。《礼记·学记》云：“不学博依，不能安《诗》。”郑玄注：“博依，广譬喻也。”不能够广譬喻，则不能安于诗。《学记》又曰：“古之学者，比物丑类。”郑玄注：“比物丑类，以事相况而为之。”孔颖达疏：“古之学者，比方其事以丑类，谓以同类之事相比方，则学易成。”以同类之事相比方，则容易取得好的学习效果和教学效果。

郭英德认为，《韩诗外传》对《诗经》多义性共存的解说系统，其实也是通往战国以来大学教育最高理想——“知类通达”的一种途径。《礼记·学记》：“古之教者……比年入学，中年考校，一年视离经辨志，三年视敬业乐群，五年视博习亲师，七年视论学取友，谓之小成；九年知类通达，强立而不反，谓之大成。夫然后足以化民易俗，近者说服，而远者怀之，此大学之道也。”古代理想的大学要九年而达到“知类通达”的境界。何谓“知类通达”？郑玄注：“知类，知事义之比也。”张子曰：“知类通达，比物丑类是也。”朱子曰：“知类通达，闻一知十，而触类贯通也。”《韩诗外传》对同一节诗多所引申、多角度解说，不正是知类通达之教吗？也不妨说，《韩诗外传》对《诗经》的解说重兴发不重考索，实源自孔子诗教。《论语·学而》记孔子与子贡论诗，称赞子贡：“赐也始可与言《诗》已矣，告诸往而知来者。”《论语·为政》记子夏问曰：“‘巧笑倩兮，美目盼兮，素以为绚兮’，何谓也？”子曰：“绘事后素。”曰：“礼后乎？”子曰：“起予者商也，始可与言《诗》已矣。”孔子教弟子学诗，看重的正是《诗》可以兴的作用，赞赏习诗者的是其“告诸往而知来者”举一反三、知类通达的能力，并非对《诗》本事的探究。[①]

此外，《韩诗外传》的兴发方式还特别强调因人兴发、因性施教。如引述孔子的话曰：“口欲味，心欲佚，教之以仁。心欲安，身欲劳，教之以恭。好辩论而畏惧，教之以勇。目好色，耳好声，教之以义。”这段话意谓要因人天性的生理

① 郭英德. 中国古代文学与教育之关系研究 [M]. 北京：北京大学出版社，2012：212-220.

特点而导之以道，教之以仁恭勇义等品质。强调士人当防闲邪佚，正其心志。[①]可见，兴发的方式已经关注到了个体心性的综合发展。

（二）模仿

学习过程中的模仿也是一种知类通达的方式，可以有效连接书本知识与学生自身经验，促进学生对知识的融会贯通，达到深度学习的目的。

清代章学诚在清漳书院教学中有感于学生读写能力之弱，对历代的诗文评论著作进行了研究，发现“唐、宋以来，文评诗话，层出叠见，其最善者，皆是自出机杼，发挥妙蕴。所举诗文，或举一篇发明大旨，或摘数语标识名隽，引而不发，举一该三，使读者离去诗文，隐然想见言外无穷之妙”。而当代的所谓批评圈点之作皆是“穿凿附会，与勉强加评，不中肯綮，弊固有所来矣”。于是他让学生仿照古人诗文评论的方式对所学的文章进行分类圈点：

> 今愿诸生之有志者，博取大家明选，裒辑评说论议及先正论诗古文近于举业、理可相通，与夫诗文名家自记学力甘苦，或谐谈笑语、传记故事、考订典实之类有关于《四书》文者，略仿《文心雕龙》《文章志论》《诗品》《文评》之例，别类标篇，积少成多，按款摘记，一变评选旧例，以为艺林巨观，岂非一时之盛事欤！如或见闻无多，采取有限，不妨即所窥及，信手摘录，或纠集同志，分曹业编，期于积少成多，不嫌识大识小，亦佳事也。再如力不能为，亦可仅采先正评论，取其就一文而推衍广大可以该括他文者，并是前人苦心，不止为一文标甘苦也。凡此俱为分别标记，以时把玩，亦可藉为举一反三之助。其与仅读评阅选本者，获效多寡，不可同年而语矣。[②]

章学诚倡导的这种模仿方式，是一种综合性学习的有效方式，促进了学生对文本内容的深度加工，而这种加工又与学生自身经验关联起来，进而起到了知类通达的效果。

（三）体验自得

古人在教育过程中强调的“体验自得”也是一种具体可行的知类通达方式。

① 郭英德. 中国古代文学与教育之关系研究 [M]. 北京：北京大学出版社，2012：226.

② [清] 章学诚. 清漳书院留别条训 [J]. 载王炳照等. 历代教育论著选评（下册）[C]. 武汉：湖北教育出版社，1994：1540.

读书不自得，读得再多也无济于用。宋代程颐指出："如读《论语》，旧时未读是这个人，及读了后又是这个人，便是不曾读也。"怎样才能自得？程颐曰："大凡学问，闻之知之，皆不谓得。得者，默识心通。"

自得有层次，也有过程。程颐说："《论语》有读了后全无事者，有读了后其中得一两句喜者，有读了后好之者，有读了后不知手之舞之足之蹈之者。"他自己读这本书时也有个从不自得到自得的过程，"某自十七八读《论语》，当时已晓其义，读之愈久，但觉意味深长"。

要自得，必须在学习过程中玩味深思。关于玩味，二程有时叫"深求玩味"，有时叫"潜心玩索"，有时又叫"熟玩味"。尽管说法不一，但其意思十分明确，那就是咀嚼、体会作者的真实意图和良苦用心，而不是只满足于看懂表面文字。

程颐对玩味与深思的具体方法有具体的说明。他说："但将圣人言语玩味久，则自有所得。当深求于《论语》，将诸弟子问处便作已问，将圣人答处便作今日耳闻，自然有得。孔孟复生，不过以此教人耳。若能于《论》《孟》中深求玩味，将来涵养成甚生气质！""不深思则不能造于道，不深思而得者，其得易失。"[①]

朱熹关于"体验自得"也有许多真知灼见，主要体现在以下三个方面：

一是强调从实际事物中体验。他说："《大学》不说穷理，只说格物，便是要人就事物上理会，如此，方见得实体。所谓实体，非就事物上见不得。且如，作舟以行水，作车以行陆。今试以众人之力，共推一舟于陆，必不能行，方见得舟果不能以行陆也。此谓之实体。"

二是强调要从近处获得切身体会与滋味。"读书不可只专就纸上求义理，须反来就自家身上推究。秦汉以后，无人说到此，亦只是一向去书册上求，不就自家身上理会。自家见未到，圣人先说在那里，自家只借他言语来就身上推究始得。""圣贤千言万语，教人且从近处做去。""如吃果子相似：未识滋味时，吃也得，不消吃也得；到识滋味了，要住，自住不得。""若只是握得一个鹘仑底果子，不知里面是酸，是咸，是苦，是涩。须是与他嚼破，便见滋味。"

三是强调要正确处理好"一"与"多"的关系。他说："经书中所言，只是这一个道理，都重三叠四说在里，只是许多头面出来……一个圣贤出来说一番了，一个圣贤又出来从头说一番。"许多头面的不同表述只是一个道理的重叠。一理并非万理的综集与提炼，而是万理至深处的相通融贯，因而只要深究一经，个别

① 王炳照等. 历代教育论著选评（上册）[C]. 武汉：湖北教育出版社，1994：828.

的一理亦可通往最终的一理。

为了促进学生对知识的知类通达、融会贯通，朱熹精心创造了《朱子六经图》，全书共有六册十八卷，包括《诗经》《周易》《尚书》《周礼》《春秋》《礼记》六经，外加《论语》《孟子》《大学》《中庸》上的内容，总共353幅图，其内容之丰富，种类之繁多，数目之庞大，在世界教育史上是独一无二的。按内容分类，可以分为下列几种：

1. 历史方面的。如《三皇五帝系谱图》《天子狩猎图》等；
2. 地理方面的。如《禹贡九山名数》《春秋列国图》等；
3. 天文方面的。如《北极之图》《天文经星图》等；
4. 仪礼、祭祀方面的。如《乡射图》《投壶图》等；
5. 衣冠制度方面的。如《冠冕制图》《冠服图》等；
6. 舞乐方面的。如《八佾舞位图》《韶舞图》等；
7. 器物制作方面的。如《三尊图》《舟车制图》等；
8. 学校方面的。如《辟雍之图》《泮宫之图》等；
9. 法制方面的。如《役法之图》《军旅之图》等；
10. 生物方面的。如鸟、兽、草、木、鱼、虫、菜、谷等图。

比如:《尚书》中有“禹别九州，随山浚川，任土作贡”，朱熹为了说明禹贡九州是哪九州，于是，把青、徐、兖、扬、荆、豫、梁、雍、冀州的地理位置和形状，用图表示出来，名之为《禹贡九州疆界图》。

《诗经》里有“邦畿千里，惟民所止”，朱熹唯恐学者对于“邦畿千里”只知其意，而不知其实，于是作了《王畿千里图》，王畿和邦畿是一个意思。

《中庸》上有“郊社之礼，所以事上帝也”，此话是讲皇帝祭天于郊，祭地于社的事情。朱熹为了给学生一感性的知识，分别画了《社稷坛图》和《郊祭图》。

《论语》上有“子曰：为政以德，譬如北辰，居其所而众星共之”，朱熹虽然已经注明:“北辰，北极，天之枢也，居其所，不动也。共，向也。言众星四方旋绕而归向之也。”但为了把这句话更加形象化，于是画了《北极之图》。

朱熹这部泱泱大作力图把六经、四书中的古老事物和生僻词句、难懂的概念，用图给予具体化、形象化，为学生理解文字和穷究其理扫除障碍。这不仅有益于学生对文理的理解和深化，同时，还可以使学生从中学到了历史、地理、天文、生物等方面的知识。[①]

朱熹的《朱子六经图》教学方式不仅促进了学生对书本知识的理解，更重要的是提供了一条经验连接通道，把学生多学科、多领域的经验打通，促进他们综合学习能力的提升，达到知类通达的目的。

四、读写融通

古人语文综合性学习中最为重要的学习领域就是“读”与“写”，而“读”与“写”又统一在读经学习活动中。可以说，学生的阅读能力是在读经的过程中形成的，学生的写作能力也是在读经的过程中提升的。

在古人看来，读书可视为对文本的理解与诠释，也就是某种诠释行为。这种诠释行为被包含在一个更大的认识概念之中，这意味着，“诠释可视为认识”。[②]可见，读书是一种认识世界的行为方式，而写作也是一种认识世界、澄清思想的方式，因而读与写是融通的，可以相互转化的。写作能力是需要在阅读经典作品的过程中通过揣摩与借鉴而提高的，而阅读能力是通过研究和鉴赏前人或他人的优秀写作成果（经典作品）而形成的。正是基于这样一种认识，古人在语文教学实践中探索了一些读写结合的综合性方法。

（一）以“意”摄“事”

从不同文章的阅读中所获得的写作“事料”，本来是零散的，如果要发挥这些“事料”的作用，就需要用“意”去统摄。正如苏轼所说的“意而已。作文事料，散在经史子集，惟意足以摄之”。元人程端礼也说：“作文以主意为将军，转换开阖，如行军之必由将军号令。句则其裨将，字则其兵卒，事料则其器械。当使兵随将转。”“如通篇主意间架未定，临期逐旋摹拟，用尽心力，不成文矣。”[③]

关于如何在阅读中积累写作的“事料”，清人章学诚有过专门研究：

但取《四书》典实，分类命题，每类或五七篇，或三四篇，暇日先阅经传，采取本类典实，就题结构成文。一类既毕，再窥一类，不过为文百数十篇，则遇典故题目，自能不窘拾摭。然须贯以议论，运以心思，方见华实并茂，且于一己

① 王炳照等. 历代教育论著选评（上册）[C]. 武汉：湖北教育出版社，1994：933.

② 林维杰. 朱熹与经典诠释 [M]. 上海：华东师范大学出版社，2011：19.

③［元］程端礼. 程氏家塾读书分年日程 [J]. 载王炳照等. 历代教育论著选评（上册）[C]. 武汉：湖北教育出版社，1994：1122.

心思，亦相浃洽。否则采取经传成语，填塞堆砌，毫无生趣。①

由于学生生活经验有限，写作中的大量材料自然应该来自阅读活动，从书本中获取相关的写作素材，这是读写融通的本质规定性。但在具体的“融通”方式上却是需要讲究的，章学诚批评了那些照抄照搬的做法，“采取经传成语，填塞堆砌，毫无生趣”。他认为积累事料也需要加工，也就是说从“读”到“写”的融通需要一个中介环节，这个环节就是依据所要表达的“意”来对事料进行分类加工，即“贯以议论，运以心思”。只有这样，才能让阅读到的“事料”与自己的表达关联起来，达到“华实并茂，且于一己心思，亦相浃洽”的效果。

（二）以文体为中心

以文体为中心融通“读”与“写”，即阅读应该依据不同文体展开，而写作也应该依据所读的文体展开。下面以元人程端礼的读写指导方法为例加以阐述。

程端礼认为平时的阅读主要是获得学识、熟悉文体，有了学识和文体做基础，写作是水到渠成的事，“既有学识，又知文体，何文不可作”？

而熟悉文体也是需要训练的，下面是他训练的日程安排：

读看近经问文字九日，作一日。
读看近经义文字九日，作一日。
读看古赋九日，作一日。
读看策九日，作一日。②

程端礼进一步指出，其他各种文体都可以按照这种方式安排。按这种方式获得了文体意识、内化文体图式之后，就可以逐步增加写作的机会。即他所言“文体既熟，旋增作文日数”。有了平时的“办料识格”训练，在此基础上，就可以放手让学生写作，“得题即放胆”，“立定主意，便布置间架，以平日所见，一笔扫就，却旋改可也。如此则笔力不馁”。

---

①［清］章学诚. 清漳书院留别条训，载王炳照等. 历代教育论著选评（下册）[C]. 武汉：湖北教育出版社，1994：1540.

②［元］程端礼. 程氏家塾读书分年日程 [J]. 载王炳照等 . 历代教育论著选评（上册）[C]. 武汉：湖北教育出版社，1994：1122.

识别文体并不是通过说教，而是在具体的阅读活动中进行的。例如，程端礼以读韩文为例所安排的掌握文体的步骤：①

第一步，抄读。“先抄读西山《文章正宗》内韩文议论叙事两体华实兼者七十余篇，要认此两体分明后，最得力。正以朱子《考异》，表以所广谢，山批点。篇法、章法、句法、字法备见。自熟读一篇或两篇，亦须百遍成诵，缘一生靠此为作文骨子故也。既读之后，须反复详看。每篇先者主意，以识一篇之纲领”。

第二步，识别各体文法。“次看其叙述裨扬、轻重、运意、转换、演证、开阖、关键、首腹、结末、详略、浅深，次序。既于大段中看篇法，又于大段中分小段看章法，又于章法中看句法，句法中看字法，则作者之心，不能逃矣。譬之于树，通看则由根至表，干生枝，枝生华叶，大小次第相生而为树。又折一干一枝看，则又皆各自有枝干华叶，犹一树然，未尝毫发杂乱，此可以识文法矣。看他文皆当如此看，久之自会得法。今日学文能如此看，则他日作文能如此作，亦自能如此改矣”。

第三步，变通与创新。“然又当知有法而无法，无法而有法，有法者，篇篇皆有法也；无法者，篇篇法各不同也。所以然者，如化工赋物，皆自然而然，非区区模拟所致。有意于为文，已落第二义。在我经史熟，析理精，有学有识有才，又能集义以养气，是皆有以为文章之根本矣。不作则已，作则沛然矣。第以欲求其言语之工，不得不如此读看耳，非曰止步骤此而能作文也。果能如此工程读书，将见突过退之，何止肩之而已！且如朱子《或问》及集中文字，皆是用欧曾法，试看欧曾，曾有朱子议论否？此非妄言。若能如此读书，则是学天下第一等学，作天下第一等文，为天下第一等人”。

（三）综合性的文学阅读与写作教学

中国古代教育的课程主体一直是经学，中国从汉代起就形成单一经学教育的学校模式，这种模式又通过隋唐科举考试制度予以固定化，并逐渐渗透到家庭教育和社会教育之中。秦汉以后，历代都把儒家经典，如“五经”，即《诗》《书》《礼》《易》《春秋》，“四书”，即《大学》《中庸》《论语》《孟子》，作为学生的必读教材，一直延续到清朝末年。中国历代书院的教育模式同样如此，也是一直以经学为主体，只不过到了明清两代，书院普遍沦为科举的附庸，专尚制艺，即专

① [元] 程端礼. 程氏家塾读书分年日程 [J]. 载王炳照等 . 历代教育论著选评（上册）[C]. 武汉：湖北教育出版社，1994：1120.

事于八股文、试帖诗的写作。对“经”的学习和研究沦落为服务于八股文的写作，诗歌创作是八股式的试帖诗。严格地说八股文、试帖诗也应属于文学的范畴，只不过它们是科举时代形制特殊的考试文体，具有纯粹的应试性目的。由于创作时受到种种的束缚和限制，这两种文体，普遍被认为文学价值不高，而很少有人将举子们的帖作视为有高度审美性的文学作品。

诂经精舍和学海堂两书院在教学制度上则完全摒弃八股文和试帖诗这两种不纯正的文学形式。两书院从教育制度和办学宗旨上明确提出远离科举，教学内容以经史考据学和辞章之学为主。辞章之学，即辞赋，内容包括诗词文赋等，两书院所推崇的诗词文赋是具有高度审美性的高雅的古体诗词文赋。阮元在《学海堂集序》中向学海堂师生提出了“规矩汉晋，熟精萧《选》，师法唐宋，各得诗笔”的文学教学要求和主张。其课程设置规定：“课业诸生于《十三经注疏》《史记》《汉书》《后汉书》《三国志》《文选》《杜诗》《昌黎先生集》《朱子大全集》，自择一书肄习。”在所规定的学习教材中，《文选》《杜诗》《昌黎先生集》可以说是文学意义上的典型范本，《文选》《昌黎先生集》乃“文”之最纯正高雅之典范，《杜诗》历来被视为诗之最高典范，其他各书也都具有很高的文学性。

两书院主要从事经史考据学、文学的学习研究，经史考据学研究注重资料和证据，要求用分析、归纳等科学的研究方法来获得结果，完全不同于科举考试中有套路可依的八股文、试帖诗的写作，也不同于宋明理学的随意阐释。

总督卢坤在学海堂中有关于学习日程（即日课）的规定，给每位学生颁发一日程簿，“各因资性所宜，听择一书专习，或先句读，或加评校，或抄录精要，或著述发明”“即于所颁日程簿首行注明习某书，以后按日作课，填注簿内”。学生将每日所做的句读、评校、抄录、著述作业，填入所颁日程簿中，届季课之内，“随课呈交学长，考核甲乙”，由学长“稽其密疏”“正其归趣”。日课中的日程簿相当于现代学校教育中学生每天做的作业本，肄业生们将做好的这种作业定期交给学长，由学长批改讲解。

同治四年（1865），巡抚郭嵩焘札学海堂应行事宜，又有关于日程的事。札中说：“卢前部堂颁发日程，有句读、评校、抄录、著述四项工夫，应令肄业诸生每日读书用红笔挨次点句，毋得漏略凌乱，以杜浮躁。至于评校、抄录、著述三项，视乎其人学问深浅；凡为句读功夫者，不限以兼三项；为三项工夫者，必限以兼句读。期使学问风气，益臻笃实。”可见日课主要体现为肄业生们平时日积月累的学习，有利于学生养成良好勤勉的学习习惯，对肄业生们打牢基本功、积累知识、增加学问非常有帮助。[①]

（四）"文之节候"与"学之性情"相结合

章学诚把文体分为七类：论事、传赞、辞命、叙例、考订、叙事和说理。认为学生的学习应该按照这个顺序从低到高逐步上升，其中"说理"是最难的，需要"待学问充足而自以有得于中者发而为文，乃不入于恍惚也"。他把这种顺序安排称之为"文之节候"。

善为教者，达其天而不益以人，则生才不枉而学者易于有成也。《左氏》论事，文短理长，语平指远，故自三语五语以至三数百言，皆孺子意中之所有，资于《左氏》而顺以导之，故能迎机而无所滞也。其后渐能窥寻首尾，则纂辑人物，而论赞仿焉（即论人之文也）。稍能充于辞气，则拟为书谏，而辞命敷焉。又能略具辨裁，则规为书表，而叙例著焉。（经此四变，约用三年之功，参学时文，亦当成片断矣。）至于习变化而学为叙事，互同异而习为考订，则又识远气充，积久而至贯通之候也。（自为叙例之后至此，约须二三年，参学时文，亦当成大观矣。）是皆孺子自有之天倪，岂有强制束缚而困以所本无哉？[②]

"文之节候"要求对文章的学习遵循综合性和完整性的原则。章学诚指出："夫文之有前后，犹气之有呼吸，啼笑之有收纵，语言之有起讫。未闻欲运气者，学呼多年，而后学吸；为啼笑者，学纵久之，而后学收；习语言者，学起语几时，而后学讫语。""属句为文，犹备体者为人。婴孩不满一尺，而面目手足无一不备，天也。长成至十尺九尺，即由是而充积，初非外有所加也。如云魁伟丈夫，其先只有面目，后乃渐生肩背，最后乃具手足，此不可以欺小儿矣。""今使孺子属文，虽仅片言数语，必成其章。当取《左氏》论事君子设辞，使之熟读而仿为之。其三五语为章法者，为破承题者易办也。其十数语为章法者，为起讲提比者易办也。其三数百字为一章者，初学成篇者所易办也。由小而大，引短而长，使知语全气足，三五言不为少，而累千百言不为多也。亦如婴儿官骸悉备，充满而为丈夫，岂若学破承起讲者之先有面目，次生肩背，最后乃具手足

① 郭英德. 中国古代文学与教育之关系研究 [M]. 北京：北京大学出版社，2012：79–85.

②［清］章学诚. 论课蒙学文法 [J]. 载王炳照等. 历代教育论著选评（下册）[C]. 武汉：湖北教育出版社，1994：1549.

也哉？”①

章学诚的“文之节候”还有一层含义，就是要依据儿童成年之后所需具备的读写能力来规划儿童的学习内容。他批评了当时教学的弊端：“小之所攻取与老大之所成就截然分途，正近日教学不事根柢之陋习也。其意以为，学古趋时，各有界画。不知一以贯之，不惟不可分界，亦且交相资益。古今名世传世之人，大率生平所业，迥异流俗，而其人初非山林枯槁，不取巍科高第之人也。然则编摩经传，所业在是，所以应科举者亦即在是，幼学在是，所以为毕生之业者初不外是。是则逸而有成，孰若截界分疆之劳而寡效者哉？”章学诚为何要讲究语文学习中的内容与学情相结合呢？这和他的“教学观”是有密切关联的。他认为“教也者，使人自知适当其可之准，非教之舍己而从我也”。这就是说，“教”本身不是教师向学生灌输什么知识（包括行为准则），而只是要学生体知自身所本有的东西。这事实上只是教师与学生对同样一个东西的认知在时间上的差异而已。故此，“教”在本质上只不过是先知先觉之人对后知后觉者的“指示”罢了。因此，教师的“教”应该基于学生的“性情”：“童孺知识初开，甫学为文，必有天籁自然之妙，非雕琢以后所能及也。”“迎其机而善导，固莫如向之所陈矣。然而学识未充，其数易尽，必参之以变化，使之气机日新。故自论事论人以下，诸体迭变，复又使之环转无穷，所谓一尺之棰，日取其半，而终身用之不竭也。”“善教学者，必知文之节候、学之性情，故能使人勤而不苦，得而愈奋，终身愤乐而不能自已也。”②

第二节　中国古代语文综合性学习活动：“属对”教学

属对，或称“对属”“对课”，作为专门的读写训练方法始自宋代，并且有了相

① ［清］章学诚. 论课蒙学文法 [J]. 载王炳照等. 历代教育论著选评（下册）[C]. 武汉：湖北教育出版社，1994：1547.

② ［清］章学诚. 论课蒙学文法 [J]. 载王炳照等. 历代教育论著选评（下册）[C]. 武汉：湖北教育出版社，1994：1549.

关的教材。[①] 后来属对成为我国古代语文教学中与句读、声律并列的一门语文基础课程，是一种综合的语文基础训练方式。在教学方式上，一般是教书先生出上句，学生对下句，合起来形成一组对仗句子。属对既是基于汉语特点而形成的一种语言教学形式，也是一种初步的文学教育，为中国古代语文教育的进步做出了重要贡献，在我国古代和近现代教育史上具有无可替代的地位。

一、属对的综合性学习功能

在古代启蒙文学教育中，属对是一个非常重要的方面，它包含着词汇、声律、句法、典故等各方面综合的文学训练，为童蒙的文学写作打下了坚实的基础，并成为明清时期文人诗文写作主要的文学表达方式。

（一）属对的文化底蕴

对仗，是中国文学的一大特征。中国文学有着一种优良的传统，乐于运用声调铿锵、音律和谐、富于音乐美的语言形式来表情达意，其中律诗、骈文、八股文是这种形式的集中表现。属对是我国注重骈体体式特征传统对蒙童能力的一种召唤，反过来，这种“成与心化”的童子功又进一步保证了骈体体式特征传统的持续发展。在这循环中，旧文学的特征格局得以完整保存下来。对仗形式的产生，来源于客观世界本来就具有的相互对立、相互依存的现象，这是一切事物存在的基本形式。这种相互对立又相互依存的现象，启示了文学艺术的对称美，刘勰《文心雕龙·丽辞》指出：“造化赋形，支体必双，神体为用，事不孤立。”强调的就是这种客观事物的对偶状态。同时对仗也迎合了中国古代“一阴一阳之谓道”的理论。而中国的方块字，本身也为对仗艺术的产生提供了适宜其生长的先决条件。汉字，基本上是每一个字代表一个单音节的语素，非常容易构成对偶、排比之类的组合，构成整齐押韵的短语和句子。

可以说，属对作为一种幼儿教育内容，固然是由于必须与中国古代文学形式相配套的缘故，而归根结底则是源于古代汉语的特点。[②]

1932 年，陈寅恪应清华大学中文系主任刘文典之请求，代拟当年夏季入学考试国文试题。陈寅恪除考《梦游清华园记》的作文题外，还考属对，一年级为“孙行者”“少小离家老大回”，二、三年级及转学者为“莫等闲白了少年头”。

① 毛力群. 对中国传统属对教学的认识 [J]. 课程·教材·教法，2004（3）.

② 郭英德. 中国古代文学与教育之关系研究 [M]. 北京：北京大学出版社，2012：305.

其时距 1917 年胡适提出《文学改良刍议》之第七种主张专论“不对仗”已经 15 年，而且陈寅恪原本一向以精英贵族自居，因此此举引起轩然大波，攻击者纷纷认为这是“复古”“开历史倒车”。其实从广义上讲，属对的实质是一种以对称为基础的语言运用形式，从这个意义上理解，属对是地道的“国粹”，是正宗的“民族传统”。

当代不少学者认为属对是我国优秀传统民族文化的一种深沉积淀，主张将对课引进现代写作教学当中来。张志公说：“我们往往以为学对对子只是为了学作诗，这种看法应当改变。属对练习能够通过实践，灵活地把语法、修辞、逻辑几种训练综合在一起，并且跟作文密切结合起来，这一点未得做进一步的研究。多年来，语文教学中存在着一个教不教语法修辞等知识的问题。不教，学生显然需要得到一些这方面的训练；教，又觉得只是一堆术语、定义，并不能解决实际应用的问题。如果我们能从前人进行属对训练这个办法之中得到一些启发，研究出适合于我们需要的训练方式，再配合上简要知识的讲解，也许能为我们的语文基础训练找到一条可行的道路。”①

（二）属对的综合性

首先，属对是一种语言训练。属对要求平仄相对、词性相同、结构相同、字数相等、修辞手法相同、逻辑关系相同等，是一种集语音、词汇、语法以至修辞、逻辑的综合性基础训练。陈寅恪《与刘叔雅论国文试题书》云：“对对子可以测验思想条理。”

其次，属对是习文的初步。古人对属对的习文意义有很清楚的认识，清代黄本骥《骈字启蒙》云：“童子入塾有所谓对课者，即将来诗、文、辞赋构思属对之阶梯也。”清代崔学古《少学》说对课可以“通文理捷径”，近人蔡元培《我在教育界的经验》亦认为对课是“作文的开始，作诗的基础”。古代写作教学有一套完整而有效的训练程序和方法：属对——作诗——作文。也就是说，蒙童习得多字对，便开始进行作诗、作文的训练。从这一角度来说，属对属于“写作”范畴，尤其当对课发展到句对时，本身已经是一种写作片段的训练。因此，属对应该说它是一门介于语言学与文学之间的课程。

属对教材往往与典故交合在一块，缘于对偶与用典都是我国古代文学重要的特征。古代作诗文崇尚用典，用典新奇而多，被人认为富博，受到尊重，“一条

① 张志公. 传统语文教育初探 [M]. 上海：上海教育出版社，1962：123.

条的典故正像货品一样，是文人们企图占有和积累的目标（王瑶）”。对偶与用典虽然遭到唐宋古文运动的冲洗，但是骈体与用典的基因依旧根植于我国传统文学的血脉当中，只是不像六朝时期那么明显罢了。属对教材的双重功能都为日后写作的必备，达到一石击二鸟的效果。清人蒋义彬在其《千金裘》自序里说：“爰于典故中择其合于时尚者，裁成对语，以为初学诗赋之资。”说的就是这个意思。

作为一种写作意义的属对也具有诸多优点，邓云乡说：“对对子在旧时书房中是开笔作文之前的必修课，每天于下午放学前进行之，花时间不多，而效果却很大。一般读一两年书的学生即能参加这一学习活动。一般学生对读书不感兴趣，因为重在记忆，读时不容思考。对对子则不同，要让学生思考，这中间就是显现了学生不同的思维方式，不同的才情，不同的想象，因而容易引起学生的兴趣……如说写作教学，这便是最简单的启蒙写作教学。字音、字义、词性、词组、结构在天天对对子的教学中，便日积月累，记熟了，能熟练掌握了。”①

启功也认为，属对可以使童蒙懂得字、词、句怎样相对，又可从长短句的配搭受到声调和谐的启发。不但有三字、五字、七字句，也有四字、六字句。念熟了，背惯了，无形中就打下了作诗作赋的基础。再结合换字方法，运用这里的任何句式都可以翻出不同的对联。韵脚都是平声，作为歌诀比较好念，而其中每个“上句”又都是仄脚，倒过来就是仄韵的句子，把仄脚的句子用在“下联”，便是仄韵的对联或仄韵的诗文的句子。②

二、属对的综合性教学价值

属对是为写对联、骈文和近体诗做准备的。我国古代对联、骈文和近体诗非常发达，古人在长期的语言运用过程中逐渐形成了写骈文、写韵文的风气，社会各界以“吟诗作对”相提倡。为了写好骈文、韵文，就得加以训练，使初学者能通过训练逐步掌握其写作技巧，写出符合规范的能够表情达意的骈文和韵文。而这些骈文、韵文写作的最基本的技巧就是对对子。正如有学者指出：“在中国文学各种有韵之文的体裁中，如骈文、诗词、铭赋，都要以对联为基础。所以过去的读书人，无不以对对子为基本功。这门基本功练好了，才能进入各种体裁的领域

① 邓云乡. 清代八股文 [M]. 石家庄：河北教育出版社，2004：301.

② 启功. 说八股 [M]. 北京：中华书局，1994：27–28.

中。”[①] 于是属对训练就自然成了古代语文教学最基础的内容，成了中小学生的必修课。

（一）属对教学的本质是言语实践

古人的属对教学一开始就不是很注重知识的灌输和语法分析，走的是注重知识的运用和言语实践这一路。通俗地讲，就是“在对对子中学习对对子，通过对对子学会对对子”。它不讲语法理论，但实际上却有相当完备的语法训练；它不讲名词术语，却能让学生写出符合名词术语内涵的规范语句；它不过多地分析拆解写作技巧，却能让学生对出的对子里蕴涵了高妙的诀窍。它注重的是言语操作和言语实践，通过提供具体的情境和语境，让学生在这些情境之中自主地运用语言组织语言，在“运用”和“组织”的过程中把握对对子的技法，建构言语能力，体悟语言的精妙。可以说，属对教学体现的是一种言语实践观，其核心是体悟与实践，其灵魂是学生的主体性。我们只要翻开古代的属对教材，就可以清楚地看到这一点。古代流行较广的属对教材有《诗腋》《词林典腋》《笠翁对韵》《声律启蒙》《对语四种》等，这些教材都没有属对方法和属对技巧的论述，通篇只是一对一对的对语，这些对语主要是供学生查考、背诵和揣摩的。我们仔细研究一下这些教材中的对语，发现其中很有讲究。这些对语都是规范工稳的对子，从一字对到十字对，各种形式具备；从天文地理到为人处世，内容样样齐全。它们以成品的形式展现在学生面前，给学生提供了模仿的样本。同时这些对语中隐含着对对子的规范和技巧，它们整体上都是按韵部排列，每一副对子都体现出对对子所要求做到的词性、平仄、押韵。如《笠翁对韵》是这样编排的：“天对地，雨对风，大陆对长空，山花对海树，赤日对苍穹……”《声律启蒙》是这样开头的：“云对雨，雪对风，晚照对晴空，来鸿对去雁，宿鸟对鸣虫……”在这里，“天”与“地”，名词对名词，平对仄，既是词性相对，平仄也相对；“大陆”与“长空”，偏正词组对偏正词组，仄仄对平平。所有这些要领，教材都没有作烦琐的分析与阐述，所有的技法都浓缩在一个动词“对”上。通过一个“对”字，引导学生揣摩、模仿、实践。在这里，我们不能不佩服教材编写者的高明，也不能不佩服古人在属对教学中形成的言语实践观。

（二）属对可以综合提高学生的实际言语能力

属对的最初目标是训练学生的言语组合能力，以写出工整的对联、骈文和韵

① 毛力群. 对中国传统属对教学的认识 [J]. 课程·教材·教法，2004（3）.

文。在后来的教学实践中，人们逐渐认识到对对子的训练价值远远超出了当初的设想，人们发现对对子的训练，不仅能让学生写出工巧的对子，而且使学生驾驭和组合语言的能力得到了提高。也就是说，人们通过对对子这一言语实践，不仅实现了对对子自身的功能，而且发掘出了黏附在对对子上面的更广泛的言语训练功能。于是古代对对子教学的目标也在教学实践中实现了转型，由最初注重写出单纯具体的对联、骈文和韵文为目标，转到了以训练学生识字、组词、造句、为文等言语能力为主的目标上来。元人程端礼在《程氏家塾读书分年日程》中有一段话：

> 但令习字演文之日，将已说《小学》书作口义，以学演文，每句先逐字训之，然后通解一句之意，又通解一章之意，相接续作去。明理，演文，一举两得。更令记《对类》单字，使知虚实死活字，更记类首“天、长、永、日”字，但临放学时，面属一对即行，使略知轻重虚实足矣。①

程端礼这段话已明显地把属对训练当作了识字、用词、演文训练的一个基础环节，他已经认识到了黏附在对对子训练上面的言语训练价值，他不再是为对对子而对对子，他已将对对子教学提升到了言语训练的层面，把对对子教学作为了言语基础训练的一种手段。这是对古代属对教学功能的实践拓展和理性审视，为后代对对子训练指明了方向。

张志公曾对黏附在对对子上面的言语训练功能做过系统而深入的研究，他认为属对是一种实际的语音、语汇的训练和语法训练，同时包含修辞训练和逻辑训练的因素。学属对首先要正音，同时学会阴阳上去（或平上去入）四声，这是基本的语言训练；特别值得重视的是属对的语法训练的作用，用实字两个两个地组织起来，可以组成好几种结构，如：风吹、云腾……名词＋动词，主谓结构；微云，细雨……形容词＋名词，偏正结构；凿井，耕田……动词＋名词，动宾结构。要学生练习二字对，也就是训练学生运用主谓、动宾、偏正、联合这几种基本的造句格式。经过反复练习，能够敏捷地对上二字对，那就意味着已经熟练地掌握了基本的句法规律。进一步作“三字对”和“四字对”，这时就可以把虚字加进去。三字或四字的结构，在文言里，已经可以表现绝大部分造句格式，包

① ［元］程端礼. 程氏家塾读书分年日程 [J]. 载王炳照等. 历代教育论著选评（上册）[C]. 武汉：湖北教育出版社，1994：1117–1118.

括复句在内。如：推窗邀月，出户乘风……“邀月”是“推窗”的目的，“乘风”是“出户”的目的，这是一种复杂单句的格式；月缺月圆，花开花落……“月缺”“月圆”，“花开”“花落”，都是两个主谓结构并列，这是一种联合复句的格式。除了语言训练、语汇训练、语法训练的作用之外，属对还有修辞训练和逻辑训练的作用。“星光灿灿”对“水势滔滔”，“如烟”对“似火”，“一川杨柳如丝袅”对“十里荷花似锦铺”，这些显然都能训练学生运用形容、比喻等修辞方法。总起来看，属对练习是一种不讲语法理论而实际上相当严密的语法训练，经过多次的练习之后，学生可以纯熟地掌握了词类和造句的规律，并且用之于说话和写作。我们往往以为学对对子只是为了学作诗，这种看法应当改变。属对练习能够通过实践灵活地把语法、修辞、逻辑几种训练综合在一起，并且跟作文密切结合起来，这一点很值得做进一步的研究。①

张志公的深入剖析使我们更清楚地看到了属对训练所蕴含的言语训练功能，也正是因为对对子训练可以有效提高学生的基本言语能力，古人才把它列为语文教学的基础课，成为所有学生的必修课。清代崔学古认为“自一字可增至数字”的对对子训练是“通文理捷径”。近代教育家蔡元培说：“对课与现在的造句法相近，大约由一字到四字，先生出上联，学生想出下联来。……这一种功课，不仅是作文的开始，也是作诗的基础。”这都是充分认识到了属对的言语训练价值。

三、属对的综合训练程序

古人在长期的属对教育实践中，积累出了一套切实可行的训练方式与训练程序。

（一）属对综合性训练的知识基础

人们常常看到古人拟写的绝妙好对或古人脱口成句对对子的故事，以为对对子主要靠天才的思维和敏捷的文思。其实这是一种片面的理解，只看到了冰山一角，未触到冰山隐在水下的主体部分。古人流传下来的绝妙好对和出口成对的故事自然是对对子的最高境界，我们可以把它看作了冰山的峰顶部分，它代表了对对子教学的最高成就。但人们同时也要看到，这只是对对子教学成就的一部分。我们只要翻开各类古籍看一看，先看看古人所写的绝妙好文、绝妙好诗和绝妙好词，再看看史书的文辞及史书所记载的古人的一言一行，读一读这些文字、语

① 张志公. 张志公自选集（第一版）[C]. 北京：北京大学出版社，1998：96-100.

句，我们不能不惊叹古人语句之工，对语之巧。从这些文字的字里行间我们可以隐隐寻出对对子训练的蛛丝马迹，这些都是对对子自身及其黏附的言语功能所创造的成就。

属对教学不仅训练出了“绝妙好对”，而且训练出了良好的言语表达能力。这些言语表达能力的形成当然不是一蹴而就的，它经历了一个艰苦的训练过程，经历了一个由一字对、二字对逐渐加到多字对的实践过程。如前文所述，对对子的训练过程主要是一个言语实践过程，在这个过程中，学生的辨音、识字、组词、造句、修辞和逻辑思维能力得到综合训练，得以逐步增强。属对教学走的是言语实践之路，而不是语言分析和术语灌输之路。属对教学实践中知识是如何呈现、如何教学的？对对子能力及其黏附的言语能力的形成显然离不开知识，因为能力要靠知识来建构的，离开了知识，能力就成了无源之水、无本之木。那么，对对子训练中到底是如何处理知识与能力的关系呢？用“对对子的知识是在对对子的实践中学习的，对对子能力是在知识的运用中形成的”来概括，的确抓住了二者关系的实质，但无法对知识转化成能力的过程做出深刻的揭示。下面我们试着用认知心理学的广义知识观来做更深入的阐释。自古以来人们对知识的认识一般可以分为广义与狭义两种知识观，按狭义的知识观，知识仅包括它的贮存和提取；按广义的知识观，知识不仅包括它的贮存与提取，而且包括它的应用，即人们常说的“真知”。广义的知识观不仅纳入了知识（狭窄的），而且还将技能、策略纳入了知识范畴，将知识（狭义的）、技能与策略融为一体了。它将知识分为三大类：陈述性知识（直接靠记忆陈述的知识，相当于狭义的知识）、程序性知识（对外办事的操作技能）、策略性知识（对自身行为的内在调控的技能）。三类知识在学习过程中是这样一种关系，陈述性知识的学习是形成程序性知识的基础，程序性知识的学习可以实现陈述性知识的运用与转化，陈述性知识与程序性知识的学习需要策略性知识进行内在调控。三类知识的协同作用，才能使学习者获得“真知”（即习得知识的贮存、提取与应用），获得能力。[1] 在这里，陈述性知识是基础，程序性知识是关键，策略性知识是灵魂。程序性知识的学习之所以是关键，是因为它涉及知识向能力转化的内在机制，程序性知识学习可分为两个阶段，第一阶段是程序性知识的陈述性学习，在这一阶段，程序性知识是以陈述性知识出现的，也就是说他们必须以命令的形式编入命题网络，然后才能转化为

① 皮连生. 智育心理学 [M]. 人民教育出版社，1996：57.

以产生式表征的程序性知识；第二阶段是通过一套程序规则的操作，使陈述性知识转化为程序性知识，习得运用知识的能力。例如，学习对对子的过程中，教师出上联“半溪流水绿”，要求学生对出下联。这个程序性知识的学习分为两个阶段，第一阶段是陈述性学习阶段，学生需要提取认知结构的命题网络中的陈述性知识，知道“半溪”“流水”“绿”的含义及结构方式，然后提取出这个上联的平仄结构；这些知识如果学习者认知结构中没有，则无法继续学习；如果认知结构中有了这些知识则可以继续进入转化阶段。第二阶段是陈述性学习向程序性学习转化，学生开始运用对联的规则（词性相同、结构相同、平仄相对），在认知结构中努力搜寻与“半溪”“流水”“绿”的词性、结构、平仄相对的词或词组，这是第一次转化；接着是程序性规则的进一步运用，古人在属对教材中提供了相应的下联“千树落花红”作为范例，词性、结构与平仄都对得非常工整，这是要求学生记忆的陈述性知识，学生已经通过背诵贮存在认知结构中，此时只需提取出来，反复比照这样配对的妙处：

半溪流水绿
千树落花红

通过比较，学生开始寻找与“千树落花红”相仿的句子，在不断地监控与调整中对出最符合属对规则要求的下联。比如，可以对“千里浮云白”，也可以对“一地落花红”，只要从词性、结构、颜色、平仄这几方面对上了，就可以认定学生已经掌握并能运用属对规则来对对子，实现了陈述性知识向程序性知识的第二次转化，学生的属对能力得以形成。

从上面的分析，我们可以清楚看到，古代的属对教学显然符合学生的心理发展规律，与现代认知心理学的发展理论暗合，它将知识与能力合理地融合在同一个对对子教学实践中，“知”与“行”合一，使学生通过属对知识与规则的学习，运用知识逐步建构起属对能力，并获得黏附在对对子能力上的言语表达能力。这也正是属对教学取得成功并盛行几千年的内在原因。而我们现在的语文教学，知识学习与能力实际上是相互脱离，知识是单纯的学习，能力是单纯的训练，能力训练缺乏有效的知识支撑，只剩下一些被抽干了知识内涵的标签式的术语，这也就是导致说不清知识怎样转化为能力的重要原因。连知识如何转化为能力的原因都解释不清，那么通过有效的知识来建构语文能力的教学就更是无从谈起。因此，我们今天的语文教学改革需要的是扎扎实实的分析与总结，现在的语文不是训练太多了，而是形式主义的训练太多了，真正与知识紧密结合的有效率的训练太少了；不是知识教学太多了，而是稀奇古怪的知识、形式化、标签化的知识太多了，真正有效的符合能力训练的陈述性知识太少了。我们迫切需要加强对语文知识与语文能力之间关系的研究，迫切需要加强对语文能力的内在构成因素以及训练内容与形式的研究。

（二）属对训练的基本程序

清人崔学古在《幼训》中专为蒙童习对做了如下规定：

一曰训字。先取对类中要用字眼，训明意义，戒本生，勿轻翻对谱。须先立意，方以训明字凑成，勿轻改改、勿轻代作。

一曰立程。语云："读得古诗千百首，不会吟诗也会吟。"学举业者，必多读先正名文，以为楷模，何童子作对，而止以刻成死字相绳耶？须多选古今名对，如诗话者，细讲熟玩，方可教习。

一曰增字。假如出一虎字，对以龙；虎字上增一猛字，对亦增一字曰神龙；猛字上再增一降字，对亦增一字曰养神龙；降字上再增一威字，对亦增一字曰术养神龙；降字再增一奇字，对亦增字曰异术养神龙。以此类推，自一字可增至数字，为通文理捷径，要必姿敏者方可用之。

一曰句眼。古人以轻风柳絮、明月梨花二句，命人补一字，推敲再四，如吹、飘等字，俱未妥，惟用扶字、失字方足为轻字、明字传神，以此类推，有眼在首尾者，有眼在中间者，不能尽举。

也就是说，属对训练的方式主要分训字、立程、增字、句眼四个步骤组成。

一曰训字。明人吴勉学《对类考注》有"习对发蒙格式"：

凡入小学教之识字，便教读得分明每字各有四声，第一声是平声，第二声、第三声、第四声皆是仄声。以平上去入别之，平字用仄字对，仄字用平字对。平仄不失，又以虚实、死活字教之。……

这则"发蒙格式"说明古人训童一开始就从属对的角度去认识汉字，弄清字的平仄、虚实、死活。

二曰立程。多选古今名对，细讲熟玩，即让学生阅读古诗中对仗工稳者，增加学生的感性认识，让学生在读书过程中学习属对。

三曰增字。清末王筠《教童子法》云："读书一两年，即教以属对：初两字，三四月后三字，渐而加至四字，再至五字，便成一句诗矣。"

属对一般从一字对练至多字对，有一个由简单到复杂，循序渐进的训练过程。首先，作"一字对"，如"天对日，雨对风"。要求实对实、活对活、死对死。也就是名词对名词、动词对动词、形容词对形容词，这是基本的词类训练，做得多了，学生可以逐渐建立起词类的观念。接着作"二字对"，如"九夏对三冬，祥云对瑞雪"等。让学生练习二字对，也就是训练学生运用主谓、动宾、偏正、联合这几种基本的造句格式。经过反复练习，能够敏捷地对上二字对，那就意味着已经熟练地掌握了基本的句法规律。进一步作三字对、四字对，如"春回大地千山秀，日照神州百业兴""勤劳门第春光好，和睦家庭幸福多"，均为一个四字对加一个三字对。以后慢慢增加，一直练到多字对。如十四言对："蔺相如，司马相如，名相如，实不相如；魏无忌，长孙无忌，彼无忌，此亦无忌。"

四曰句眼。以上所讲，还只是初步教会属对的步骤，但要讲究对仗的精工，则须有"句眼"步骤。初学对课，一般只要求对上就行。但塾师在训练过程中，即使对学生不苛求，仍然不忘加以引导，使学生的属对逐步达到既合对仗又合平仄的标准。比如出两字为一平一仄时，就要求学生以一仄一平的两字来对，久而久之，潜移默化，即使不讲成套的理论，学生对一些基本规则的领会，仍然会一天天加深。

（三）属对方式灵活多样

第一，在貌似游戏方式中唤起学生积极的写作欲望。古代私塾、义学等的属对，教师多是从眼前常见事物选择字词，避开生冷的字眼儿，为的是让学生容易对，又有兴趣，最大限度地调动学生积极性。一般由二字、三字到五言、七言，视学生能力的高低程度，由教师出上联，学生对下联。在这种互动中，学生逐渐掌握了文字的运用，开始作对联，写律诗。属对就是一种将教学因素和游戏因素紧密结合起来，把游戏的形式融入教学之中，使学生在活泼愉快、兴趣盎然的情绪中，较自然地进行学习的教学活动类型。实践证明，学生非常欢迎这种写作练习的方式，如《民国时期的改良私塾》一文记载："练习时，学生们各个开动脑筋，冥思苦想，竞相对出确切的词语，兴趣很浓。这种对对子的练习，似乎成了书塾学习生活的一桩乐事。"

第二，便于随时随地训练和多种方式的评改。属对作文，唯其“小”，故操作起来非常方便。它费时少，少则几分钟，多则十几分钟即可完成一题。能在课堂上见缝插针进行。又因它是一题多做，所以又能分散在几节课中，这并不影响它的系列性和完整性。对课可以在课堂内进行，亦可以在课外进行，不受时间和场合的限制，训练起来非常方便。另外，对课写作有助于多种方式的评改。评改是很重要的一步，对子对好之后，老师当面阅改，做批评或表扬：对得有毛病的，老师一般都启发或帮助学生改正。对不出的，通常责打手心。若属顽皮所致，情节恶劣又引起老师气愤者，令伏凳打屁股。对得好的，老师或予以口头鼓励，或叫年长的学生抄录张贴，以作展览，学生自然感到光荣和鼓舞。叶圣陶《教师下水》云：“给学生改文，最有效的办法是当面改。”对课易于当堂当面指导，从而使学生能及时获得反馈信息，认识自己文章的不足和范文的优点，以利于今后写出符合题旨情境要求的规定性作文。

属对简短易行，随时随地可以进行，又可以成为一种蒙童与大人之间交流消遣的重要方式。

第三，注重与学生生活经验的关联。属对主要在于开启儿童的智慧，考核形式一般是即景命题。对课常常从眼前常见的事物，就近取物为对，既反映了生活自然成对本身的诗意，也考察了学生对生活的留意程度。以熟读的经、史、子、集之语集对者，亦在此列。集句对能够考查学生对课本知识的记忆能力与灵活运用的能力。

属对不仅仅讲究对仗的工整，体现智慧，往往也可以反映出幼童的心胸与壮志。对课有了一定的基础，内容上便开始对学生提出要求，这就是应当有志气，有喜气，有吉祥气，有功名富贵气，宏大而不偏狭。对仗像诗文创作一样要具有表达性情志向的功能，表现出忠爱仁厚的性情，忌萧瑟语，忌不祥语，忌杀伐语。如某塾师给四个学生这样一个出句：“今日晴光好。”学生甲对曰：“昨宵月亮明。”师改“亮”字为“色”字，以增其雅。学生乙对曰：“他家喜气多。”师问：“谁家有何喜？”生答：“邻家有庆寿的，也有嫁女的。”师改为“吾村喜气多”，以添其豪迈感。学生丙对曰：“前山云气深。”师改“深”为“开”，并说：“一字之差，气象迥异，同时也使人免生云气既深则晴光难见之疑。”学生丁对曰：“明朝红杏开。”师激赏之，谓有富贵气象，但词不工，“红杏”对“晴光”欠妥，改为“高枝红杏开”。又将自己的出句改为“今日艳阳好”。可见即为私塾对课，高明的老师也是寓道于教，特别注意艺术与思想的结合的。这一点也反映了我国正统文学崇尚高雅的一面。

第三节　中国古代语文综合性学习活动:“句读”教学

古人写文章是不加标点的，初学者要读懂它，就得学会断句，这工作包括分辨出一篇有几章，一章有几句，一句有几处停顿。断句之后还得用符号把它标记出来，这就是句逗，汉代叫句读，也叫句投，有时也叫章句。后代人们习惯称之为“句读”。

一、古代句读教学的综合性特点

传统句读教学的综合性特点主要体现在两个方面：一是引导初学者综合性地把握汉语的内在肌理，二是促进初学者内在学识的综合运用。

（一）综合性地把握汉语的内在肌理

古时候人们写文章为什么不施句读呢？关于这个问题，学术界有几种不同的解释。第一种观点认为书面语言形成之初，内容比较简单，当时只能用最经济的文字把意思表达出来，还无须用文字以外的分段或断句符号，也就是说，当初还没有产生这些符号，分段和句读符号是在语言文字发展到一定阶段的产物。这种说法实际上不堪一驳，试问西洋文字也有个“书面语言形成之初”的时候，为什么人家在那时写文章都用了标点呢？第二种观点认为上古时代的典籍多为集体劳动的成果，一本书是你一句我一句地记录下来的，所以就没有句读；再加上当时书写条件困难，当人们把口头语言记录成为书面语言时，只能记录有声的语言，至于无声的分段和句读符号，即使原书上已经出现，人们在记录时为了节省时间和篇幅，很可能略而不录。这一观点也不能圆满解释古代文献不施句读的特有现象，西方古希腊时期的哲人谈话也多是由弟子们记录的，如《苏格拉底谈话录》《柏拉图谈话录》，但这些典籍却为什么都有严密而清晰的标点呢？第三种观点认为，上古时代人们写文章不施句读的习惯后来渐渐成了一种风气，加上当时人们“尊古卑今”的思想，崇古、仿古蔚然成风，所以就造成了古代人们写文章不施句读的现象。这种观点其实也只是隔靴搔痒，未能触及问题的本质，一种风气若是造成了大部分人写文章都不方便，它还能承传下去吗？可见这种风气、这种习惯的形成是无法简单地用“尊古卑今”来解释的。第四种观点认为，古书不施句读与当时的语法水平也有一定的关系，古时候语法研究不发达，所以标点系统也不发达，直到1898年马建忠才模仿拉丁语法写成了我国第一部文言语法专著《马氏文通》。这种观点更是站不住的，它把语言现象和语法发展的关系颠倒了，应该是先有语言现象，才有语法研究和发展，而不是先有语法发展，然后才有语言现象。语法系统是通过研究实际存在的语言现象而建立起来的，所以语法研究不发达并不能作为解释古人行文不施句读的原因，更何况，参照拉丁语而写成的《马氏文通》并没有能流行起来，并没能改变人们写文章不施句读的习惯，这正可以说明，不施句读现象与语法水平高低并无多大关系。第五种观点认为，古书不施句读，与古代汉语本身的特点有一定的关系，其中与古文运用大量文言虚词和押韵这两个特点的关系最为密切。春秋战国时期，古文中出现大量文言虚词。有些虚词如句首助词和句末语气词实际上起着某种断句的作用。由于古书不施句读，所以运用大量虚词来帮助断句；反之，由于大量虚词的运用，又为古书不加句读提供了可能条件，它们是互为因果的。这一观点把古书不施句读的现象与古代汉语本身的内在特点联系起来研究，可以说非常有见地，抓住了问题的实质。一种语言的书写形式和书写习惯的形成和发展，与这种语言的自身特点肯定存在必然联系，古书不施句读的原因，只能从语言的自身特点中寻找，才能得到科学合理的解释。

古代汉语自身有哪些特点呢？张志公从教学的角度着眼，总结出四大特点：一是语素以单音节的为主。单音节的语素是相当自由的，每一个语素都可以单独构成一个词，组合能力相当强，在语言里的活动能量很大。二是汉语是声调语言，每个音节的主要元音都有一个声调。一个单音节语素都有一个声调，声调有区别语素意义的作用，同一个语素，声调不同，意义也不同。三是汉语是一种非形态语言。它不靠词的形态变化表示语法关系，不靠形态变化作为把词组合成更大的语言片段的手段，而是靠语序和辅助词。四是汉字和这样的汉语相适应。一个汉字表示一个单音节语素，就是说，它有一个固定的形体，读成一个带调的音节，表示一个最小的语义单位。汉语无需用字来表示形态，因为它基本上没有形态，而用字来表示辅助词，这是汉字能够胜任的。①

从古代汉语的四大特点我们可以清楚地认识到，语素是自由的，有很强的组

① 张志公. 张志公自选集（第一版）[C]. 北京：北京大学出版社，1998：134.

合能力，每个语素都带有声调，在行文时这些语素本身就可以表示一定的语气的起止和停顿；汉语不是靠词的形态变化表示语法关系（有别于西方拼音文字），而是靠语序的变化和辅助词的使用来组字成词、组词成句，行文时语序的调整就表达了结构的变化，而辅助词（主要指虚词）的活动能量就更大了，它是语言结构的工具，一个文言虚词在句子中的不同作用（即不同用法）就形成了古代汉语的不同句式，表达了不同的停顿和不同的语气，如《史记·廉颇蔺相如列传》："蔺相如者赵人也"，其中"者"字表示句中停顿，起了现代逗号的作用，"者"本身就是标点符号，无须另外再加逗号；"也"字表示判断语气，起了句号的作用，"也"本身就是标点符号，无须另外再加句号。虚词在句子中的停顿作用，东汉许慎在《说文解字》中就已指出"哉，言之间也""矣，语已词也""乎，语之余也""兮，语所稽也"（段注：语于此少驻也）。有些虚词，除表示停顿以外，还带有某种语气，如"乎""欤""耶"表示疑问或反问的语气，兼有问号的作用；"矣""耳""哉"表示感叹，兼有叹号的作用。因为标点符号是一种符号，它表示句子内部、句子之间的结构关系及句子的语气，而古代汉语自身有一套用文字来表示句子之间的结构关系及句子的语气的方法，它自然就拒绝另外的标点符号，无须使用另外的标点符号来表示句子的结构、停顿和语气。这就是古时候人们写文章不施句读的内在本质原因。

在古代，学养高的人读文章是不需要用符号断句读的，因为他已经熟练掌握了古代汉语的行文特点，已将古代汉语自身的结构关系和语气变化上升到了一种语感，仅凭语感就能把握语句的节奏、停顿和语气，他的句读意识已经内化在自身的认知结构中，不再需要外在的句读符号。从这个角度看，句读其实就是一种帮助初学者学习古代汉语的工具。在这里，我们将句读符号称之为有形的外在的句读，而将文言文自身通过文字而不是通过符号来表示的语句间的节奏、结构、停顿和语气称之为无形的内在的句读。句读训练就是培养初学者凭借有形的外在的句读去触摸文言文中无形的内在的句读的能力。初学者通过句读训练，对文言文（不加断句符号的文章）逐章逐句进行划分，理出文中的节奏、停顿和语气，用句读符号标识出来，逐步把握文章的章句，进而理解文章的义理。当这一训练比较熟练之后，初学者形成了一定的语感，对文言文的行文特点获得了较深刻的认识之后，他就可以逐步脱离句读符号，直接阅读古书。一旦达到这种境界，他无论是读文章还是写文章，在心中对文言停顿、节奏、语气都有强烈的体认，牢牢把握住了文中无形的内在的句读，无须依靠句读符号这外在的句读了。此时，句读已经内化在他的认知结构中，句读已由“有形”变成“无形”，他读文章已能读出“无形”的句读，写文章也能写出“无形”的句读。因而，我们看到的古书文章都是无句读的，其实并不是无句读，只不过是无“有形”的句读，“无形”的内在的句读是存在的，不仅是存在，而且是有条理合逻辑合语法的存在。所以，句读训练实际上就是将“无形”的句读有形化，用看得见的断句符号把内在的“无形”句读表面化、外在化，就是要让初学者通过阅读找到文言文的语势、语气和结构，进而用句读符号把文中隐含的结构、停顿和语气准确而清晰地再现出来。如何才算“准确而清晰”呢？古人认为有四个标准：一是断句后的字句都能讲得通，上下文不发生矛盾；二是断句后每一句话的内容都符合事实，符合情理，切合作者的原意；三是断句后的语法、修辞和语音等现象都要和古代汉语相符合；四是眉目要清楚，防止产生歧义现象。这四个标准，归纳起来，说的就是两方面要求：形式上要符合文言特点，内容上要符合原意。只有做到了这两方面，才有可能“准确而清晰”地将“无形”的句读再现出来。[①]

可见，之所以要将“无形”句读再现出来，是因为再现出来的有形句读可以使初学者更清楚地理解、揣摩语言的内在肌理，更真切地把握文言文的语法特色，从而为将来脱离有形句读，直接读写无形句读的文章打下坚实的基础。

（二）内在学识的综合运用

未能“准确而清晰”地再现“无形”的句读，则会产生误读闹笑话。据《韩非子·外储说下》记载：“哀公问于孔子曰：吾闻夔一足，信乎？曰：夔，人也。何故一足？彼其无他异，而独通于声。尧曰：夔一而足矣。使为乐正。故君子曰：夔有一，足，非一足也。”原来，“夔有一足”是一个紧缩复句，意思是：像夔这样的乐官，有一个就足够了。四字应作二句读，“夔有一”为读，“足”字为一读。而鲁哀公未能把握这个句子中隐含的“无形”句读，把这四字连读了，得出夔只有一只脚这样不合理的结论。现代著名的训诂学家杨树达读了这则记载之后，感慨：“句读关系于文义者如此。”足见句读训练在古书阅读中的重要地位。古人对句读训练中“无形”转“有形”的价值也有许多精到的阐述，汉代马融《长笛赋》有二句：“观法于节奏，察变于句投。”“句投”即“句读”，意思是要掌握文章的精髓，就必须把握字里行间隐含的“节奏”和“句投”，换言之，也就是通过有形的句读再现无形的“节奏”和“句投”，这是解释语义、理解文章思

① 管敏义. 怎样标点古书 [M]. 北京：书目文献出版社，1985：11.

想感情的关键。为什么说“无形”转“有形”是读懂文章的关键呢?《宋史·何基传》有记载:“凡所读书，无不加标点。义显意明，有不待论说而自见者。”说的是读书的时候，通过“加标点”这一行为，就可以使文章“义显意明”，甚至可以不需要老师讲解就理解了文章的意思。断句读这一阅读行为具有如此神奇的效果，古人虽然未能从理论上加以阐发，但他们把这一行为推到了非常高的学术境界，甚至把断句读看成是衡量学识水平的试金石。唐代李济翁在《资暇集》中的“学识何如观点书”就是这一观点的绝好注解。点书就是断句读，“断句读”为什么能够衡量一个人的学识水平呢?因为“断句读”看起来简单，其实是很复杂的。杨树达《古书句读释例·叙论》中有一段话可以印证这一看法:

句读之事，视之若甚浅，而实则颇难。《后汉书·班昭传》云:“《汉书》出，多未能读者。马融伏于阁下，从昭受读。”何休《公羊传序》云:“讲诵师言，至于百万。犹有不解，时加酿嘲辞，援引他经，失其句读，以无为有，甚可闵笑者，而不可胜记也。”观此二事，句读之不易，可以推知矣。

既然句读是如此之不易，如此之复杂，能够“准确而清晰”地“再现”文言文“无形”句读的人自然被人们认为是学识水平高了。

那么，“断句读”到底需要怎样的学识呢?一般需要古代汉语(包括文字、音韵、训诂、语法、修辞、文体)知识，古代文化知识(包括天文、历法、地理、官制、典章、舆服、风俗、人情)，整理古籍的基础知识(包括目录、版本、校勘、考证)及其他的专门知识。只有博通了这些知识，才能顺利地将古书中隐含的无形的句读再现出来。当然，“博通”知识，只是“断句读”的一个必要条件，我们不能反过来说，“博通”了这些知识，就一定能顺利断句读。因为古人强调的“学识”并不等同于“知识”,“学识”的“学”是指学问(相当于我们今天所谓的“知识”)而“识”则是指识见(相当于我们今天所谓的“能力”)，识见高下也就是能力高低。光有“学”(知识)，并不能顺利点断句读，还必须有“识”(点读能力)，才能达到目的，“学”和“识”必须同时具备。“学”和“识”在这里并不像人们通常理解的并列关系，其实应该是一种因果关系，“学”是“识”的基础，“识”是“学”的结果。也就是说，断句读能力的形成必须以掌握一定的知识为基础，若没有具备一定的知识，能力也就成了无源之水、无本之木，终究是无法形成的。但掌握一定的知识并不会必然转化为能力，古时候有许多人皓首穷经，掌握的知识不可谓不多，但最后仍然一事无成，只会鹦鹉学舌、拾人牙慧，就是一个明证。从知识到能力，从“学”到“识”之间存在一个中间的转化环节，那就是知识在实际情境中的运用。知识只有通过运用，才能转化为能力，能力是在知识的运用中建构起来的。现代认知心理学运用广义知识观来阐释知识与能力的转化，具体到“断句读”的学习行为，也可以这样来解释，学生面对古书的文本实际上就是面对一个问题情境，断句加标点的过程就是解决问题的过程。在这个过程中，学生需要调动认知结构中已有的文言虚词、音韵、句法、古代文化常识等知识（陈述性知识）、运用断句标点的规则（程序性知识）、通过反复回读不断调整断句方法纠正断句错误（策略性知识），最后“准确而清晰”地将隐含的“无形的句读”再现出来（解决问题）。学生的“断句读”能力就是在这个心理信息加工过程中主动建构起来的。当然，我们说“断句读”的过程是学生能力的主动建构过程，这里强调的是“主动建构”但不能理解为“自动建构”。“主动”与“自动”是有本质区别的，“主动”强调的是学习主体的自觉性，它与“被动”相对而言；而“自动”之义则偏在“自发性”，它等于取消了学习主体的参与和努力。而实际情况却是，学生在句读训练中能够充分发挥自身的主体性，主动去实践并建构断句读的能力。这样，“断句读”这一阅读行为就具有了教学论层面上的价值。

二、古代句读综合训练方法

我国古代的语文教学是非常重视“断句读”训练的。“断句读”训练一直是古代文言文阅读教学的主旋律。如前文所述，古人读文章需要自断句读（有形的句读）而写文章则不施句读（其实是隐含无形的句读），而“断句读”训练则是人们实现从“读文章”过渡到“写文章”的必由之路。通过训练，人们由“有形的句读”逐步揣摩体会文章中“无形的句读”，当“有形的句读”训练达到一定程度，学生具备了较强的辨句读能力之后，就可以摆脱“有形的句读”，直接参悟出“无形的句读”，这样就可以进入仅凭借内在的无形句读去读文章写文章的境界。这是文言文阅读的最高境界，换言之，古人“句读”训练的最高境界就是“无句读”的境界。但要达到这一境界，却需要长期的艰苦的“句读”训练。据《礼记》记载，我国古代从夏商时起就开始了“句读”训练。《礼记·学记》记载：“比年入学，中年考校，一年视离经辨志。”郑玄注：“离经，断句绝也。”孔颖达疏：“学者初入学二年，乡遂大夫于年终之时考视其业。离经，谓离析经理，使章句断绝也。”清人武亿在《句读叙述》中解释说：“古者十五入大学，今间年考校，以疏计之，为二年，是学者十七时先辨经读也。周礼三岁大比乃考。今中年考校，疏谓非周礼，是自夏殷教法，已以授读为要。”《礼记·学记》这一段记载，说明古代从夏商时人们就已将“句读”训练列为学校的重要内容，教师要对初学者进行严格的句读训练，并将它作为考核学业成绩的一个重要科目。

夏商之后，历朝历代的语文教育沿袭旧制，句读训练得到加强。唐陆德明曰：“汉代诸儒分章析句，各自为业，其于经读，必由师传。”这些记载反映出汉代语文教学中教师指导下的“句读”训练情形。自汉代以后，“句读”训练逐步方法化、系统化，形成了一个严密的训练体系和一套行之有效的训练方法。元人程端礼《程氏家塾读书分年日程》一书为我们描述了古代句读训练方法与训练程序的一个轮廓。程氏将“句读”阅读训练分为六步，整理如下：

第一步，呈现训练材料，教师在学生的训练簿上给学生圈定本次训练的古文材料，“先计字数，画定大段，师记号起止于簿”。算好每次训练的字数，做好起止记号。

第二步，提供示例，给学生参考。让学生仿照当时名家权威的点读样本，自行给材料断句读，“预令其套端礼所参馆阁校勘法，黄勉斋、何北山、王鲁斋、张导江及诸先生所点抹《四书》例，及故王鲁斋《正始音》等书点定本，点定句读，圈发假借字音”。

第三步，教师当面订正学生的误断之处。“令面读子（仔）细正过，于内分做细段，随文义可断处，多不过十句，少五六句。大段约千字，分作十段，或十一二段，用来点记于薄”。

第四步，学生读背所点读的材料。“还案每细段读二百遍，内一百遍看读，内一百遍倍（背）读。句句字字要分明，不可太快，读须声实，如讲说然。句尽字重道则句完，不可添虚声，致句读不明，且难足遍数”。规定了读背的遍数、读背的要领，所谓“句尽字重道则句完”，是说读到断句处的字要读重些，表示句读已经断开，这样就知道“句读已分明”，不然就会“句读不明”。这里还特别强调了读背的遍数，读一百遍，背一百遍，不达遍数不罢休。

第五步，学生细思点读材料。“字求其训，句求其义，章求其旨”，“每一节十数次涵泳思索以求其通”，要“思而又思”。这一步要求的是学生必须结合字句意思去印证自己所断的句读，强调的是一种省思工夫。

第六步，学生说出自己对点读材料的理解。具体要求是“先说句注，再通说每句大义，又通说每段大义，每句都要说得精确成文”。这一步是要求学生进一步对所点读材料加工内化，只有自己能够把所点读材料的意思说得出来，才算是真正消化了材料，才能获得一种“切己”的体会，也只有这样，才能收到点读训练的实效。否则，学生的点读就可能徒有其貌，未能存留于内心。①

程端礼这套断句读的训练方法是对历代句读训练经验的总结，尤其是对宋代朱熹教学思想的继承和发展。它不仅循序渐进地安排了断句读的合理顺序，而且对每一步骤的具体做法都有详细的说明，操作性强，见效快。因此，这是一套综合性的阅读训练方法。这套方法刊印之后，产生了很大反响，元、明、清三代国子监都把程端礼这本书作为学生文言文阅读训练的必读教材，可见此书的影响之深。这是来自教学实践又经过了长期教学实践检验的综合训练方式，这也是一套真正从汉语的特性中生长出来的文言文阅读教学方法。

三、古代句读综合训练方法的当代价值

古代句读综合训练方法有助于学生的文言文阅读能力的提高，对于改进当代的文言文阅读教学方法具有重要的借鉴作用。其当代价值主要体现为两大方面，一是改进文言文阅读教学的知识体系，二是改进文言文阅读教学实践。

（一）改进文言文阅读教学的知识体系

我们可以从以下三个方面对古代句读综合训练的相关知识进行整理，并将其融入当代的文言文阅读教学知识体系中。

1. 文言句读训练的陈述性知识

陈述性知识主要用来回答事物是什么、为什么、怎么样的问题，也叫描述性知识。这类知识一般通过个体有意识的提取线索，就可以直接陈述出来。陈述性知识可以通过记忆获得，也叫作记忆性知识。目前学校教学传授的知识主要是这种知识。古代句读训练中的陈述性知识主要是指古代汉语、古代文化知识、整理古籍的基础知识及其他的专门知识。这些知识显然不适合全部照搬到中学生的文言句读训练中，我们应该根据《义务教育语文课程标准（2011 年版）》中：“阅读浅易文言文”的教学目标和中学生的心理发展特点，对这些知识进行加工提炼，

---

① 王炳照等. 历代教育论著选评（上册）[C]. 武汉：湖北教育出版社，1994：1117.

研制出适合对中学生进行句读训练的陈述性知识。

（1）标点符号的含义和用法。主要是指“五四运动”之后建立起来的标点符号系统，不必再采用古代句读训练所用的断句符号。

（2）文言虚词的用法。限于浅易文言文中常用的使用频率比较高的虚词。不常见的不必选入，太繁难的不必选入。

（3）词类活用的知识。古代汉语的有些词可以在句中活用，如果不了解古书用词这一特点，将活用的词按原来的词性词义去理解，就可能断错句读。因而活用现象要加以关注，当然也是以常见、浅易为标准加以选取。

（4）通假字的知识。选取文言文中常见、浅易的通假字。

（5）文言句式的知识。主要选取常见的文言句式，如判断句、倒装句、疑问句等，这些句式一般都有特定的虚词标志，有利于断句。

（6）古代文体的知识。中国古代的文体，按照语言形式的不同，可以分为三大类：散文、韵文、骈文。要让学生掌握这三大文体的基本语言特点。

（7）简单的修辞知识。主要应掌握对偶、排比、用典等知识，这对断句很有帮助。

（8）适量的音韵知识。先秦两汉的古籍不但诗歌押韵，连散文也有押韵的，其他各书也常常有用韵的地方。懂得音韵，可在韵脚处断句，这将给断句带来很多方便。

（9）常见的古代文化知识。主要是关于古代天文、地理、典章制度、风俗习惯、人名等方面的常识。

以上九类陈述性知识的教学，不必太纠缠于名词术语的记诵，应该结合具体的语境，让学生去理解掌握，可让学生通过阅读适量的典型的文言文加以体会。

2. 文言句读训练的程序性知识

程序性知识主要用来解决做什么和怎么做的问题，也叫操作性知识。其实质上是一套关于对外办事的操作步骤和过程，因此也称为步骤性知识。个体对这种知识缺乏有意识的提取线索，只能借助于某种作业形式间接推测它的存在。文言句读训练中的程序性知识主要是一些断句规则以及利用规则进行断句的技能。断句规则应该根据文言句读训练的陈述性知识加以制定，现结合古今常用的一些断句方法分述如下：

（1）标点符号的使用规则。这已在现代文的基础知识学习中解决了。

（2）利用文言虚词进行断句的规则。古人用词造句习惯于用虚词表示停顿或语气，有些虚词实际上起着某种标点的作用。

①由于古书中句子开头有如“盖、夫、惟、故、今夫、若夫、且夫、故夫”等句首语气词，句子结尾有如“也、乎、焉、矣、耳、哉、耶（邪）、欤（与）”等句末语气词，我们可以根据这个特点在句首语气词之前和句末语气词之后点断。

②一些与标点有密切关系的虚词要结合陈述性知识学习逐条理出断句规则，如：也、夫、焉、乎、而、以、与、为、然等字。

（3）“曰”字前后断句规则。“曰”字的前后一般都有标点，所以可以作为断句的依据。“曰”字前如果有主语，就在主语前点断，如果省去主语，就在“曰”字前点断。“曰”字后除了“叫做”等解（如“曰过有罪”“曰庄美”）以外，一般都要点断。

（4）文言特殊句式规则。根据不同特殊句式的特定虚词标志进行断句。

（5）根据句子成分之间的关系进行断句的规则。一个句子的各种成分之间关系比较密切，一般不宜断开。

（6）根据古书音韵进行断句的规则。找到押韵的韵脚，在韵脚处断句。

断句规则的学习主要通过规则的运用来实现，一般有从规则到例子的和从例子到规则两种。下面分别举一例加以阐述。

从规则到例子的教学：

目标：学习“矣”字的断句规则

教学步骤：（1）教师呈现规则：“矣”字是句末语气助词，一般用于陈述句句末，有时也用于疑问句、感叹句、祈使句句末。若在文中发现“矣”字，则可以在这个字的后面断句。

（2）教师举例分析，学生观察体会。

A. 事急矣请奉命求救于孙将军。（《赤壁之战》）（在第三个字发现“矣”，就可以在“矣”字后点断，加上逗号。）

B. 公子勉之矣老臣不能从（《信陵君窃符救赵》）（在第五字发现“矣”，就可以在“矣”字后点断，加上逗号）

（3）学生练习。（习题从略）

从例子到规则的教学：

目标：学习“夫”字的断句规则

教学步骤：（1）教师呈现带“夫”字的语句：

A. 夫颛臾昔者先王以为东蒙主（《论语·季氏》）

B. 子在川上曰逝者如斯夫不舍昼夜（《论语·子罕》）

C. 一夫不耕或受之饥（《论积贮疏》）

D. 微夫人之力不及此（《左传·僖公三十年》）

（2）教师指导学生找出四个句子中“夫”字的位置。

（3）学生讨论四个“夫”字的用法，教师订正：A句“夫”字位于句首，作句首语气助词；B句“夫”字在中间句子的末尾，作句尾语气助词。C句“夫”字在句中作“男人”解释；D句“夫”字用在句中作指示代词“那”。

（4）师生总结“夫”字的断句规则：当“夫”字用作语气助词时，一般用在句首或句尾，可以作为断句标志进行断句；当“夫”字用在句中作“男人”或指示代词“那”解释时，不能点断。

3. 文言句读训练的策略性知识

策略性知识主要是学习策略，可以定义为在学习情境中，学习者对学习任务的认识、对学习方法的调用和对学习过程的调控。文言句读训练中的策略性知识主要是指学生对句读任务的把握与认识、对断句规则和方法的调用以及对整个断句过程的内在调控，养成自觉主动地矫正自己学习行为的习惯。学习策略性知识的目的是要让学生在断句过程中具有一双“内眼”，能看到自己的学习和思维活动过程，提高自己的学习水平和效率。文言句读训练的策略性知识应该包括以下内容：

（1）认识断句训练的目标任务。让学生明确训练语段的数量、基本风格以及训练要达到的目标，树立信心。

（2）灵活调用在陈述性知识和程序性知识学习中获得的断句规则和方法。这里要区分断句规则和方法与断句策略之间的不同内涵，断句规则和方法是指学生用在理解、记忆、提取和运用知识的认知过程的方法和技能，它们是断句策略的知识和技能基础。断句规则和方法只有通过使用才能发展成断句策略。

（3）断句过程的自我调控。包括学生注意自己的精神集中与否，自己的理解方法是否对头，警觉自己在注意和理解方面可能出现的问题，便于及时纠正；也包括及时地调节在监控时发现的问题，如返回重读、放慢速度、重新选择标点符号等，以便自觉主动地矫正自己的断句行为。

教学生掌握策略性知识就是教学生学会自主学习，断句策略的教学就是要让学生在断句练习中学会自主断句。学生使用学习策略是内在的，是他人无法直接观察到，甚至自己也不能完全说明白的。但人们仍然可以从学生的学习和认知行为中看出一些蛛丝马迹来。“认知策略的学习，实质上也是一种程序性知识的学习。从现在的研究来看，其学习过程要经过命题表征（陈述性知识）阶段，然后经过在相同情境和不同情境中的应用，转化为产生或表征（程序性知识）阶段，最后认识到一套操作步骤适用的条件，则达到反省认知阶段。只有达到最后一阶段的策略性认知，才有广泛迁移的可能性。”因此我们可以按程序性知识的学习规律来学习断句训练的策略性知识。

在断句策略学习中应避免纯形式化的训练，一定要与具体的断句练习结合起来，才会有实效。我们可以通过具体的“问题情境”，让学生在“解决问题”时综合运用三类知识来学会策略。例如，给学生提供一段文言文（未加标点的文章），学生面对这段文言文实际上就是面对一个问题情境，断句加标点的过程实际上就是解决问题的过程。要解决这个问题，首先要让学生认识并分析问题情境，明确学习目标任务（这是策略性知识学习），然后学生需要调动认知结构中贮存的文言虚词、音韵、句法、古代文化常识等知识，运用断句规则，通过反复回读，反复激活，不断调整断句方法纠正断句错误，最后准确而清晰地将文言文中隐含的“无形的句读”通过标点符号再现出来（问题得到解决）。在文言句读训练中，要经常反复进行这样的综合性训练，策略性知识才能真正内化在学生的认知结构中，成为随时能够被激活的有效知识。

（二）改进文言文阅读教学实践

为了论证文言句读训练的当代有效性，笔者曾在教学中做过多次实验，用两组程度大致相等的学生进行比照，两组均阅读同样的文言材料，一组阅读有标点的文言文，另一组阅读没有标点的文言文，要求前一组阅读之后翻译成现代汉语，后一组先断句后翻译，结果后一组在每次训练中翻译的准确率都要大大高于前一组。由此可见，传统的句读训练在当代文言文阅读教学中仍然未失去它的教学价值。

当代学者李维鼎在总结自己对学生进行句读训练取得的成功经验时说过这样一句话：“这使我认识到传统的‘习其句读’，其实是对汉语文本性进行准确把握的结果。”[1]

古人总结出的句读训练步骤与方法，可以作为我们今天开展文言文句读训练的借鉴。当然，由于教学目的和教学内容的不同，我们不能原封不动地照搬古人的经验，而应该结合今天的具体情况有选择地继承古人的成功经验。今天中学生文言文阅读训练的目标是“能够阅读浅易文言文”，我们应该结合这个教学目标，认真研制“句读训练”的材料与方法，文言选材不能偏深偏难，训练方法不能偏繁偏杂，注重实用，讲究实效。具体来说，应该从以下三方面来展开：一是界定并研制出句读训练的知识基础，按照“精要、好懂、有用”的原则，组织有关专家学者、教师梳理出供句读训练所用的一套知识体系，这个体系可按认知心理学的广义知识观的陈述性知识、程序性知识和策略性知识进行三级建构，把能力纳入“知识”范畴来认识，会更符合句读能力对知识的要求。因为标点文言文的前提是读懂文言文，而“读懂”是要以知识为基础的，没有合宜的句读知识，句读能力是建构不起来的，因此知识基础的建立是句读训练的首要工作。二是编制好句读训练所用的文言材料。训练材料要按材料内容的深浅和学生心理发展的顺序来编排，体现循序渐进的原则，同时将训练材料与现行教材中的文言文课文结合起来，合二为一，要么独立成册编排，将文言文课文从教材中划出来；要么对教材中的文言文课文做出调整，全部以无标点方式编排。三是合理安排句读训练程序，训练程序可分为前后相连的三个阶段，第一阶段是阅读训练材料，试着用斜线把材料划断句读，同时配以学习文言句读基础知识和断句规则。在这一阶段训练达到较熟练程度之后，就可以进入第二阶段，由学生阅读文言文，试着用标点符号点断句读，点句读之后学生反复朗读材料，并将材料译成现代汉语。这一阶段训练达到熟练程度之后，就可以进入第三阶段，学生直接阅读文言文，不用标点断句，试着将文言文文翻译成现代汉语。学生比较熟练地达到了这一阶段时，就可以被认为是实现了句读训练的目标。经过了这三个阶段的训练之后，学生大都能直接阅读古籍中的文言文。这个分三步走的句读训练程序是我们从古人的教学实践经验中总结出来的，同时结合当代学生的实际情况进行过多次实验。

句读训练在当前的文言文阅读教学中比其他方法要来得扎实、来得有效，这不仅是因为它出自古代汉语的本性，经受了长期的语文教学实践的检验，而且还因为它可以用当代认知教育心理学的学理来阐释。句读训练的文本是无标点的文

① 李维鼎. 语文言意论 [M]. 上海：上海教育出版社，2000：288-299.

言文，根据认知心理学的加工模型，学生对文言文断句读的学习心理机制为：无标点文本——感知言语——回读激活——断句规则运用——意义生成——策略选择——断句加标点。而有标点文本的文言文学习心理机制则为：有标点文本——感知言语——回读激活——掌握字词句——意义生成。两种文言文学习的心理机制有着明显的区别，前者比后者多了“断句规则运用”“策略选择”和“断句加标点”这三个环节，这三个环节体现了学生建构知识与能力的主动性，这是养成文言文阅读迁移能力的关键。而后者则少了这三个重要环节，在有标点的文言文教学中，这三个环节不列入训练的内容，而是在训练之前就给定了，由编文本材料的专家学者代替学生完成了。学生面对着的是缺乏激发功能的静态文本，内心缺乏主动加工的意识，无法主动建构自身的阅读能力，学生的学习兴趣无法得到有效的激发，文言文学习始终处于被动状态。

总之，句读训练进入文言文阅读课堂，必将大力完善学生内在的学习心理机制，使学生在课堂上学会积极主动地建构文言文阅读能力，进而实现“阅读浅易文言文”的教学目标。

语言学家王力说过一句经典的话：“西洋的语言是法治的，中国的语言是人治的。”“人治”的语言注重的是人对语言的体验、领悟与心理建构。黎锦熙在《新著国语文法》中也曾经说过，中国的文法特质在于“国语底用词组句，偏重心理，略于形式”。既然汉语是偏重心理的，我们在教学中就应该将汉语的心理性与学习者的心理结合起来，把汉语“文本”导入学生的阅读心理视野中。古人通过长期的文言文教学实践，以“断句”训练的形式将学习者的心理与汉语的本性紧密结合在一起，可以说是达到了水乳交融的境地。一次次的“断句”训练其实就是一次次的心理建构，训练者把文本有效地导进了被训练者的阅读心理视野中，被训练者通过心理加工有力地把握住了文本的形式和意义。

下面是我们以《齐人有一妻一妾》为例来设计综合性学习方案，我们把这篇文章分成正文、助读（含注释）、思考与练习三个部分加以综合性教学设计。

正文：

齐人有一妻一妾

齐人有一妻一妾而处室者其良人出则必餍①酒肉而后反其妻问所与饮者则尽富贵也其妻告其妾曰良人出则必餍酒肉而后反问其与饮者尽富贵也而未尝有显者来吾将瞷②良人之所之也

蚤起施从良人之所之遍国中无与立谈者卒之东郭墦间之祭者乞其余不足又顾而之他此其为餍足之道也

其妻归告其妾曰良人者所仰望而终身也今若此与其妾讪其良人而相泣于中庭而良人未之知也施施从外来骄其妻妾

由君子观之则人之所以求富贵利达者其妻不羞也而不相泣者几希矣

注释：①餍：满足，饱食。②瞷：窥视，暗中看。

助读：

你能给这篇文章逐段加上标点吗？加每一段标点时请按下列步骤进行：

1. 轻声连贯地通读这一段文字。
2. 结合课文下面的注释再轻声连贯地通读一遍。
3. 试着把句子读断，可以运用“者”“也”“曰”“矣”的断句规则。
4. 一边回读一边检查断句是否符合文言文习惯。
5. 确认断句无误后，选择合适的标点加上去。

思考与练习：

1. 给文章加上标点后，你对“者”“也”“曰”“矣”这几个词的断句规则有什么体会？请将你的体会说给同学听一听。

2. 在断句加标点的过程中，你觉得哪一个步骤最有效，哪一个步骤最难，请简单地写下来。

3. 通过断句加标点，请你概括叙述一下这个故事的内容。

4. 故事中的良人代表了哪一类人？想想看这一类人有怎样的特点？作者对其持什么态度？

这个教学设计方案的主要特点是：以“断句读”作为阅读方法导引，通过综合性的方式促进学生对文本的理解。在学习的过程中，学生不仅仅是给文章加上标点，还需要对加标点的学习过程加以反思，同时需要思考文本的主要内容、与同学进行交流。

第四节　中国古代语文综合性学习活动:“揣摩”教学

“揣摩”是我国古代的一种语文综合性学习方式。“揣摩”是“读”与“写”的转化机制，学生通过“揣摩”文本，把自身经验与文本经验联结起来，既可以促进对文本的理解，又可以提升自身的写作能力。古人的读写教学非常讲究“揣摩”的训练，这种训练方式在以“八股文”为代表的“代言体”的读写教学中体现得最为典型。

一、“代言体”的综合性学习功能

明清时期，科举考试是最重要的仕进之途，而八股文则是用于科举考试的最重要的文章体裁。因此，在各级学校教育中，学习、阅读和写作八股文都是核心内容。在家庭教育与社会教育中，八股文也是必修之学。在蒙学阶段，学童在接受识字教育之后，往往就开始以《四书》作为重要的学习内容，为八股文写作培育基础，并进而学习写作八股文。在社会上，图书市场也普遍出现“八股化”现象，明嘉靖间李濂说:“比岁以来，书坊非举业不刊，市肆非举业不售，士子非举业不览。”因此，从幼童开始，通过长期系统的或比较系统的教育，八股文对文人士子的思想观念、思维模式、情致心态产生了潜移默化的深度渗透，从而养成了他们的思维定式和写作习惯。

（一）综合性的体式特征

八股文是一种综合性文体，八股文与诗、赋、词等其他文体都有所不同，它不是单纯的文学上的一种体裁。最初八股文只是解经的一体，谓之经义。唐代取士明经科始用经义，但那只不过是帖经、墨义等记诵之学，不成其为文章。至王安石熙宁初罢诗赋而取经义，经义作为科举考试的一种文体才得以确立。八股文是王安石的经义文经过南宋时期与论体的合流交叉影响而定型的。与其他文体相比，它是后起的一种文体，糅合了几种不同的文体于一身。

八股文是多种文体的综合，它兼有经义、注疏与诗赋的各种特点。这种综合性文体的出现，是出于科举考试选拔人才的要求，借鉴了前代科举的利弊得失而形成的，综合性文体可以从多方面测试人的知识。清人章学诚曰：“学人具有用之才，朴则有经史，华则有词章。然以经学取人则伪经学进而经荒，以史学取人则伪史学进而史废，词章虽可取人，毕竟逐末遗本。惟今举业所为之四书文义，非经非史非词章，而经史词章之学无所不通。”清人江国霖说：“士人读圣贤书既久，各欲言其心之所得，故制义者，指事类策，谈理似论，取材如赋之博，持律如诗之严。”晚清冯桂芬曾说：“八股虽小道，倘亦所谓一器工聚之属乎？四子书命题甚广，天文舆地礼乐兵农帝王损益升降之故，无所不赅，则涉及考据家；规矩绳墨，先正具有程式，能者为之，神明变化不懈而及于古，则涉及古文家；间以飞翰骋藻、摘艳董香、蔚然有沉博绝丽之观也，则涉及词赋家；代圣贤立言，《学》《庸》等理题，微言大义，探颐索隐，则涉及理学家。……然后能含英咀华，卓然成一家言。”

八股文是介于经义诠释与文学创作之间的文体。从诠释经义这个角度讲，它被称作经义文、四书文，是注疏之流亚，是经学的一种，主要功能是阐明四书经义，但它又不是严格意义上的经学理学的研究，它既不是汉唐的注疏训诂正义，也不像宋学纯粹的性理发挥，而是以注疏章句为基础而别出心裁做的发明义理的文章。这种文体的长处是设身处地地理解经义。正如清人管世铭所云：“前人以传注解经终是离而二之，惟制义代言，直与圣贤为一，不得不逼入深细。”[①]好的经义文章如归有光、唐顺之、李光地等人以及清代考据家的文章，可以补充传注之所未备。从文学的角度看，它是以经书为题而做的论述，比起各种解经之体如注疏、讲章，词采的要求要更高一些，同时加入了自己的阐释，对原文进行一些丰富和补充，应是古文的一体。只不过与古文相比而后起，称之为时文。虽然从韩愈直至欧阳修对这种俗下的时文屡有鄙弃之意，但无不承认它是文章的一体。

应当承认，八股文的成就远不如古文来得大，它的限制过多，缺乏古文的自由度，所以不容易产生优秀之作。另一方面，它的文体功能也很单一，不是直接以现实生活为对象，而是“载道”的工具，缺乏文学作品的形象性。更重要的是它一直作为科举考试的工具，带有很强的功利性，故也一直不被人重视。但好的八股文，应当是经义与文章两者兼顾的。能兼顾二者的往往是理学文章兼长的人物。正如曾国藩所言：“场屋之文，理法才气，缺一不可。”[②]

① 孔庆茂. 八股文史 [M]. 南京：凤凰出版社，2008：6.

② 孔庆茂. 八股文史 [M]. 南京：凤凰出版社，2008：9.

（二）两种“文本”的转化

八股文与古文及其他文学体裁相比，诗与古文可以是直接以生活为反映对象的，题材和体裁没有什么统一的限制，有着比较广阔的空间和自由度。八股文则不然，它只是对经书经义的诠释和演绎，因此必须严格按照经义本身的规定来作文，经义是它行文的依据。从文本的层次来看，八股文和一般的诗、古文等文体的差别在于，如果说诗与古文等文体可以直接面向现实，反映社会现实，属于第一文本的话，那么八股文则属于第二文本，它必须严格按照经义文本的规定来立论。清代焦循《时文说一》有一句话说得很好：“诸子之说根于己，时文之意根于题。”经书是第一文本，是古人对现实社会和人生所做的总结与探讨，它包含着某些文学的因素。而八股文作为诠释经义的文体，居于第二文本的地位。同样也包含着文学上的内容，还有一些根据想象再创作的成分。它对经义的诠释自然免不了阐述与评论的内容，但又不完全与阐述评论等同，它不是从研究和评论的角度来看的，而是设身处地用作者自己的经史学识对经义进行补充丰富，包含合理的描摹、根据原作的语境进行的想象等再创造，有时还会加入经书中没有的内容，将经书中的一言半语演绎成一个完整的全篇，成为一个相对独立自足的段落，或者说理，或者叙事，或代言，更形象地再现经传的某个片段，尤其是说理和叙事，可以看作是一种文学上的再创作。如明代茅坤《吾与点也》文，写孔子与曾点的对话，非常洒脱自然，描画出孔门弟子的生活画面。明末清初尤侗《楚狂接舆全章》文，写楚狂人接舆对孔子的讽喻，说理叙事神情毕肖，被誉为“一则绝好唐人小说”。

如果追溯这种第二文本形式的文体的渊源，最早的要推“春秋三传”，以《春秋》文本的话为题目，既有丰富补充，又有评论，揭示其中的微言大义，《左传》在于记事，属于史传；《公羊传》《穀梁传》着重阐发其中的微言大义。后代与之相近的还有历史演义小说和以史书为题材的戏曲（不包括小说剧本的改编），它们之间有许多相近之处，同样以一种文本为蓝本，史书中的某一个段落或三言两语的话（如《水浒传》在正史中的记载就是如此）就如同八股文的题目，小说和戏文就如同八股文本身，它们同样遵循第一文本为依据，同样在原有历史文本上下文的语境中进行合理的想象补充丰富再创造，不能脱离原本任意想象编造。

从第一文本到第二文本的转化实际就是从“读”到“写”的转化，首先是将从第一文本抽取的题目放回文本语境中进行揣摩式阅读，“设身处地”去体认原文中的思想内涵和言语形式，然后结合自己的已有经验和写作积累而创造出第二文本。“读”和“写”在这样一个综合性形式中同时得到训练，充分体现了其综合性学习的功能。

二、“代言”即“揣摩”

关于八股文“代言”的性质，钱锺书在《谈艺录》中做过分析[①]：

> 八股古称“代言”，盖揣摩古人口吻，设身处地，发为文章；以俳优之道，抉圣贤之心。董思白《论文九诀》之五曰“代”是也。宋人四书文自出议论，代古人语气似始于杨诚斋。及明太祖乃规定代古人语气之例。窃谓欲揣摩孔孟情事，须从明清两代佳八股文求之，真能栩栩欲活。……其善于体会，妙于相像，故与杂剧传奇相通。……吴修龄《围炉诗话》卷二论八股文为俗体，代人说话，比之元人杂剧。袁随园《小仓山房尺牍》卷三《答戴敬咸进士论时》一书，说八股通曲之意甚明。焦理堂《易余籥录》卷十七以八股与元曲比附，尤引据翔实。张诗舲《关陇舆中偶忆编》记王述菴语，谓生平举业得力《牡丹亭》，读之可命中。而张自言得力于《西厢记》。亦其证也。
>
> 此类代言之体，最为罗马修辞教学所注重，名曰 Prosopopoeia，学僮皆须学为之。亦以拟摹古人身份，得其口吻，为最难事。马建忠《适可斋记言》卷二有《上李伯相言出洋工课书》，记卒业考试，以拉丁文拟古罗马皇贺大将提都征服犹太诏等（参见十九世纪法国中学作文课题），即“洋八股”也。

钱锺书认为“代言”即揣摩“古人口吻，设身处地，发为文章”，指出这种揣摩式的代言与戏剧相似，并指出古人有通过揣摩戏剧来学习八股文写作的。这种代言体不仅在中国古代，就是在罗马的修辞教学中也是一种重要的方式。

代圣贤立言是八股文和其他文体最大的区别，代言即代别人说话，本是文学作品的想象与描摹人物的语言口气。在文学作品，如小说和戏曲，这种代言相当普遍，而且大多都是从一定的文本环境出发，来设身处地为人物着想，并代其说话。八股文的代言也是如此，根据经文的语境、章旨，人物的身份、思想和性格特征，代其立言。这一特点，是八股文区别于注疏讲章的地方，也是八股与一般的文学作品相近之处，需要有深入的理解和丰富的想象能力，所说的话必须符合

---

① 钱锺书. 谈艺录（补订本）[M]. 香港：中华书局香港分局，1986：32–33.

人物的思想、性格和说话场合环境。代什么人的口吻，像什么人的性格，这是小说戏剧的要求，也是八股文的要求。

代圣贤立言，说的自然都是圣贤的话，也就没有了作者自己的看法，没有作者自己的个性。这是历来人们批判八股文的一个重要的论据。这种批评有一定的道理，但是，需要弄清的是，代圣贤立言只是一个笼统的说法。每一个人有每一个人的特点、身份语气，代什么人，说什么话，代圣贤立言，其实就是强调作者对人物性格、身份、心理的描摹和想象力。

代圣贤立言并不就表明所说的话全是圣贤的思想，也不说明一点没有个人的见解。如孔子的一句话，不同的作者可以从不同的角度出发，讲出这样一番大道理来，而且说出来各不相同，所以代言其实也是各抒己见。章学诚《与朱沧湄中翰论学书》中说："举业虽代圣贤立言，亦自抒其中之所见，诚能从于学问而以明道为指归，则本深而末愈茂，形大而声自宏。……制举之初意，本欲即文之一端以觇其人之本质。"清人江国霖《制义丛话序》云："要其取于心而注于手，出奇翻新，境最无穷，心之所造有浅深，故言之所指有远近；心之所蓄有多寡，故言之所含有广狭，皆各如其所读之书之分而止。吾故曰：制义虽代圣贤立言，实各言其心之所得者也。"①

代圣贤立言的一个基本的要求就是要肖题，所谓肖题，就是声口语气都要逼真。清人刘熙载云："肖题者，无所不肖也：肖其神，肖其气，肖其声，肖其貌，有题字处，切以肖之，无题字处，补以肖之。"（《艺概·经义概》）要做到肖题，代什么人像什么人，神、气、声、貌逼肖其人，那就必须对经书的大义要有融会贯通的功夫，要符合人物的性格，说话的背景，经文的语境和全章的章旨。这就比自说自话的古文难度大，要有很高的学识和想象力。代圣贤立言的本意无非是想避免那种单纯的记诵帖括、章句训诂之学，要求会通经书大义，能以自己的话来表达圣贤的意思。设身处地说话，比起一般的章句训诂的难度不但更大，文字表达的要求也更高。平心而论，代言比以前的墨义、帖括在方法上要更进步一点，因为在唐代或宋初的科举考试中，单纯默写经书或注疏的方法只能考察人的记忆力，而不能检验举子们的学识才情。同样，在经学上，训诂只重在弄通经书的字句，在客观上以传解经，并不重在主观上的体悟与认同。在汉唐的经学家中，注疏、正义与经文本身是离而为二的；八股文作为科举考试的文体，其目的

① 孔庆茂. 八股文史 [M]. 南京：凤凰出版社，2008：13.

不在于检验记诵学问，而在于对经义的体会与认识，故代言是将传注与经文二者合而为一。制义对经义的诠释是历史上独一无二的，可以说这是中国诠释学中很独特的一体。①

文学上最能充分体现代言特点的是戏曲，诗与古文虽偶有代言，但只是偶一为之，并不占突出的地位。小说中代言较多一些，最贴近人物口吻的则要算戏曲。所以清人阎若璩、吴乔、焦循将八股文比作元曲。八股文的代言，与戏剧有不少相通之处，明清人往往借戏曲说八股，以戏曲悟作文之法。

八股文写作大多是从“四书”中选择一句话或一段话为题，要求作文者“代古人语气为之”，所以八股文作者大多要“入口气”，即模仿古人的口吻，“设身处地，如我身实为此人，肖其口吻以为文”，如同演戏，要让古人站在舞台上现身说法。所以明人沈位说：“作文须设以身处其地，目击其事，体贴一段精神出来。如告君父，须写出忠君意思；如论事势，须写出厉害意思；如论小人，须写出巧媚隐伏意思；如论君子，须写出平易坦实意思。”清人戴名世说：“世之学者，从数千载之后而想象圣人之意，代为立言，而为之摹写精神，仿佛其语气，发皇其义理，若是者谓之经义。”清人袁枚也说：“古文者，自言其言；时文者，学人之言而为言。”

“设身处地”，这是代言的基本原则，用八股文的术语，就是讲究“体认”的工夫：“体认者，谓设以身，处其地，处其时，而体认其理也。”② 对此，明清时人多有高论，如：

“凡代一人说话，即欲肖一人之口吻。如圣人、贤人、狂士、隐士、权臣、佞臣，其口吻各有不同，作此题文，即欲设身处地，如我身实为此人。由此发为文字，无不入神入化矣。”

“我之心即千古圣贤之心，我于圣贤之言一一体会于心，想其光景，玩其趣味，务得其所以然之故。”③

正如何怀宏所言：我们又可将“代”比之于现代西方学者常常讨论的、是为当代一大课题的“identity”（认同、自居），此认同自然是向历史认同，向圣贤

---

① 孔庆茂. 八股文史 [M]. 南京：凤凰出版社，2008：13.

②［清］唐彪 . 读书作文谱 [M]. 长沙：岳麓书社，1989.

③ 郭英德. 中国古代文学与教育之关系研究 [M]. 北京：北京大学出版社，2012：242-247.

认同，一人自幼习举业，持久自居，始终认同，焉知“代者”与“被代”不会渐渐接近？又焉知假借既久不会成为己物？这大概也正是方苞所言“俾学者童而习之，日以义理浸灌其心，庶几学识可以渐开而心术群归于正也”的意思。[①]

由此看来，“代”也好，“揣摩”也好，“认同”也好，它们指的是同一种阅读方式，它们的功能是一致的，在促进学生经验的转化方面发挥了“桥梁”与“路径”的作用，学生正是通过这样的阅读方式而获得了文章中的写作经验。这可以说是一种“读”与“学”两个领域结合非常紧密的语文综合性学习。

三、揣摩的综合性训练方式

在具体操作上，古人有所谓“揣摩熟而变化生”的说法。即对文本的揣摩要达到充分“熟练”的程度，才能真正运用自如，应付各种不同的情境而解决问题。在教学中主要有以下途径：

（一）通过“猜”来建立学生与文本之间联系

章学诚在清漳书院任教师时曾经对学生做过调查，问学生已经读了几百篇文章了，能够以一当十而运用自如的有几篇？结果学生竟然一篇也没有。于是他提出读书要倡导“揣摩”之法，“揣摩”不在于多，而在于“简练”。他认为：“揣摩之说，本于苏秦，苏秦之所谓揣摩，则云得之简练。盖不练则不精，不简则终不能练。今欲揣摩而先不知简练，则揣摩固已不如法矣。”[②] 他进而指出，“揣摩”要讲求方法，对一篇文章的揣摩需要花时间和精力，有时往往“涉旬逾月之久，而始尽一篇之神妙也”。所以人一辈子几十年，真正能够达到揣摩效果的也就“五七十篇”而已。但这“五七十篇”却可以以一当十，足以应付读写方面的需要。真正揣摩到了这一步，那么“理解由斯浚凿，气机由斯鼓动”，读写能力都达到了较高的境界。

人们在理解“揣摩”一词含义的时候，常常是更为关注“摩”字，关注其“研究、琢磨”的这一面，而忽略了“揣”字的含义。按《说文解字》说法“揣，量也”，又说“度高曰揣”。可以看出，“揣”字的本义为“估量”，后来引申为“揣测、估量、推测”。所以“揣摩”本身就含有了“推测”或“猜测”的意思。

① 何怀宏. 选举社会及其终结——秦汉至晚清历史的一种社会学阐释 [M]. 北京：生活 · 读书 · 新知三联书店，1998：85.

② [清] 章学诚 . 清漳书院留别条训 [J]. 载王炳照等. 历代教育论著选评（下册）[C]. 武汉：湖北教育出版社，1994：1540.

章学诚充分关注了“揣摩”这方面的含义，并发挥其在读写结合中的教学功能，认为在引导学生揣摩课文的时候应该“盖必设身处地，一如未有其文，就题先为拟议，揣其何以构思布局、遣调行机、措辞练字，至于筹无遗计，而后徐阅其文，使之一字一句，皆从己心迎拒而去，不啻此心同其疾徐甘苦之致也”[①]。意思就是说，我们应让学生在看到题目之后，不要急着读下去，而是先在心里对课文的内容与写法进行一番“推测”，之后再逐项细细地读课文，与自己“猜”的内容加以比较。这样才可能真正揣摩到“一篇之神妙”，并能在写作上加以运用与创新，这就叫作“揣摩熟而变化生”。这实际就是一种促进学生经验转化的手段。

（二）不断改变“揣摩”的角度，使“熟文”变“生”

学生在揣摩学习时常常会遇到这样一种情况：一篇文章学生已经学过一遍了，对内容已经比较熟悉了，这时让学生继续揣摩，他们可能就会产生厌烦情绪，学习兴趣会下降，“熟而生厌”“于文之甘苦疾徐，固未尝有所入也”。这时就需要使用“陌生化”的策略，即章学诚提出的“熟文习之使生”的办法。每次引导学生用“猜”的办法揣摩一个角度，使学生围绕文章“转换无穷，即使万遍诵习，而揣摩光景，常如新脱于稿”，这就是所谓的“熟文习之使生”。章学诚认为一篇好文章至少有十个“揣摩”角度：“命意，一也；立句，二也；行机，三也；遣调，四也；分比变化，五也；虚实相生，六也；反正开合，七也；顿挫层次，八也；琢句，九也；练字，十也。”在阅读过程中不停地变换这些角度引导学生揣摩，可以让学生在熟悉的课文中不断获得新鲜感，学习新的知识，同时不断保持学习动机。这种办法，章学诚曾用盆中养鱼作比：

盖闻畜盆鱼者，惧其盆小而鱼生趣，则垒石水中，作为洞壑深邃之势，俾鱼环转其中，则天倪畅达，此则读文易意环求之道也。[②]

这个比喻用在创设学习活动情境方面是非常贴切的。学生正如盆中鱼，课堂如鱼盆，我们需要在课堂这个狭小的天地引导学生兴味盎然地学习语文，就需要

①［清］章学诚. 清漳书院留别条训 [J]. 载王炳照等. 历代教育论著选评（下册）[C]. 武汉：湖北教育出版社，1994：1540.

②［清］章学诚. 清漳书院留别条训 [J]. 载王炳照等. 历代教育论著选评（下册）[C]. 武汉：湖北教育出版社，1994：1540.

想方设法创造相对陌生化的、新颖的活动情境。这样“易意环求”的活动情境可以保持学生的学习动机，不断激发其学习积极性，引导学生对一篇课文进行深入的揣摩，从中获得阅读素养和写作素养。

（三）分类标注，“生文”变“熟”

章学诚有一句话：“文之熟者，习之使生；文之生者，习之使熟，举业之能事尽矣。”他认为“举业”的关键在于两个方面，一是熟文变生，二是生文变熟。只要做到了这两方面，就不愁举业不成功。“熟文变生”的策略我们在上文已经阐述过了，现在我们来看“生文变熟”的策略。

“生文变熟”的策略主要是针对“泛阅之文”，这类文章主要是学生自己去阅读的，相当于我们今天所谓“自读课文”和“课外阅读”这两类。章学诚指出这些文章由于数量很多，学生读得匆忙，而且看过之后，以后未必会再去阅读，因而其效果等同于未读。为了解决这个问题，他提出“分类摘求之法”。具体做法如下：

先立空册，标分类例，逐日所得，按款而登，历旬涉月之后，按册复阅，但阅标题，不啻全文如见。至于积既久，类例充盈，则纵横检覆，千态万状，俱会目前，虽曰生文，岂不常如熟习者乎？至于临文，而犹曰机构生疏，文境不能变化，天下必无之理也。①

意思就是准备一本空笔记本，把每天所阅读的文章或书籍按照内容分类罗列，十天或一个月之后，把整本笔记本所记下的内容浏览一遍，只要阅读这些标题，就会回想起所读的文章内容。这样日积月累，不停地循环浏览所记内容与标题，这些所阅读过的文章就会熟悉起来，虽然这些文章不一定会再去阅读，但其内容却会常常得到温习。当要写作时，这些内容就会自动激活运用到文章中。这就是“生文变熟”的综合性学习策略。

① ［清］章学诚. 清漳书院留别条训 [J]. 载王炳照等. 历代教育论著选评（下册）[C]. 武汉：湖北教育出版社，1994：1540.

第三章　国外语文综合性学习

许多国家语文课程中的综合性学习无论在理念、内容上，还是在学习活动的设计上都有许多值得我们借鉴的地方。

第一节　国外语文综合性学习的基本理念

国外许多国家的语文课程与教学采取的都是综合性的设计思路，从课程目标、课程内容、教材内容的设计到具体的教学内容与学习活动的组织，综合性与活动性是主旋律。我们综合各国的具体经验，可以看出国外关于综合性学习的几大基本理念：

一、语文学习诸领域是相辅相成的关系

世界各国的语文课程标准与教材编制都充分认识到语文学习领域中的听说读写之间的相辅相成的关系，因而在设计课程内容与教学活动的时候会更多地采取综合性的学习方式，而不是纯粹的单个学习领域的训练。

（一）语言艺术之间相互促进

加拿大把英语语言艺术分为听说、读写、视读与展示，英语语言艺术的目标是使每个学生通过在各种相关语境中听说、读写、视读和展示，更加自信、自如地运用这些语言艺术。这些语言艺术相辅相成，在某方面的提高会加强和提高其他语言艺术的能力。在英语语言艺术的学习结果中，这些语言艺术综合在一起。

例如，听和说的关系。通过听和说，人们交流思想、感情、经历、信息和观

点，学习理解自己和他人。听和说使学生在理解和整理自己经历和知识的同时，探索观点和概念。他们运用口语学习知识、解决问题、实现目标。

读和写是交流和学习的有力方式。读和写使学生拓展知识和语言运用、提高对自己和他人的认识，享受语言乐趣，实现自我价值。

视读及展示是当代生活中不可或缺的一部分。这些技能使学生掌握综合运用图像和语言以表达观点、价值观和观念的方式。视读是一个主动的过程，在这个过程中学生观看并理解各种视觉媒体，如电视、广告图像、电影、图表、符号、照片、录像、戏剧、图画、油画等。视读使学生获得信息，理解他人观点和经历。阅读涉及的理解过程，如浏览、预测、推论等，都可以运用于视读中。展示是学生能够通过各种媒体交流信息和观点，如录像、海报、图表、符号、视觉艺术、戏剧、滑稽剧和模特表演。①

韩国国语课程内容也强调了听说读写之间的关联：

> 在“听”的教学内容中强调：了解“听”和“读”的共同点和差异。
> 在“说”的教学内容中强调：了解“说”和“听”的共同点和差异。
> 在“读”的教学内容中强调：了解“读”和“写”的共同点和差异。
> 在“写”的教学内容中强调：了解“写”和“说”的共同点和差异。

从语言使用技能的综合活动角度看韩国国语课教科书，各有一个以上的综合单元，“听”和“说”的领域均与其他的领域合为综合单元。②

美国母语教育，阅读和写作教学捆在一起进行，叫作“literacy learning and teaching”（读写能力的学和教）。“literacy”，词义就是“知识和能力，特指阅读和写作的能力”。这个词，在汉语里没有一个与它完全相对应的词。在母语教学中，阅读和写作不可分，知识和技能不可分。阅读和写作教学叫作“literacy instruction” 或“literacy learning and teaching”。教学（instruction），包括学（learning）和教（teaching）两个方面，在词序的安排上，学在前，教在后，体现

---

① 加拿大阿尔伯特省 K-9 年级《英语语言艺术课程标准》，载洪宗礼，柳士镇，倪文锦．母语教材研究 6[C]. 南京：江苏教育出版社，2007：303–304.

②［韩］朴姬淑，朴衡佑等．韩国第 7 次教育课程中学国语教科书中的教育理念研究——以初中一年级“国语·生活国语”内容为中心，载洪宗礼，柳士镇，倪文锦．母语教材研究 8[C]. 南京：江苏教育出版社，2007：101.102.194.200.

在语言教学中，就是“以学生为主体，以教师为主导”的思想。①

美国的全语言教学法（Whole Language）注重语言学习的相关性、完整性、目的性，认为学好语言最好的办法不是把焦点集中在语言本身，而要集中在它所交流的意义上。在运用语言进行学习的过程中，语言会同时取得进步。学阅读不是只读课本，而要读生活中遇到的各种材料：标志牌、布告牌、商品包装、报刊杂志、故事、小说、电视指南等，都是学习材料。②

美国的综合英语教学法（Integrated English）则把听说读写一体化来教学。综合的意思是将所有各个部分都纳入同一整体，也就是说，将所有各个部分一体化。语言过程实际上是一体化的：孩子们进行听说读写是由于他们有此需要。听说读写都发生在他们探索周围世界的各种实物、事件、意见和经验的过程中。综合英语教学法坚持这样一种观点：语言教学应在同一个一体化的课程里，把口头语言能力和书面语言能力的培养综合在一起完成。综合英语教学法把听说读写一体化，齐头并进，在同一教学过程中完成。

综合英语教学法是美国教育家融合了认知心理学、儿童发展心理学、社会学、语言学、文艺理论等学科的研究成果，在研究小学阅读和写作教学的过程中产生的新观念和新方法。它的最重要的特点在于：再也不会把语言看作一系列互相孤立的技能，而是把它看作一个内涵极其丰富的整体。它首先由美国优化教育研究院提出，并得到美国国际发展协会的大力支持，现在已经在美国和世界各国得到广泛应用。因为它不仅适用于英语作为母语的教学，也适合于英语作为第二语言或外国语的教学。③

从各国的相关做法我们可以看到，重新认识语言艺术的各种形式之间的关系，明确各种形式的相互促进作用，这是设计语文综合性学习活动的基础。

（二）关注阅读与写作的“转化”

国外有很多国家在语文课程和教材设计中较为充分地关注阅读与写作之间的内在关联，以帮助学生在语文学习过程中实现阅读与写作的“转化”。例如，中美洲国家——哥斯达黎加，虽然是一个小国，但教育却相当发达。其《初中西班

①［美］谭大立，美国母语教育一瞥，载洪宗礼，柳士镇，倪文锦. 母语教材研究 8[C]. 南京：江苏教育出版社，2007：32

② 洪宗礼，柳士镇，倪文锦. 母语教材研究 8[C]. 南京：江苏教育出版社，2007：53-54.

③ 洪宗礼，柳士镇，倪文锦. 母语教材研究 8[C]. 南京：江苏教育出版社，2007：57.

牙语教学大纲》在“教学建议”中提出了从三个层次促进阅读与写作的共同发展：

一是“批评式写作和阅读”。强调教会学生如何思考，利用阅读所蕴含的巨大潜力，鼓励学生思考，开发学生的创造力，以利于他们认识世界和改造世界，培养其分析态度和批评精神。

二是“创造性写作和阅读”。在创造性写作和阅读活动中，读者必须试图解读出词句的多种含义，丰富和再创原文本，并结合自己的生活体验和想象，表达自己对原文本的理解。读者的阅读活动和作家的创作活动是一样地具有创造性的。阅读不能脱离文本，但也不能完全受制于原文本，这种行为包含着对已读文字的批判式认知、解释和“重写”等活动。

三是“活力写作和阅读”。活力写作和阅读的要义在于把原文本的内容（思想、形象等）在书面上转换成另外的表达方式，以此来增添原文本的活力，理解其深意。要以一种自由、开放的态度来接触文本。文本不是一个高高在上的不可更改的整体，而是一个开放的系统，要摆脱对文本的被动式阅读方式，以积极的态度去剖析它，然后变成自己的，再去享受它，从中提取经验，并按照自己的喜好和需要去改造它。

《初中西班牙语教学大纲》对阅读与写作之关系的认识集中体现在“使学生认识到阅读是用来制造其他文本的必要手段”[①]这句话，这是语文课程与教学中综合性学习设计与实施的重要理论基础。

南美洲的巴西在语文课程中也非常注重读与写的关联，例如，其《八年制小学葡萄牙语课程标准》就明确指出读和写是相辅相成的，二者紧密联系。然而，读得多的人并不能自动成为写作出色的人，只能说很有可能成为那样的人。教育的目的应该是培养具备相应写作能力的读者，所以读和写的关系也应该在这样的环境中被正确对待。阅读教学工作的目的在于培养有相应阅读能力的读者，随后培养有相应写作能力的人。阅读一方面给我们提供写作素材，另一方面可以向我们提供写作模式。[②]

① 哥斯达黎加初中西班牙语教学大纲，载洪宗礼，柳士镇，倪文锦. 母语教材研究 6[C]. 南京：江苏教育出版社，2007：405.

② 巴西八年制小学葡萄牙语课程标准，载洪宗礼，柳士镇，倪文锦. 母语教材研究 6[C]. 南京：江苏教育出版社，2007：430.

（三）口语能力对读写能力的发展也很重要

美国马萨诸塞州英语语言艺术课程标准认为，学生应该在课堂上有很多机会大声朗读。整个幼儿园和小学各年级阶段，教师应该对学生大声朗读，并引导学生进行有意义的讨论。当教师在课堂上大声朗读时，他们就是在示范对文学作品进行思考的各种策略，教授文学技巧，培养学生的阅读兴趣，提高学生欣赏文学作品语言和声音的能力。大声朗读对各年级学生都很重要。很多教师发现，大声朗读这一幕可以很好地说明主题、人物描写、人物观点等概念，因为大声朗读将听众带入文学语言的环境中。背诵诗歌、演说、或戏剧中的对白可以让学生更认真地听单词发出的声音和节奏顺序。儿童因为会背诵诗歌而将诗歌“变成”自己的，从而获得乐趣。反复朗读诗歌或演讲，通常能帮助学生发现只阅读一遍后并不能发现的深层含义。①

（四）反思性写作是语文综合性学习的重要手段

美国马萨诸塞州英语语言艺术课程标准指出反思性写作的重要性，认为非正式的反思写作是探索和弄懂所思考问题的非常有用的工具。这种写作不需要修改提高，这是介于思考和说话之间的一种形式。学生可以将非正式反思写作用于任何学科的学习，如评论观察内容、经历、课堂讨论或阅读内容。教师可以给出反思写作的范例，并给以指导，如“总结今天课上所学内容”或“对你昨晚所读内容进行提问”或“写出你对我刚才所读诗歌的感想”。很多教师用让学生用写日志的方式写反思作文，他们发现能流利地写作的学生可以从非正式写作中受益匪浅。由于写作能力的逐步提高，学生也变得自信，然后就可以重点关注正式作文中的要点了。②

二、以语文经验活动为核心设计综合性学习

活动的综合化是各国语文教学的发展趋势，语文综合性学习的设计注重以“经验活动”为核心，把每一项课程内容都置于听说读写等综合性活动中。

美国纽约州立大学和纽约州教委合作起草的《英语语言艺术资源指导》（English Language Arts Resource Guide）第二部分用了较大篇幅刊登了一些教师有

① 马萨诸塞州英语语言艺术课程标准介绍，载洪宗礼，柳士镇，倪文锦. 母语教材研究 6[C]. 南京：江苏教育出版社，2007：114–115.

② 马萨诸塞州英语语言艺术课程标准介绍，载洪宗礼，柳士镇，倪文锦. 母语教材研究 6[C]. 南京：江苏教育出版社，2007：121.

特色的教学计划和教学活动。这部分内容包括：报纸阅读（如何在英语语言艺术课上利用报刊阅读促进学生的语言学习）；评论小说与政治和自然世界（针对10年级学生，学生学习如何将环境问题和他们自己的生活相联系）；"分析作家"的论文（11年级学生，要求学生从教师给出的作家名单中任选一人，整个11年级在这门课上学习和研究该作家的作品，并在年终时写出关于这位作家的有深度的评论文章和调查报告，最后还要进行口头汇报。每周定期给学生机会和导师及其他同学讨论）；自传（7年级学生，学完其他人的自传后，尝试写自己的自传）；《瑞普·凡·温克》（2–3年级学生，阅读和听该故事，然后根据情节写成剧本，并组成3-5人小组，排练和演出该剧本）；比较人生（要求8年级学生合作将读过的人物传记故事合编成册，发现这些人物之间的联系）；诊断比较/对比文章（12年级学生写比较/对比小论文）；以社区为基础的研究学习（4–5年级的学生到社区实地调查，写出调查报告；该方法稍加修改后也可用于幼儿园至2年级或7–8年级学生）。①

第四部分介绍纽约州制定的学生学习标准。内容简洁，主要包括四个学习标准，每个学习标准下分为听读和说写两个内容，并描述小学、初中和高中毕业时在这些能力上应该达到的标准。这四个标准为：

标准1：学生进行获取信息和理解方面的听说读写活动。

标准2：学生将进行文学思考和表达方面的听说读写活动。

标准3：学生将进行批判性分析和评论方面的听说读写活动。

标准4：学生将进行社会交际方面的听说读写活动。

在为促进和深化这些学习活动而提供的"理解策略"中强调："通过各种活动，如写作、戏剧表演和口头发言等，表现对符合年级水平文章的理解。"②

由此可以看到，纽约州的课程标准设计经验活动是基于一种语言艺术（听说读写）综合性学习立场，每一单项经验的发展都要在"听说读写活动"的综合背景中进行。

① 纽约州立大学和纽约州教委合作起草的《英语语言艺术资源指导》，载洪宗礼，柳士镇，倪文锦. 母语教材研究6[C]. 南京：江苏教育出版社，2007：127–128.

② 纽约州立大学和纽约州教委合作起草的《英语语言艺术资源指导》，载洪宗礼，柳士镇，倪文锦. 母语教材研究6[C]. 南京：江苏教育出版社，2007：130.

加拿大的英语语言艺术课程目标是使所有学生能够理解、欣赏语言，针对各种交流、个人和学习环境自信、自如地运用这些语言艺术。为达成这些总目标，设计了五个总学习结果：

总学习结果1：学生将通过听说读写、视读和展示等活动，探索和发展思维、观点、情感，丰富经历。（具体分解为："发现和探索""理解和提高"两个部分。）

总学习结果2：学生将通过听说读写、视读和展示等活动，理解口语、印刷和其他媒体的语篇，并对这些语篇批判性地提出个人看法。（具体分解为：运用策略和线索、提出对语篇的看法、掌握形式、要素和技巧、创作语篇五个部分。）

总学习结果3：学生将通过听说读写、视读和展示等活动，处理观点和信息。（具体分解为：计划和焦点，选择和处理，组织、记录和评价，分享和修改完善。）

总学习结果4：学生将通过听说读写、视读和展示等活动，清楚、有效地交流。（具体分解为：帮助和提高、注意语言常规、发表和分享。）

总学习结果5：学生将通过听说读写、视读和展示等活动，尊重和支持他人、与他人合作。（尊重他人，增强集体意识，团队合作。）①

加拿大的语文课程把五个总的学习结果作为英语语言艺术课程学习的基石。总的学习结果是关于从幼儿园到12年级学生应该自信、自如地掌握的知识、技能和情感态度的一般描述。这些总的学习结果相互关联，相辅相成，每个学习结果都必须通过各种听说读写、看（视读）和展示等活动实现。

南非的语文课程标准认为，尽管听和说、读和视、写作和推理及语言、词汇和语法知识在各种语言学习结果中分别描述，但在教学和考核时应该综合起来。综合性的活动可以按下面的程序组织起来：

——听某种语篇（如描述采金或造纸过程的文章）；

——阅读和分析另一篇具有类似特点语篇的主要特点（如运用一般现在时、被动语态，"首先""其次""然后"等连接词）；

——组织并写出同样类型语篇的文章，并可在作文中运用流程图等视觉阅读

① 加拿大阿尔伯特省K-9年级《英语语言艺术课程标准》，载洪宗礼，柳士镇，倪文锦. 母语教材研究6[C]. 南京：江苏教育出版社，2007：303-304.

辅助手段。[①]

为了使“考核标准”更清楚，每个学习结果侧重不同的技能（听、说、读和视、写、思维和逻辑推理，语言结构和运用），然而，在语言学习中，这些技能应该综合于相互关联、目标明确的学习活动中。

爱穆特·霍裴认为，所谓“综合”，不应该被理解为无所不包，从语言学习的角度看，首要的是指：系统学习语法知识要结合课文、语境、语言功能和上下文进行，不可孤立学习。反之亦然。在文学阅读教学中，不但要训练说和写，还要引导学生对作品的语言特征、修辞手段和叙述方式进行识别、感知和学习。这种综合谓之“跨学习范围的综合”。所谓“综合性原则”应当被理解为：在处理作品内容时，要不失时机地考察和处理语言方面可能提供的学习要点。[②]

例如，德国供完全中学 7 年级使用的第七册教材《现代德语—7》共有 176 页，7 大章。第一大章用了 8 页篇幅，通过一个适合 7 年级的小专题（“洞穴探险”）的教学过程，促进小组学习和新生相互融合，激发学习兴趣。在题材方面，7 年级要处理几个专题，让学生认识我们这个世界。在语言学习方面，要培养对某些语言现象的整体形态和个别形态的识别能力（如报道、描述、虚拟式、句子类型、外来词等）。最后一章用 6 页篇幅安排了专题教学。在这里，同学们参与专题性学习活动，应用所学的语言知识和语言能力，完成学法习任务（“发现古老文化”）。首尾两大章之间安排了 5 大章：语法、正确书写、说写综合训练、语言实验园地和学习技巧。语法章用一页猜谜游戏切入，采用文字的陌生化表达和文字游戏引导学生进行语言实验，激发学习兴趣。通过对图画、语言的解码游戏以及肢体语言等的信息介绍和练习，促进学生对语言的了解和认识，还鼓励学生运用词源词典和计算机。教材已经注意到综合性原则，力求给学生创造尽可能多的学以致用的机会。

《现代德语—7》能对所学语言现象提供最丰富的同时也是最细致的描述，而且这种描述完全符合在学习论上被认为是有意义的“学用三步原则”：“呈现语用

① 南非中小学英语课程标准，载洪宗礼，柳士镇，倪文锦. 母语教材研究 6[C]. 南京：江苏教育出版社，2007：486.

② [德] 爱穆特·霍裴. 归于综合——如何在初中语文教材中实现综合性设计原则，载洪宗礼，柳士镇，倪文锦. 母语教材研究 8[C]. 南京：江苏教育出版社，2007：86–87.

情景，提出语言现象”；“系统描述所学的语言现象（纵然因学龄限制不可能是真正意义上的系统描述）”；“学以致用——学生将所学的语言知识用于完成其他学习任务”。此外，该教材将语法的概括性说明安排在练习过程当中，而不是放在书的末尾，这对于学习、巩固和记忆不无裨益。

教学中要明确区分“学习情景”和“成效情景”两个概念。在引入新内容时，就要学习，谓之“学习情景”；而在教材的另一处运用所学的内容时，就要看学以致用的效果，谓之“成效情景”。教材设计无疑应顾及这对关系，以促进学习的正迁移效果。一句话，教材设计——至少从科目（即语文）内部来看——归于综合，文学与语言的综合，任务范围与任务范围之间的跨范围性综合。①

这里可以看到德国语文教学的“综合性学习”观念，其综合都是以“语言能力”为轴心，始终都是围绕语言能力的发展来考虑综合性学习活动的设计。这样自然就保证了这种综合性学习的“语文性”。

三、语文学科的学习与其他学科的学习之间关系密切

法国的语文课程标准认为，法语是一个跨科目的课程，它帮助学生在各科目中发展不可或缺的能力。在 2 年级时，学生必须在法语和其他科目之间建立更为清晰的关系：

> 历史课与历史文化的关系；
> 公民法律和社会教育课与辩论活动的关系；
> 艺术课与体裁类型的关系，文化史与图像分析的关系；
> 古代语言课与体裁类型的关系，与文学文化史和词汇的关系，外语课与欧洲文化运动的关系。②

日本学者小泉秀夫、铃木秀一和加藤幸次等认为，“综合学习”不应局限于特定的学科或内容，即以新的学习内容领域的开发实践为目标，打破学科领域和界限，综合各领域的知识、技能开展学习和学习活动。加藤幸次把“综合学习”

---

①［德］爱穆特·霍裴，归于综合——如何在初中语文教材中实现综合性设计原则，载洪宗礼，柳士镇，倪文锦. 母语教材研究 8[C]. 南京：江苏教育出版社，2007：93

② 法国高级中学语文教学大纲，载洪宗礼，柳士镇，倪文锦. 母语教材研究 6[C]. 南京：江苏教育出版社，2007：211–212.

分成了以下五类:(1)“学科”综合学习，以学科内单元形式授课;(2)“合科”学习，综合两个科目内容授课;(3)“跨学科”综合学习，打破学科界限，综合多学科内容授课;(4)“主题”综合学习，对于某一事项，从学习者兴趣、关心的程度出发开展各种研究;(5)“兴趣、关心”综合学习，按照学习者的兴趣爱好自由选择学习与开展研究活动。

概括起来，日本学校的“综合学习”有如下特征:

(1)重视实际体验;
(2)重视学习与生活的结合;
(3)重视与自然、文化社区人士的接触;
(4)重视儿童主动地、自主地探索活动及其过程;
(5)综合学习内容具有发展性，能不断衍生其他各式各样的学习活动;
(6)整个学习过程都贯穿着中心主题;
(7)综合学习重视与他人的合作;
(8)充分给予学生发表展示的机会。①

日本学校的综合性学习经历三个阶段:

第一阶段的“综合专题研讨”，只局限于国际理解(就不同国家的文化、习惯以及国家之间的交流、对国际社会所做出的贡献等展开研究)、环境(就垃圾问题、水质污染、绿化问题开展研究)、社会福利(就高龄化社会、残疾人问题、保持健康等问题开展研究)三个领域开展研究活动，学生只能从以上三个领域中选取研究课题。

第二阶段的“综合专题研讨”，把探究活动渗透到各学科的教学中。学生根据自己的喜好、研究的方向和内容，自己选择指导教师，在指导教师的指导下自由设定主题开展研究。这一阶段的“综合学习”基本上是以个人研究的形式来开展的，但也认可小组研究的形式，学生们所选取的课题都是学科学习的延伸与拓展，如语文科的《方言的诞生》《日语来自何处》等。

第三个阶段，主要开展跨学科的探究活动。研究课题主要来源于学生的问题意识与他们对现实社会问题的观察与思考，尤其是结合他们所学习和生活区域所

① 罗朝猛.日本中小学“综合学习”管窥[J].上海教育科研，2003(3).

面临的热点问题与难点问题，各个年级围绕大的主题自主选择开展不同的研究活动，各学科围绕主题把相关的内容分解到各学科（与《学习指导要领》中规定的探究内容相关或吻合）教学时间内开展活动。以《未来都市》综合研讨主题为例，语文等 6 个学科共拿出了 19 课时来开展此综合研讨。比如，语文学科拿出 1 课时，要求学生写体验老年人生活后的感想文章。社会科拿出 3 课时，进行关于年金制度、健康制度的学习研讨。①

日本一些学科教育专家认为，综合学习并不是在现有学科范围之外进行的，综合学习如果无视学科逻辑，那么学校教育的结构将会崩溃。综合学习得以实质性的展开，必须充分理解综合学习的本质，并重新研究各门学科的教育目的和内容。

田近洵一从反省国语教育的学习目标和内容出发论述了学科教育与综合学习的关系。他认为：学科教育的重心应从文化传递转向自主学习。国语教育应该将培养自主学习能力（主体形成能力）的内容作为重点。自主学习能力的核心是以下两方面的能力：信息的接收和活用能力，对话和讨论的能力。前者表现为发现问题、收集和整理信息、确立并验证假设、形成认识、解决问题、最后重构并发布新信息的能力。后者是建立人际关系和表现自我的能力、通过理解和批判他人从而认识和改造自己的能力。这两种能力的重要性在于它们都是以语言为媒介。国语科必须从这两个角度来确定学习目标。

自主学习能力是综合性的能力，自主学习活动是具有综合性质的活动。自主学习能力是表现为对事物的关心和问题意识、有逻辑的思考力、多角度的探究能力和反省能力等多方面的、多角度的、综合性的能力。比如，学习“阅读”，学习者为了建立（形成）自己的“阅读”方式，就必须自己把握问题，从不同的角度进行研究，进一步改进自己的理解方式。这个活动不是用分析主义方法来讲授阅读的技能并使学生熟练掌握该技能，而是以学习者为主体的综合学习。

自主学习能力是通过发现问题，并发挥所有已习得的能力来解决问题养成的。它包含信息接收和活用的活动（即问题探究行为），以及对话和商议活动（即人际交往行为）。也就是说，自主学习活动是从多种角度通过查阅文献或实地调查或采访，并超越某种特定能力的习得、某种形式、某种观点、某个学科框架而自觉地、综合性地展开的。

综合学习从国语科的角度说，就是培养语言方面自主学习能力的教育，它包

① 罗朝猛. 日本中小学“综合学习”管窥 [J]. 上海教育科研，2003（3）.

含对话和商议活动（建立人际关系行为）以及一系列接受和活用信息的学习活动。无论是国语教育还是其他学科教育，从培养自主学习能力的角度说，都具有综合学习的性质。因此，综合学习不能被置于现有学科范围之外来考虑，必须纳入学科结构中。①

美国的语文课堂教学中教师常常利用其他学科的内容与方式来帮助学生学习文学作品。例如，通过戏剧演出等方式促进学生对文学作品的理解。邀请作家、插图画家、演员或导演到班上指导演出，或者请他们作为住校艺术家指导表演活动，可以帮助学生了解文学作品创作和演出的过程。听一些关于一篇文章、一本书、一部戏剧、一部电影或一个多媒体作品如何成型的“幕后故事”，同时这也是一种有效的职业教育形式。

通过艺术形式促进学生理解文学作品，将读写活动和艺术活动相结合的项目可以帮助学生集中精力思考所读作品的意义。例如，在全班同学阅读了莎士比亚的《罗密欧和朱丽叶》并学习了伊丽莎白时期的戏剧后，教师可以邀请一位喜欢绘画的 9 年级学生为可能将在“全球影院”上演的戏剧设计舞台背景，同时口头或书面解释他的设计理念。为了顺利完成任务，该学生必须认真阅读剧本和与之相关的其他文章，并将自己的想法用书面语和设计图表达出来。②

利用课文中的插图促进学生对作品的理解。学生可以通过看所读书中的插图预测意义，并讨论这些图画如何补充课文内容。③

四、利用多种方式发展学生的综合性学习能力

国外语文综合性学习常常是组合了语言、文学、多媒体等多种因素，动用各种不同的学习方式发展学生的综合性学习能力。

（一）“语篇”的重新定义

西方国家语文综合性学习的转型很大程度上得益于“语篇”的重新定义，突破了原来“纸质印刷”书面语篇局限，把“语篇”的形式拓展到口头、视觉等方面。因此，“语篇”不仅指印刷语篇形式，也指可供学生讨论、学习和分析的口

---

① 沈晓敏. 综合学习与学科教育——日本关于综合学习的不同倾向 [J]. 外国教育资料，1999（4）.

② 马萨诸塞州英语语言艺术课程标准介绍，载洪宗礼，柳士镇，倪文锦. 母语教材研究 6[C]. 南京：江苏教育出版社，2007：114–115.

③ 马萨诸塞州英语语言艺术课程标准介绍，载洪宗礼，柳士镇，倪文锦. 母语教材研究 6[C]. 南京：江苏教育出版社，2007：101.

语和视觉形式。此外，“语篇”也受其传播途径（电脑、电视、电台或书籍）的影响。在加拿大阿尔伯特省的学生需要学习六种语言艺术（听说读写、视读和展示）方面的知识、技能和策略来创作和理解这些语篇形式，并对这些语篇提出自己的看法。例如，高中学生在英语语言艺术课中学习的语篇包括文学作品和其他口语形式、印刷形式和多媒体形式语篇。学生也要用各种形式和媒体创作语篇。

“语篇”主要有口语语篇、印刷语篇、视觉语篇、多媒体语篇等类型：

口语语篇包括讲故事、演讲、讨论和交谈。通过创作和思考各种口语语篇并对这些语篇做出反应，学生获取和交流信息，建立与他人的关系，培养自信和自我理解能力。

印刷语篇包括书籍、期刊、杂志和报纸。学生既是作者，又是读者，他们需要阅读和创作不同形式的印刷语篇，并将印刷语篇用于不同目的。

视觉语篇包括图片、拼贴画、图表、舞台造型、滑稽剧和非言语交流。学生需要机会对视觉语篇进行创作练习，并学习对视觉语篇做出反应；要求学生认识、分析视觉语篇再现现实和影响语篇对象理解的各种方式，并对这些方式提出自己的看法。

多媒体语篇包括演示和口语呈现、录像和电影、图画故事和连环漫画、戏剧、舞蹈、因特网等。结合使用口语和视觉元素、印刷和口语元素或印刷和视觉元素等形式的语篇都是多媒体语篇。很多多媒体语篇综合运用三种元素——口语、印刷和视觉——实现语篇效果。[①]

建构语篇意义是高中英语语言艺术课程的基础。学生在学习口语、印刷、视觉和多媒体形式的语篇时，要运用各种策略确定语篇的意义——语篇作者呈现的内容。学生在学习新的语篇时，要调动已有知识。他们认识和分析语篇作者的目的和对象，考虑语篇和语境之间的相互作用。学生运用听力、阅读和视读技能辨别语篇作者使用的语气和风格。学生运用参考资料，包括他人的理解和解释，帮助自己形成对语篇的理解和解释。

① 加拿大《高中英语语言艺术课程标准结构》，载洪宗礼，柳士镇，倪文锦. 母语教材研究 6[C]. 南京：江苏教育出版社，2007：301–360.

学生还要运用各种策略理解语篇作者的技巧及语篇的形式——语篇作者创作的形式和作者采用的语篇要素、修辞手段和风格技巧等。通过学习各种口语、印刷、视觉和多媒体形式语篇，学生提高对语篇内容和形式之间关系的认识。他们要认识语篇形式、要素、手法和技巧传达的语篇效果，分析语篇形式、结构和媒介手段对语篇目的、对象和内容的影响。

学生要即兴对各种语篇的内容和语境、不同作者的创作技巧提出批判性的个人看法。学生通过将语篇与自己的经历、情感、价值观和观念比较对照发表个人看法。通过解释、评价观点、形式、手段和技巧等对语篇提出批判性分析。通过重现语篇描述的背景和情景，想象语篇中的人物等，对语篇进行创造性分析。通过运用创造性想象，学生综合各种观点，这些观点使他们更深入理解语篇内容，或改变他们的理解和视角，进而拓展他们对世界的认识。

（二）多媒体手段的运用

多媒体的运用使语文综合性学习突破了原有的线性结构的学习方式，使综合性学习的形式更加多样化。

在现代社会，电脑、电视、电影、录像和广播已经成为主要的交流方式。传统文本受制于语言的逻辑，基本上是线性的。文本的解释需要读者不断的、主动的智力参与。然而，电子媒体的制造者通常采用非线性结构形式。很多电子媒体以联想为特点、拼图式的，可以回避智力因素，直达阅览者或“使用者”的情感因素。因此，学生必须理解和分析这些新型的强大工具的特点。教师在教授印刷文本时，使学生掌握根据修辞和美学目的用词和创造形象。在教授电子媒体时，同样需要注意分析词汇和移动的图像、声音等手段。

电子媒体为教师带来的挑战可能是其产生的大量信息。例如，电脑可以向所有同时选择阅读、听或看同样资料的使用者输送信息。电子媒体的不断发展为我们提供很多资料。即使是初级电脑使用者也可以通过因特网找到图书馆的卡片目录、期刊文章的全文以及似乎是数不清的其他形式的资料。光碟技术使学生可以获得从整套百科全书到文学作品的全文或者科学报告的全文等各种资料。学生必须学会选择相关资料并进行整理，以及为解决问题而有效使用这些资料。

美国马萨诸塞州的英语语言艺术课程非常强调学生使用电子媒体的方法，例如，让几个 4 年级学生在教室里合作，用卡片和图板介绍他们最喜欢的书。6 年级学生用美国国立美术馆的多媒体光碟研究著名的艺术家，并下载艺术作品的照片用于电子文本的报告中。11 年级的学生分析三个版本的新闻事件报道：报纸头版、电视新闻、再现事件过程的纪录电影。这些学生主动积极地参与以多媒体为基础的学习中。通过将故事从印刷文本转换为电子媒体，以及分析同一内容的印刷文本和非印刷文本，学生可以发现各种媒体的优点和不足。①

第二节　国外以专题为形式的语文综合性学习

以专题为形式的语文综合性学习主要是指综合性学习活动是围绕一个专题进行的，这个专题包容性强，学习过程分步骤展开，课内与课外相衔接，有一个完整的学习与评价体系，学生通过调动语文学科诸领域各种各样的方式去完成相应的任务，达成综合性学习活动目标。国外以专题为形式设计的语文综合性学习活动主要有以下三种形态。

一、以言语实践活动为专题的综合性学习

言语实践活动是国外语文综合性学习专题的主要形式。英国非常注重这种专题形式的综合性设计。设计和编写综合性言语实践活动，是英国英语教科书的特点之一。在英国有各种版本的教科书，而不同版本的教科书都设计有综合性的言语实践专题活动。有的版本称为“特设项”（special），有的版本叫作“设计”（project），有的版本叫作“应用语言”（using word）。其中《牛津英语教程》在这个方面最为突出。这套教科书共有20个言语实践活动专题。这些综合性的言语实践活动形式多样，切合学生的生活经验，具有较强的操作性。例如：

（1）《街区》反映社区生活，学生将在一个为居民区送晨报的小姑娘的带领下，认识街区里20多个家庭，结识不同性别、年龄、职业和性格的居民。要求学生绘制他们住房的地图，写有关他们的故事，编一出戏剧，编一份地区小报等。

（2）《新产品上市》是围绕着新食品广告，向人们介绍健康的饮食习惯，批评有害食品造成的饮食危机，让学生了解如何做市场调查，召开新闻发布会，学

① 美国马萨诸塞州英语语言艺术课程标准介绍，载洪宗礼，柳士镇，倪文锦 . 母语教材研究 6[C]. 南京：江苏教育出版社，2007：125-126.

习做广告、写新闻稿，等等。

(3)《格列佛游记》取材于童话故事，是根据格列佛的著作《沉船纪事》中小人国的奇遇绘制的连环画，编者让学生在读画的基础上，以格列佛的身份去说故事，并进行续写，绘制图标，发表评论。

(4)《电视连续剧》以报纸著名文章的形式，批评进口的澳大利亚过长的电视连续剧，让学生对这种现象发表意见，把意见写给报纸，并选择了一段家庭系列剧让学生发表评论。

(5)《主题公园》是一项文化活动。中央郡国土委员会提交了一块公用土地，作为发展娱乐和休闲的场地，现在要征求主题公园的建筑计划。为此编者提供了公用土地的地图、主题公园样例等资料，要求学生讨论制订计划，并且在公开的质询听证会上陈述、答辩，而后写出报告书。

(6)《不同故事书的相同样式》意在引导学生了解图书文化。编者举出几种故事书来说明它们共有的护封、简介、封底、正文等要素，要求学生列表介绍和评论各种不同样式书籍的特点与风格。

(7)《死亡树》引导学生探究传统文学作品，编者介绍了杰弗里·乔叟和他的《坎特伯雷故事集》，并用连环画形式叙述了《宽恕者》这个故事。要求学生讲说和表演故事，并以中世纪和现代的眼光来评论这个故事。①

其中一个综合性言语实践活动是《新闻活动小试》。这是一项组织学生参与社会实践的综合性学习活动。活动情境说的是一个女学生看到一位老人因为上了年纪，不得不出售他的旧报亭，因而产生了组织同学进行“银色服务”的想法。于是他们展开了邀约志愿者、做广告、分派任务、接见应征者等一系列新闻和社会活动。下面是《新闻活动小试》设计样例：

《新闻活动小试》

(第一场景)

灵感主持人出场，他们身后的背景是一间即将出售的旧报亭。

主持人甲：这里是弗塞吉尔先生的老报亭，他已经70多岁了。我们把这件报亭打扫一下，按照我们的想象，把它整理得像一个家的样子。

① 洪宗礼，柳士镇，倪文锦. 母语教材研究 7[C]. 南京：江苏教育出版社，2007：45-47.

主持人乙:（倾听，表示同意）

主持人甲：那么，我们开始吧。我已经答应和几个同伴一起整理报纸的投递范围。虽然不能全部整理好，但要把报纸用户组织一下。

主持人乙:（拿着一张报纸用户名单，上面有姓名、地址、上午、下午等字样）

主持人甲：这张不连贯的表格，是老弗塞吉尔先生帮助我们整理出来的。他说，只有两个固定的人员帮他投递报纸，还有两个人是偶尔帮帮忙，而且他们当中没有人表示愿意继续做这件工作。不过，他至少也让我们找到了一些次序。

（第二场景）研究服务条件

主持人乙:（仔细地看一个红色的小笔记本）

主持人甲：在我们登广告之前，我们根本无法通知全部报纸订户。我想，这是一个主要问题。

学生 1：我想，起早的人应该得到奖励，例如工钱。

学生 2：我估计有不少人能够认识一些报纸订户。

学生 3：如果你想吸引人来，就得有些灵活性。

学生 4：更多的人是需要工钱和一个公平的环境。

> **问题设计：** 人们希望从什么时候开始？
> 投递报纸的一个轮值需要多少时间？
> 所有投递轮值的路程是否有相似长度？
> 遇到生病和节假日怎么办？
> 是否应该分别对待早晨和傍晚的值班？
> 早晨投递是否应该比周末投递有较高的工钱？
> 你计划担负几个轮值？
> 记住，你所做的是公益服务，但也应保持生活的必需。

（第三场景）如何做广告？

主持人甲:（手里拿着一张卡片）这是弗塞吉尔先生每次粘贴在报亭玻璃窗上招收送报孩子的卡片。它大概有 30 多年的历史了；其实，这样做是不合法的。

主持人乙：做广告时说什么，到哪里去登广告，这又是一个问题。

主持人乙：我想应该在布朗斯顿广播站做广告。虽然费用较多，但是可以使许多人很快知道。从钱上说，我们可以负担做3次20秒的广告，每次广播两遍。

学生1：我认为，开始的工作应该简单、便宜。

学生2：从长远看，一份好的首次广告是可以节省很多钱的。

学生3：让我们写下所有需要说明的事情。

学生4：广告应当简明。在人们提出申请后，我们还可以说很多。

（页面上列出小号、中号、大号三种不同类型的广告样式。其中大号广告上写着：紧急寻求，体验银色服务，男女雇员，由于繁忙需要征集新成员，良好的工作条件、优厚的工作报酬、通过布朗斯顿广播站的电话27956297联系我们，等等。）

> 做决定——在经过充分讨论后，做出决定：
> 在广告上花多少钱？
> 怎样去做广告？
> 你在广告上说些什么？
> 在广播中它的声音听上去应该是什么样？
> 在报纸上它看上去应该是什么样？

（第四场景）分配职务

主持人甲：好。我们做了广告并且得到了回应。现在必须分配职务了。（页面列出10幅应征人的画像和简介）

> **接见会谈：**我们对应聘人要公平，但是没有时间和每一个人谈话。在以下这些问题上，需要达成一个协议。
>
> 开展投递报纸轮值，我们需要什么类型的人？
>
> 在接见和交谈中，我们需要向应聘人询问哪些问题？
>
> 我们应该注意选择谁？
>
> 如果应聘人对问题都可以做出反应，我们最应该选聘的是谁？
>
> 为了吸纳我们想要聘用的人，我们是否应该考虑改变报纸投递值班的开价？

这是一项引导学生在现实生活中参与社会实践的活动，它要求学生以社区服务员的身份进行实际的投递报纸的活动。让学生在投递报纸的实践中，获得对自己、对他人、对社会的价值实现感。

综合性言语实践是母语课程和教学内容的组成元素之一，是母语课程和教学特有的过程，而不是一般的社会学课程、综合研究性课程。因此，这类活动自始至终都充满了言语实践。两个人的商议、几个人的交谈讨论，繁忙地接听应聘人员的电话，接见年龄、性别、经历、特长、需求各不相同的人，和陌生人会谈等，无疑会极大地促进学生们的口语交际能力。整理报纸用户的资料，了解广告文案的特点，设计和编写广告词等，又能够在实践中提高学生应对社会需求的多种阅读和写作能力。和这些特殊的言语实践活动一道成长必然是母语思维能力的发展和人格精神的锻炼。①

综合性言语实践是语文课程与教学内容的组成元素之一，就是说，我们的语文综合性学习是语文课程的一种取向，是一种视野。语文课程与教学可以通过综合性的方式来实施，“主题性”综合言语实践是一个元素，还有很多其他元素，可以有综合性的阅读教学，也可以有综合性的作文教学，还可以有综合性的口语交际教学。大到一个综合性实践问题的解决，小到一个“词语”的学习，都应该放在综合的视野中进行。这也就是语文课程标准中反复强调的“综合性”和“实践性”。

《牛津英语教程》中的综合性言语实践活动专题设计原则也给我们很多的启示：综合性言语实践活动超越了单一的知识观念，强调了学生在直接经验中学习的重要性。把学生从单一的“书本世界”里解放出来。用真实复杂的故事情境呈现问题，营造解决问题的环境，努力调动学生已有的生活经验，通过自身的观察、调查、了解等活动和相互交流，扩大他们的经验，深化他们对自身经验的体验，其目的在于引导和帮助学生在解决问题的过程中活化知识，变书本知识为解决问题的工具。这种做法极大地整合了课程资源，突破了一间教室和一本教科书的局限，真正体现了学生是教育的主体，是自我发展的主体。这是语文学习方式的根本转变。

个体的言语行为和技能是综合在一起发生和发展的。“在你应用英语工作的时候，说和听、读和写都在使用英语。例如，你读一首诗歌，在小组里讨论它；

① 洪宗礼，柳士镇，倪文锦. 母语教材研究 7：外国语文教材译介 [C]. 南京：江苏教育出版社，2007：53–56.

写出你对这首诗歌的反应，或者你也写一首同题诗歌。在读、写和讨论这三个领域里，正在协同应用英语。”这是学生学习方式的根本变革，转变传统教育所形成的单一、他主、被动的学习方式，提倡自主、探索、合作的学习方式。①

在设计言语实践活动专题时需要遵循一些基本原则。例如，南非中小学语文课程主张可以通过主题综合语言学习的方方面面，主题学习可以使学生建立和发展与该主题相关的词汇。经过认真选择的主题和话题可以提高学生的学习兴趣。教师应该：

——选择的话题和主题要让男学生和女学生、城市学生和农村学生都感兴趣，并能够使他们跨越不同点团结起来；

——选择与学生生活有关、能够推动他们进一步学习新知识的话题——如他们可以学习并了解关于其他国家及其文化的知识；

——选择与批判性和发展性学习结果相联系的主题和话题——如学生需要了解重要的人权和环境问题，如贫穷、艾滋病、土地权和消费。②

二、以掌握“研究方法”为专题的综合性学习活动

国外语文综合性学习活动很注重在学习过程中引导学生掌握研究方法。例如，美国课程标准要求学生高中毕业后，要有独立学习的能力，这样他们就能自己找到问题的答案，评估其他人的要求。要获得独立学习的能力，学生在学校期间需要有很多机会参与研究过程。所有学科的教师都有责任培养学生学习撰写研究论文的常用原则，系统教授调查研究的过程，并在学生写研究论文时给以适当帮助。学生要学习提出开放式研究问题，并用适当的方法回答这些问题。他们还要学会从不同途径获取信息：专家、观察、实验、图书馆、互联网等。学生要学会权衡已经找到的各种资料，推断出合理的结论。

与写作过程一样，没有一种研究过程是所有研究人员都必须运用的。然而，学生必须了解研究过程的所有环节：在图书馆做前期阅读或与他人讨论寻找感兴

① 洪宗礼，柳士镇，倪文锦. 母语教材研究 7：外国语文教材译介 [C]. 南京：江苏教育出版社，2007：56–60.

② 南非中小学英语课程标准，载洪宗礼，柳士镇，倪文锦. 母语教材研究 6[C]. 南京：江苏教育出版社，2007：487.

趣的话题，系统地收集资料，形成研究问题，然后在写草稿之前先概括他们发现的与研究问题相关的资料。在写研究报告的过程中，学生可能需要寻找更多资料，并不断改进研究内容。研究报告可以用多种形式写成——可以是正式的报告，也可以是给立法当局的一封信，或是一篇短篇小说。和所有作文一样，研究报告撰写时也要考虑适当的读者。[①]

加拿大也非常注重学生在综合性学习活动中掌握研究方法、提高研究能力。其《高中英语语言艺术课程标准结构》由五个总学习结果组成，其中“总学习结果3”的内容是“学生将通过听说读写、视和展示等活动，处理观点和信息”。以综合性学习活动的方式陈述学生处理观点和资料信息，完成调查或研究等活动。这些活动的要求包括与某些语篇对象的交流、考虑各种文学思想、收集细节资料，这些细节决定所创作语篇的真实性。其中对研究方法的陈述为：

为什么需要学习调查或进行研究
需要回答何种问题
需要何种类型的资料或信息
在何处查询资料
如何记录和组织所选资料
资料来源和收集的资料是否符合目的、对象和情境的要求
所选择资料来源是否规范和高质量

学生综合分析各种调查结果，并且在处理各种观点和信息的过程中，他们概括信息，得出结论。

学生将调查或研究结果用于各种目的，如学生的研究结果可以是一种新的认识和理解，这种认识和理解可用于以后的学习。研究结果也可以是用于语篇创作中的事实、例子等，这些常常可以引导学生形成进行深入研究的新问题。

随着学生在高中英语语言艺术课程学习中的不断进步，学生掌握处理观点和信息的各种策略。而且，学生评价自己和他人的调查或研究过程和结果，以改进调查或研究过程，思考以后再进行类似调查或研究可以采用的方法。

① 马萨诸塞州英语语言艺术课程标准介绍，载洪宗礼，柳士镇，倪文锦.母语教材研究6[C].南京：江苏教育出版社，2007：121.

学生学习这类“研究方法”的专题，掌握学习处理观点和信息的有效策略，与其他学习结果的学习是相互联系的：

学生探索各种观点，形成问题，制定研究过程的计划（总学习结果 1）。

当学生分析资料来源、查找各种观点、获取资料时，要理解语篇，对语篇提出自己的看法（总学习结果 2）。

在学生记录和组织他们找到的资料和其他材料时，要进行语篇创作（总学习结果 4）。

学生通常合作完成调查或研究任务（总学习结果 5）。①

法国从 2000 年开始在高中实施“有指导的个人研究活动”。教育部给这项活动的三个关键词下了定义：“研究活动”的内容应与教学大纲密切结合，为学生提供完成一件具体工作的机会，以达到丰富知识、发展能力、掌握方法的目的；突出“个人”，亦即由学生自己确定题目，利用多种资源，以个人或小组的形式开展工作；“有指导”，指在活动过程中，教师进行观察，指出可能出现的问题和困难，树立学生的信心和勇气，确保活动植根于学生自己的知识和能力之中。

为此，教育部规定了以下原则：给学生真正从事一件工作的机会，从设计到完成，要有详细记录；活动必须至少涉及两门学科；其成果可以是模型、诗词、报刊、资料、实验、录像、演出、网页和广告等任何一种形式；查找文献资料是必不可少的环节，以使学生找到最适合自己选题的内容和方法；评估针对全过程，而不仅仅是结果。

教育部为 2000 至 2001 学年活动的普及制定了选题参考，供各学校师生作为确定题目的框架，并且规定每两年调换其中的三分之一。例如，“文科”的参考选题如下：

边界：边界的物质状态，边界地区的管理，美国西部开发的神话与事实，边界在文学和电影作品中的表现，边界的消除，生与死的界限；

艺术、文学、政治：涉及时政的艺术家和作家，文学艺术生活的条件（对

① 加拿大《高中英语语言艺术课程标准结构》，载洪宗礼，柳士镇，倪文锦. 母语教材研究 6[C]. 南京：江苏教育出版社，2007：301–360.

象、资助、经费、文化政策），艺术及日常生活中的艺术选择，艺术审查；

战争：表现英雄主义的文学艺术类型及其演变，官方形式与非官方形式，未来的世界，战争与社会演化；

回忆：纪念活动的时间与地点，口头传说，考古发现，回忆与现实，回忆的艺术种类与形式，“印在心里的”文化占有；

蛮族：野蛮与文明，舞台上的野蛮与文明，用于描绘现在和未来的神话式过去，19 世纪对野蛮暴力的肯定表现；

城市：文学和电影中的城市与街区，幻想中的城市，城市与乡村，危险城市与奢侈城市的热点问题。①

通过提供一种主动的学习环境，让学生自己选择与实际密切相关的题目，这项活动关注并满足学生在智力方面的好奇心，培养其宽阔的视野、批评精神和实际生活十分需要的综合能力；在一种具体的实践活动中，调动学生多种学科的知识，帮助他们发现不同学科之间的联系和学校所授知识之间的协调性；让学生面对困难和谬误，努力去战胜它们；形成有益于以后学业乃至社会生活和职业生活的新能力，如自主性、合作精神、查阅资料的方法、说理和表达能力、探究习惯；学习常用工作方法，如查阅资料、选择并逐步确定题目、找到有用且可用的支持与手段、用图表显示、在规定时间内完成任务等。

三、以学习具体“作品”为专题的综合性学习

国外语文综合性学习还有一种围绕具体的“作品”为专题组织的综合性学习。例如，美国普兰蒂斯霍尔公司出版的《文学》（八年级）的短篇小说单元，就是以学习欧·亨利的小说《重获新生》作为整个综合性学习的线索，将其服务于“短篇小说”单元内“情节”中的“意外结局”这一文学特点。教材在阅读前提示和阅读后练习中将重要篇幅放在使学生认识“意外结局”这一文学创作技巧上。其综合性学习活动的主要过程如下：

（一）主动阅读

阅读短篇小说是一个主动过程，你必须用想象来重新组合故事中发生的事情，并理解其含义，你可以用以下主动阅读方法来做到这一点：

① 邢克超. 法国高中“有指导的个人研究活动”[J]. 比较教育研究，2002（7）.

提问 你在阅读时想到了哪些问题？例如，小说中的人物为什么那样做？事情发生的原因是什么？作者为什么要写进这个细节？在继续阅读的过程中，设法找到这些问题的答案。

想象 利用小说提供的细节想象小说所描写的画面。在阅读过程中，随着故事的展开和你对故事理解的加深，不断修改和丰富所想象的画面。利用想象画面的方法理清思维混乱部分。

预测 小说将如何发展？注意可能导致某种结局的线索，在继续阅读过程中，注意检验预测是否正确。

联想 将自己的经历和知识带入阅读中，将小说中的人物及场景和生活中相似的情景和人物相联系。另外，将小说中的一件事和另一件事相联系，看看小说中的这些片段是如何连结为一个整体。

思考 想一想小说的含义。小说对你来说有何种意义？你在阅读中经历了什么感情？小说对你认识周围的人和世界有什么帮助？

（二）阅读指导

欧·亨利（1862—1910），原名威廉·锡德·波特，生于北卡罗来纳州。年轻时做过记者、银行出纳员、法案文件起草人。他曾在得克萨斯州的奥斯汀、洪都拉斯、匹兹堡和纽约市住过。他甚至还在俄亥俄州的监狱待过三年时间，就是在那儿他听说了一个银行抢劫犯、一个专门撬窃保险箱的窃贼的故事。这两人就是《重获新生》的男主人公杰米·瓦伦廷的原型。

出人意料的结局

有时作者在故事的结尾会让你大吃一惊。出人意料的结局是故事在结尾时出现的意外转折，但意外的结局也必须是可信的。作者在故事中留有伏笔，但又不让人猜到这个结局。欧·亨利以写出人意料的结局见长。

学习重点

这篇小说题目是《重获新生》（A Retrieved Reformation）。和小组里其他同学一起查一下字典里“retrieved”和“reformation”是什么意思，并记下词义。基于你们对题目的理解，预测故事的内容。然后读小说，看看预测是否正确。

《重获新生》正文（略）

对作品的思考

想象

如果你是本普莱斯，面对杰米时你会怎么做？

回忆

瓦伦廷为什么进监狱？他为什么会得到赦免？

出狱后，瓦伦廷靠什么养活自己？

本为什么又开始寻找杰米？

故事从哪一部分开始瓦伦廷变成了另一个人？是什么引起了这样的变化？

瓦伦廷为什么又一次重操旧业？

理解

从故事中找出三个细节证明瓦伦廷真的改变了。

本为什么假装不认识杰米？

解释小说题目的含义。

运用

人们感到有很大变化时，就会提到生活中的转折点。人能够真正地改变吗？谈谈你的看法。

文学分析

出人意料的结局依赖于对主要矛盾意外的解决。为了使出人意料的结局可信，作者在整篇小说中留下一些线索支撑这种结尾。

1. 你原来觉得这个故事该怎样结尾？什么线索使你得出这样的结论？

2. 小说又是怎样结尾的呢？作者埋下了哪些伏笔？哪些伏笔顺利引出了故事结尾？

批判性思维和阅读

典故

典故是在一种文学形式中提及另一种文学形式中的人物、地点或事情，如文学、艺术、音乐、历史、绘画、神话。例如，欧·亨利写道："拉尔夫·斯潘塞，这只从杰米·瓦伦廷的灰烬——被突然降临，足以让人改变的爱的撞击而产生的火焰焚烧后的灰烬中——升起的火凤凰，在艾尔摩住下，并且开始腾达。"火凤凰是神话中生活在阿拉伯荒漠中的鸟，每500年到600年便会自焚，并在灰烬中获得新生。

瓦伦廷在哪些方面像火凤凰？

这个典故是怎样帮你预测瓦伦廷已经真正变成拉尔夫·斯潘塞的？

思考和写作

写出结尾出人意料的故事

作家兼评论家斯蒂芬·李科克，曾经这样评论欧·亨利："没有人能像他这样紧紧抓住读者。读者甚至根本不知道自己已经被紧紧抓住。可以说，直到故事最后，欧·亨利点亮一盏灯，这时故事才作为整体显露出来。"和同学一起讨论李科克的话，然后写一篇文章，引用小说中的例子谈谈你是否同意这个评论，并说说理由。修改文章，使阐述的理由有逻辑有条理。最后再校对一遍，使句子结构、拼写和标点符号使用正确。

学习选择

艺术 和同学组成小组，用漫画形式讲述杰米·瓦伦廷的故事。和同学合作画卡通画并配上标题，描述故事主要情节。让全班同学欣赏你们完成的漫画。

写作 重写《重获新生》的结尾，让本·普莱斯和杰米·瓦伦廷相认。后来会怎么发展？杰米会进监狱吗？安娜贝尔·亚当斯又会怎么做？她会原谅未婚夫以前是个罪犯吗？①

在这个专题中，设计者把小说解读的相关方法引入学习过程中，促进学生对小说的理解。在阅读学习活动中安排了"写作"，分别安排了两种形式的写作活动，一是评论性的文字，培养学生的批判性思维和深度思考的能力，二是重写故事结尾。不仅体现了读与写的综合，还体现了其他形式如漫画与阅读经验的整合。

第三节　国外其他形式的语文综合性学习

世界各国的语文综合性学习除了专题形式之外，还有许多其他形式，这些形式大多是融入语文教学的过程中，旨在促进学生转变学习方式、提高语文基本素养，对改进语文课程结构、增强语文课程活力发挥了重要作用。

---

① 洪宗礼，柳士镇，倪文锦. 母语教材研究 7：外国语文教材译介 [C]. 南京：江苏教育出版社，2007：80–87.

一、写作教学中的综合性学习

很多国家的写作教学采取的是一种综合性的学习设计，主要目标是写作学习的，但在教学过程中结合了读、听、说甚至其他非语文学习领域的内容。

例如，为帮助学生打开写作思路，德国高中教材《德语 · 思索》中的《关于自我的信息——寻找文思》设计了很多综合性活动。[①]

1.“敲击词语”练习

方法说明：

小组里每个人手拿一支铅笔和一张纸，游戏时不准说话，这要约法三章。由一名小组成员敲击一下桌面，其他小组成员立即写下各自脑海中刚才出现的单词。再敲一次桌面，各人再写下在脑海中新浮现的下一个单词。如此多次敲击，多次记录单词。敲击次数的多少视小组人数而定。几分钟之后，各人都已写下若干单词。这就是所谓的“敲击单词”，一般不应超过 10—12 个单词。

请您在 10—15 分钟内用自己记下的所有单词写一篇短文，或者写一个句子，或者，如果愿意的话，可以与其他小组成员交换所记下的单词表，用别人的单词撰写短文或句子。

接着朗读各自的短文或句子，并交流这种即兴写作的体会。

2. 学习网式联想思维

请您拿一张纸，在纸的中央写一个词，或一句话，或任何您感兴趣的内容，将这个核心词 / 句 / 表达画上圆圈。给自己确定大约 5 分钟的练习时间，让自己的思想自由驰骋，记下所有您认为与此有关联的词语，然后用线条将内容相关的词语连接起来，如果脑子里又有新内容出现，那就照此办理，思索、记录、连线。借用这种网式联想思维，您就可以动笔撰写文章了，语体由您自己决定。

在班上互相介绍运用网式联想思维的学习体会。

这种练习方式也可在小组中进行，需要注意的是，要有一张足够大的纸，把纸放在小组中间，以便每个小组成员都能在纸上记下各自的思索结果。练习时不准讲话。

① 洪宗礼，柳士镇，倪文锦. 母语教材研究 7：外国语文教材译介 [C]. 南京：江苏教育出版社，2007：253-262.

3. 从自己的故事中寻找素材

我回忆……

Jurgen Dahl　著

对那个世纪的回忆——回忆遇见、场景、声音、气味和恐惧，回忆世纪的图像拼接在一起所带来的欢乐。

我回忆父亲工作室里松节油的香味。

我回忆我的第一台显微镜。小小的，相当旧了，是铜质的。这是亨利西叔叔送给我的礼物。我把它放在自己的床旁边。夜里经常把灯打开，看它还在不在那儿。

我回忆有轨电车售票员海因利西，回忆他右手食指上的橡皮套，套上还有扣结儿。每次他从票叠上撕下票子，然后打洞。

我回忆露天游泳池，回忆那位总是板着脸的泳池管家的管束。即使冬天到我家地下室抄煤气表，也不摆下他那副权威架子，这是我亲眼看见的。

阅读理解：文章中“我”的叙述与他回忆所提供的信息之间有什么关联？

写作任务：采用 Dahl 的写作模式，勾勒您对童年的回忆，尽可能将当时历史事件反映出来，为此可参考有关历史书。

4. 专题活动

现场写作——将日常观察内容虚构化

活动主题和要求：此次活动的主题是环境，要求参加者用笔墨对周围的环境做出反应。为此可以采用多种方法收集素材，可以尝试多种写作形式，还可以配上图片。

在班里商定一处大家愿意写作的地方，如一幢大楼、一条街道或者一个广场。写作任务要有明确分工，如有必要可以将分工情况印发给每个人。要求保证每个人都能有三种不同方式从事材料收集、整理和动笔。也可以从本单元教学中摄取有关信息。

两点提示：

提示一：阅读漫步。亲自到要写作的地方去走一走，注意观察那里一切可供阅读的东西，如路牌、墙上的涂画和文字、广告牌等，并做好记录。

提示二：学习用陌生的眼光去观察。选择一块便于观察的地方。设想一下，您此时是一只蚂蚁、一只鸟、一个地球之外的生物或者一个展览橱窗或者其他什么的。你可以从这个陌生体的视角去观察。

把收集的材料按照所分工的任务进行整理。为了修改草稿，可以举办一次写作讨论会。会上分若干小组，将各自的初稿贴到一张大纸上。每个人可以在讨论纸上贴两条建议和意见，比如："这一点我特别喜欢。"或者"我建议这个地方做如下改动。"各组在讨论的基础上对初稿做进一步修改。

文章定稿以后再配上一些图片，装订成册，就成了一本关于这个地方的小书。另外，还可以将这些文章拿到朗读会上宣读，若再放一些幻灯片，那就更加形象生动了。

在这个写作教学单元中，为了促进学生"寻找文思"，一共安排了四项具有特色的综合性活动，通过这些活动激活学生已有的生活经验和写作经验，进而可以较好地帮助学生从自我的经验与信息中获得写作的灵感和创意。

二、阅读教学中的综合性学习

国外很多国家的阅读教学也是从综合性学习的角度加以设计的，设计了多种多样的方式，让学生在更丰富的情境中提高语文素养。

（一）把语言训练、写作训练融合到阅读训练之中

美国高中语文教材的编写意向是实现综合化，促进学生语文学习的全面整合和内化，提高学生理解的全面性和深刻性，使之对自我、社会和自然具有比较深入的整体认识。

美国高中语文教材无论语言还是文学，阅读还是写作，课文还是训练，都重视学科内的各个部分以及学科外的不同学科之间的沟通与融合，注意加强与社会发展、科技进步的联系，以适应社会对于未来公民和学生自我发展的需要。

如霍尔特·兰尼哈特·维斯顿出版社的《文学基础课程》，在第四册"非虚构作品"部分，用短文的形式分别介绍了"文学和历史""文学和音乐""文学和新闻""文学和社会学"等方面的内容，特别是在"文学和社会学"一文中，提出了"孩子和电视暴力"的问题。这种做法，拉近了文学与其他学科、生活的距离，引导学生关注社会，贴近生活。

在语文学科内，处理语言与文学、阅读与交流（写作、口语交际）、文本（课文）与训练（语文知识、技能的应用）三个维度时，教材的编写者注意各个维度之间的交织和融合。各种语文因子紧紧地围绕语文要实现人本化这一基本功

能进行综合。在语文分科教材里，语言（美国指语法）教材中有大量的文学作品的阅读材料，文学中也有语法知识的材料和语法训练的材料，实现语言与文学、阅读与写作的一体化。美国的科斯特出版公司的高中母语教材《语言》和麦克多戈·力特尔出版公司的高中《英语》，都把语言训练、写作训练融合到阅读训练之中了。

对于阅读指导，美国高中语文教科书常常采用“与文本对话”的方式，下面是霍尔特·兰尼哈特·维斯顿出版社的《文学基础课程》第四册的一篇《阅读技巧和策略》：①

阅读技巧和策略

你们站在那里互相看看，彼此希望对方做些什么？在寒流中发生了什么？

阅读感想

后面的笔记是一位初读者（一个女孩子）的思考。你初读时用纸把它盖上，把自己的想法写在笔记本上，然后把你的感想和她的相比较。

一个下着冻雨的冬天。当人们看见外面世界冰晶闪亮时，都说“太美了”。但是冰冷的雨一直下着。树枝像玻璃一般发着寒光，然后又像玻璃一般破碎。窗上的冰冻越结越厚，以致窗外的世界一片模糊。农夫们将他们的牲畜赶进了谷仓，大多数的动物都平安过冬，但是很多雏鸡未能幸免，它们的眼睛被冻得睁不开。

一些农夫手拿木棒滑冰到路边小沟中捡拾那些孤立无助的雏鸡，孩子们也跑进冰冷的雨水中找雏鸡。他们发现沿着栅栏黑乎乎的几点，显然是雏鸡，它们五六只凑在一起。孩子们滑过去，试图不踩碎雪上结的一层薄冰。他们滑向雏鸡，雏鸡仍把头夹在翅膀中间，缩成一团，找到它们别提有多容易了。

阅读感想

这个冬天为什么有这种现象？

我喜欢这种现象。

雏鸡不得不做什么？

眼睛冻得闭起来了，形成一道风景。

哦，这里又是雏鸡，我们不懂这是什么原因。

① ［美］格雷森·罗兰. 美国高中语文教材评介 [J]. 载洪宗礼，柳士镇，倪文锦 . 母语教材研究 8[C]. 南京：江苏教育出版社，2007：20–24.

那些孩子是什么人？是叙述者的朋友？是旁观者，还是参与者？

孩子们静静地站在冰冷的雨中，他们呼出的气像慢慢喷出的蒸汽，雏鸡的呼气是微弱的，轻而且很快消失的白气。一些雏鸡抬起头两旁探视，但是由于冰冷迷糊了眼睛而不能觉察。孩子们除了他们自身外，没有带棍棒、麻袋之类的东西。他们俯在雏鸡上，相互看来看去，希望他人告诉自己该做些什么事情，在闪着冰光的雨中，或是去抓雏鸡，或是吆喝，发出“砰”的一声之类的事情。有刺的铁丝网围栏、围栏柱、无茎的草，甚至草籽都被覆盖在冰雪之中，草籽像小的卵裹在白色的蛋白之中，雏鸡看起来像未出壳的小鸟置身于蛋壳之中。冰使孩子的帽子和外套渐渐变硬，不一会儿，他们就被包裹在冰中了。

一个男孩子“嘘”了一声，他脱下外套，当手伸出袖子时，一层薄冰便裂成碎片。但是在外套里面仍是干燥温暖的。他把衣服盖在两只蜷伏的雏鸡身上，其他孩子也照样做了。他们覆盖了所有无助的雏鸡，小的灰色的母雏鸡，大的棕色的公雏鸡。此刻他们感到雨水淋透了他们的衬衣，寒气逼人。他们步履不稳地穿过滑溜的田野，向着灯光模糊的房子跑去，冰晶粘在他们的皮肤上。

阅读感想

这些孩子是矛盾的，他们不想杀雏鸡吗？他们为什么不带工具呢？

哦！我明白了！

哦，这不是我想到的。这个结局比杀雏鸡好。这不现实，但是有感染力！

教科书编者不是像某些文学作品分析和阐释学教程那样把结论告诉读者，而是要他们自己去领略。故事写了一半，提出了一些问题，要读者想下去。悬念的设置有其合理性，学生读作品的时候，一次次向自己发问，一次次在作品中找到合乎情理的解释。

教科书的编者所提供的与文本交流的答案，揭示了这个女孩子读懂了作品，她明白了孩子们到栅栏边去的初衷并不是救助那些可怜的小生灵，也未必是要捕捉这些小生灵。他们为什么不带工具呢？脱下衣服去帮助雏鸡御寒，太难想象了。女孩认为：“哦，这不是我想到的。这个结局比孩子杀雏鸡好，这不现实，但是有感染力！”证明她领会到了悬念的作用和作品主题的积极意义。

除了语文学科内的各个部分、各个因素的整合之外，美国高中语文教材注意与其他学科的沟通，实现跨学科沟通和语文学科本身的边缘化。在课文选取方面，力求文体样式丰富多彩，能融合多学科、多领域的知识。

美国近年比较流行主题教学，这就是指几个学科共同定下一个主题以后，共同备课，各科都围绕这个主题进行教学。比如，定下“第二次世界大战”这个主题以后，语文课就指导阅读反映二战的作品，观摩反映二战的电影。科学、社会、数学都相继地进行有关这一方面内容的教育。

在语文训练方面，美国高中语文教材既注意到学科内的听说读写的整合，也注意到多学科、多领域之间的各种能力的综合应用。美国高中语文教材除了常规的写作训练外，还指导学生电脑操作，如制作网页、课件等。

（二）“阅读知识的学习”的综合性学习活动

阅读知识的学习通过综合性的学习活动来实施。例如，英国莱兹教育出版公司《英语》的“阅读”部分中的第一单元题目是“怎样做一个好读者”。在这一单元里，编者向学生说明了阅读的基本要素，并且介绍了四种“阅读类型”，即“寻读”（scanning）、略读（skimming）、精读（intensively）、消遣性阅读（recreational）。在这个单元结束的时候，编者说：“现在你已经知道了阅读有不同的方式和方法，让我们去阅读下面各种样式的材料。”而后就开始了“阅读故事和短篇小说”单元。

阅读故事和短篇小说①

1. 故事叙述人的决策（一）

一篇故事可能有四种开头方式：

（1）（正文略）

（2）（正文略）

（3）（正文略）

（4）（正文略）

现在，你已经读过了这些不同的开头，你会看出故事叙述人必须做出一些决策。例如，采取什么视点？用什么形式？在你阅读下面的故事和短篇小说时，我们将帮助你找出他们的决定。不精细地阅读小说的细节，就不可能分享小说的乐

① 洪宗礼，柳士镇，倪文锦. 母语教材研究 7：外国语文教材译介 [C]. 南京：江苏教育出版社，2007：13.

趣。讨论小说细节的目的是，第一，引起你对小说采取的主要表述方式的兴趣（这可能有助于你写自己的作品）；第二，在读一本书开始部分的时候帮助你，因为你也许想要放弃它。最后，小说或故事的开端是最重要和最困难的部分。挑选一本书要花费多少时间？在读进去之前，你要拿起、放下多少遍？一旦选好，就不要停止阅读！

做下面的两个练习（练习略），它们将告诉你故事叙述人能以不同的方式讲述同一个故事，以及这些方式是怎样影响读者对情节和人物的看法。

2. 故事叙述人的决策（二）

故事叙述人最重要的决策之一就是必须确定视点：他将如何呈现和讲说故事。回顾选文（1）和（2），你能发现它们之间最主要的不同吗？选文（1）是由一个知道所有事情的叙述人写的。他既了解简，也了解罗格夫人，她们二人的思想和活动都被叙述和描写出来。选文（2）却不能提供有关罗格夫人的任何想法，因为它是从简的视点来写的。

如果故事叙述人的视点是通晓所有的事情，如同选文（1）那样，那么，他的叙述就呈现跳跃状态：可以从巴黎一个十几岁的女孩，到新加坡的一个老人；从一个大城市正在逛街的顽童，跳到沿着城市的小路、用学步车推着幼儿的母亲。因此，我们经常用“无所不知”来称谓这样的作者。

当作者决定以故事中的一个角色的身份来叙述，如同选文（2），那么他能讲述的事情就有一定的限制了。他只能直接写出一个角色的思想、感情、行动、记忆等，其中每一件事情都得来自与这个角色有关的会话、书信、电话。我们把这类故事叫作“第一人称叙事”。

选文（1）和（2）是最普通的故事叙述人所采用的方式。然而，选文（3）和（4）又显示了两种更深层的叙述方式。选文（3）用书信形式，有些小说已经全部采用书信形式了。

活动：思考用书信的方式来继续简的故事。简的父母如何给校长肖先生回信？简的妈妈如何给简的姑母写信？简怎样给奶奶写信？

活动：写简进入 10 月 5 日的日记

10 月 5 日

10 月 6 日

3. 实践练习

阅读下面的故事，发现作者选择的视点。

《挖空了的土地》的开头：我是贝尔梯斯代尔，我是一个男孩，今年8岁。我家住在一个山谷下……（正文略）

从《挖空了的土地》的开头，你能想到这个故事要说什么吗？你能找到什么线索？去找这本书阅读，证实你已有的某些合理的猜想。

《夏洛的网》（正文略）

《夏洛的网》是一个非常流行的故事，你以前可能已经知道了。但你是否想过：弗恩和她父亲的对话，最合理的结果是什么？

现在你要练习应用这些选文。从你的书架上或图书馆里找三四本你最喜欢的小说，注意看开头的几页，思考每一本书的作者决定采用什么视点。

在下面的空白处写出你的答案。

书名：

作者的视点：

书名：

作者的视点：

本单元的教学目的是让学生了解以故事和短篇小说为代表的叙事作品的基本知识，并且能在具体的选文中初步辨识和应用这些知识。因此，单元中的写作练习也围绕着这个目的安排。三项以“活动”（action）为题目的写作：用信件的方式叙述简的故事；为简续写两天日记；学会写读书笔记。在母语实践和教学中，听说读写四项活动本是浑然一体，不可分离的。但是，在具体的教科书编写中，又必然有所分立，有所侧重。本单元明显地是以阅读为主，以写作为辅。因为三项写作活动的目的仍然没有偏离理解有关“叙述人”的知识。换言之，在本单元里，写作活动的目的不是为了让学生一下子就学会写信件、写日记、写读书笔记，而是继续深入领会和体验“叙述人”这项知识。

三、读写结合的综合性训练

福曼（Folman，1988）、简诺泡罗斯（Janopoulos，1986）、约翰逊（Johnson，1986）、萨里（Sarig，1988）等人都认为，阅读和写作这两种行为具有共同的心理过程，读者从篇章中理解作者的意思，作者利用篇章表达意思。

在新加坡，有人主张利用完形作为从阅读到写作的引导工具。完形（Cloze）是美国心理学家泰勒（W.L.Taylor）于 1953 年首创的一种检定篇章难易度和测验阅读理解的工具。后来琼斯马（Jongsma，1980）对完形练习进行了深入研究，发现完形也可以作为教学上有效的引导工具。作为引导工具的完形，很像传统的填充练习题，编制者从教学目标出发，编制各种各样“残缺不全”的篇章，以刺激学生思考，把它变成一篇完整的文章。完形练习以篇章出现，学生就扮演读者兼作者的角色。在填写空白之前，是阅读；填写时，是写作。因此包含了阅读和写作技巧的训练（某项或某几项）。这种训练是以篇章为基础的，而不是孤立的单项训练。

一个篇章可以从不同的目标出发，设计成几种不同的完形练习。例如：

A. 若要训练学生注意语意线索，则删除关键性的实词或具有实词性的内容的词组或句子。

B. 若要训练学生把注意力集中在句子的结构上，则删除虚词。

C. 若要训练学生把注意力集中在篇章的结构上以培养相应的写作能力，则删除某一段或某几段，或删除具有过渡作用的段落、句子、关联词语，或删除含有照应作用的开头、结尾、题目，等等。

D. 若要训练学生的写作语言，则删除某些词句。重要的一点，要提出填空的具体要求。譬如说，在空白的直线下边注明：“这里填一个成语”或“这里填一个句子以描写大海和天空这时的色彩。”

利用完形练习来发展读写技能时，学生所填写的答案正确与否不是最重要的，最重要的是他们的“阅读 / 写作思考过程”。无论是以个别还是小组讨论形式进行完形练习，凡是与原文不同的答案，只要是合理的，都应该接受并加以鼓励，这样学生会敢于说出自己的答案。不管学生的答案对错，都要给出理由，通过他们的解释，教师就可以了解他们的“阅读 / 写作思考过程”。

完形练习能同时训练学生的读写技能，准备起来省时省事。对于认读能力强而理解能力差的学生以及写作词汇丰富而审题命题、布局谋篇能力差的学生而言，非常适用。利用完形练习来发展读写技能，含有读什么文体什么结构的篇章，就写什么文体什么结构的篇章之意味。经过一系列练习后，学生会从中领悟文章结构组织的法则。这种从练习中得来的文章学知识，对学生以后的阅读和写作有促进的作用。①

另一种比“完形练习”更复杂的综合性学习形式是“不完满文本的呈现形式”。例如，莱兹教育出版公司第 3 学段教科书《成功英语》中的经典著作阅读专题就设计了这种形式的综合性学习活动。②

“不完满文本”，是相对于绝对完整的文本而言的。长期以来，我们已经习惯于在母语教科书中看到一篇篇完整的文章或文学作品。但是“莎士比亚”这个经典阅读单元却没有呈现出某一剧本完整的一幕或其中的一个完整的选场；教科书编者只在若干经典剧本中节选了若干诗行，形成东鳞西爪、掐头去尾的现象。这种方式在组织综合性学习活动方面具有以下几方面的优点：

首先，不完满文本会督促学生和教师更积极主动地去完善、填补剧目的选幕或选场，以便于理解剧本的完整意义以及在完整的戏剧情境中进行体验。不完满本文形式，必将迫使师生去充分利用和开发有关的课程资源。因此，不完满文本可能是一种融教本与学本功能于一体的、更具有对话性质的文本。

其次，完美的文本往往让学生读完就完，学生没有进行再度思索、玩味和批判的必要和可能。不完满的文本形式则更容易造成学生与学习任务之间的紧张关系和不平衡心理，往往会使学生产生急切的阅读期待和千差万别的猜测。因此，学生的学习动机在事实上得到了强化，学生就能够真正处于自主的学习状态。实质上，不完满文本蕴涵着一个多元理解的趋向，为学生的多元反应提供了可靠的文本保障。

再次，呈现不完满的文本，是对“以知识为本位”的教材编写观念的扬弃。完满的文本往往导致“教师教教科书，学生学教科书”的行为模式，它重视阐释文本而轻视学生的学习和发展。不完满文本的编辑思想和编辑技术将引导课程和教学从“忠实的实施取向”转向“创生取向”。

四、说与读的综合性学习

国外有一种把“说”与“读”综合在一起进行教学的设计，旨在通过这样一种方式，同时促进说与读的能力。例如，丹麦语教材《丹麦语时光——打开窗

① [新加坡] 陈雁如. 中国、新加坡写作教学比较 [J]. 载洪宗礼，柳士镇，倪文锦 . 母语教材研究 8[C]. 南京：江苏教育出版社，2007：239–242.

② 杨元建. 试论“不完满”阅读对话文本的编制 [J]. 课程・教材・教法，2003（11）.

户》中的这个案例：[1]

讲故事

跨越历史，横亘世界，人们都讲过或都在讲着故事。

最初，故事是通过口头讲述的方式流传下来。后来它们被记录在书中。

本章，你们将伴随配有不同式样的老故事一起学习，并且，将练习着互相讲述这些故事。

小组活动

在讲述的传统类型中，你知道哪些式样的故事的渊源？将它们写在黑板上。

你记住哪些不同类型的故事？在黑板上写出它们的题目。

组成小组。从黑板上选择你记得最清楚的故事。互相帮助牢记它的故事情节。在课堂上讲述这个故事。

一起谈谈为什么你能够记住这些故事。这个类型的故事有什么特征可以帮助我们记忆？或者，针对这些故事，你在脑海中创造了什么样的特殊意象，使你记住了它们？

你认识的人有谁具有讲故事的天赋？通常，你在什么地方听到好听的故事？

分组大声朗读以下的故事。找出不同种类故事的特征并谈谈该故事属于什么类型。

如何讲故事？

（1）当讲故事的时候，我们必须运用想象力。“想象”这个词源于希腊语，表示生动的意思。这就要求，讲故事的人应该尽量投入到故事情节中。他应该要学会想象故事中人物，要会想象他们的思想和感觉，想象故事的环境以及故事是在何种气氛下发生的。如果讲故事的人能做到这些，他们就能把故事生动地展现给听众。

（2）当你讲故事的时候，你应该掌握故事的情节。你应该了解故事的要点以及故事的高潮。如果讲故事的人能像大脑里面回放故事情节那样讲述故事，是非常有用的。

（3）当你讲故事的时候，你要抓住听众的注意力。你应该用心去记整个故事，时时与听众进行眼睛的接触。同时，应该使用音调和肢体来表达心情和激动的情绪。

① 洪宗礼，柳士镇，倪文锦. 母语教材研究 7：外国语文教材译介 [C]. 南京：江苏教育出版社，2007：313–315.

小组活动

阅读故事《麦芽袋》的前三段——一段一段地进行阅读。

闭上眼睛，然后开始在你的大脑想象故事情节。

马尔伯和他的马是什么样的？

故事的环境是什么样的？

你能听到什么声音吗？

气氛又是怎样的呢？

将你想象的告诉其他人，他们是否都同意呢？

从各小组中选一人在课堂上讲讲《麦芽袋》的开头。

双人活动

有人说故事都有其各自的构架。当讲故事的时候，它就变得有血有肉了。

再次阅读故事《麦芽袋》。

按照故事情节，写下标题，你就可以看到故事的框架了。

只用你所写下的标题向对方讲述故事，这样你就会记住整个故事的。

另外一个记住故事情节的方法是画一张示意图。认真看看《麦芽袋》底下的那张示意图。

为故事《奴隶与狮子》画张示意图。

小组活动

练习的时候，记住故事情节，也可以摘选故事中的情景以及特殊的情形。

再次阅读故事《魔罐》，挑出你认为最重要的情景，选择每个情景，然后发挥想象力。利用照片，重述故事。根据自己的想象，每个学生都应该讲述故事。

单人活动

选择本章的一个故事或其他故事，在课堂上讲述。

讲故事时的八条建议：（1）讲故事前，应该阅读故事。（2）列出故事的框架，以便对故事有个大概的印象。你可以：写出故事情节的标题；画张示意图；对重要的情景进行举例说明。（3）闭上眼睛，在大脑里回放故事情节，运用想象力和感官，想象一下故事中的人物、环境、声音和气氛。（4）仔细想想故事的开头，故事的介绍必须能吸引听众的注意力。（5）想想故事的结尾。（6）如果可能的话，讲故事的时候应用故事中的特殊短语或术语。（7）或许，你要记住一些句子和开头语，尽量做到不要重复。（8）练习在讲故事的时候不要边看边讲。记住，使用声音和四肢来表达感情和激动的情绪。

这是一个典型的“说”与“读”综合训练的案例，很值得我们借鉴。以往我们在口语交际教学时主要是听与说的训练，而没有把阅读的元素融入进来，知识含量就比较欠缺，学生的活动就不够充分。把“读”融进“听说”活动中，可以大力提高口语交际的活动效果。

五、说与写的综合训练

国外有一些国家把说与写综合在一起进行训练，这也是一种比较典型的语文综合性学习。例如，德国初中德语教材《现代德语》(第七册)“说写综合训练”中设计了一项“以理服人(口语交际与写作)”的活动，这项综合性学习活动分为两大部分，先是在活动中学习相关规则，然后依据所学到的规则进行一项游戏活动。

(一)情境活动：拒绝接受任务。让班上同学分成两组，分别设想各种任务，要求对方组某一成员完成。“任务”可以有点冒险性，但必须是可以实现的，如：“麦克，脱下你的鞋，将鞋穿到安勒脚上，然后再穿到自己脚上，要在一分钟之内完成！”但不可要求：“麦克，请到月球上做一次月光漫步！”所有人都必须拒绝对方提出的任务，为此可以说出各种理由，说明为什么无法完成。一个由6人组成的评审组用短语形式记录对话内容，并给每组打分。

(二)规则学习

> 简洁明了地表达一个看法或一个观点的句子叫作“论点”。“论点”(these)这个词来自希腊语，意思是一个“提出的主题句”或一个“有待证明的观点”。证明论点就要用论据。
>
> “论据”(argument)这个词是从拉丁语过来的，意思是一个“证据”或一个“理由”。论据往往是一句话，它包括支持说话者观点或态度的一个证据，目的是让交际对方确信论点的正确性。
>
> 论据常常借用表达原因的此类(如“因为”“由于”等)建立与论点的联系，陈述论据不但要有逻辑性，而且要有形象性，因此一个论据通常要举例说明。

1. 以下有几句不完整的话，请把它们组合起来，哪一句是论点？哪一句是论据？哪一句是表达一个例子？你依据什么来判断？

这是由于……

比如说，我们郊游是为了……

全班讨论关于……

遵循对话规则很重要……

这场对话陷入了混乱……

2. 将这些句子按照以下表格写到练习本里。

论点	
论据	
举例	

3. 将那个例句说完整，并列举其他例子。

4. 列举支持以下论点的论据和例证。

（三）游戏活动："节目议会"

1. **情境**。麦克的家里经常在周末发生争执。原因是：每个人都想看自己的电视节目。通常都是父亲让步，他建议大家把电视关掉，谁都不要看，可以看书。两个孩子——麦克和安勒——口中嘟哝着，还相互争吵。母亲说："关掉电视也不是个办法，大家可以商量一致嘛……"但是，大家的意见还是不统一。

下一个周末又要来了。这次母亲改变了平常的做法，她在星期五晚上召开了家庭"小议会"。

2. **任务**。你们扮演麦克家成员，做法如下：

从电视报上记下或剪下自己喜欢看的周末电视节目。制订一份节目时间表（写在投影薄膜上或墙报上）。各人将自己爱看的节目用不同颜色填入节目表。如果出现节目重复现象，那就要讨论协商解决。这样做的目的只有一个：制订一份切实可行的节目单，既没有重复，也能为"全家人"所接受。每个"家庭"（如麦克、安勒、他们的父亲和母亲这一家）都有一个朋友，作为观察员，他/她不只是观察，也可以调解争论和提出解决问题的折中办法。

3. **做游戏**："家庭议会"。

游戏准备：班上同学分成五个小组，分别是家庭成员和家庭朋友。各人在自己家中摘记下周周末的电视节目和播放时间，或者把电视报带到学校，用色笔勾画自己爱看的节目。

游戏进行：每个人必须进入角色（父亲、母亲、孩子、朋友），并以自己角色申述理由。家庭朋友必须仔细观察，认真记录，并在必要时提出解决办法。

游戏评判：每个家庭的调解员应当根据讨论的进行情况提出报告。每个家庭可以在调解员报告之后发表意见，确认争论的焦点和解决矛盾的焦点和解决矛盾的经过。

游戏之后讨论一下，如何对待日常生活矛盾，怎样以理服人，如何创造和谐的家庭气氛和学习环境。①

这是一个口语交际活动与写作活动的整合，形成一个较为完整的综合性学习活动。这样设计，有助于学生通过写作活动对相关的内容与问题加以深入的思考，尤其是最后一项要在“家庭议会”中提出各自的“报告”，就是要求学生围绕“问题”或“话题”，进入相应的“角色”进行认真准备，只有充分准备之后的口语交际活动才会有较高的质量。这个案例还有一个值得我们借鉴的地方，就是两项活动之间具有高度的相关性，第一项活动旨在学习与获得相关的讨论规则，第二项活动旨在运用这些规则从事相关的模拟活动，从中提升学生分析问题与解决问题的综合实践能力。

① 洪宗礼，柳士镇，倪文锦. 母语教材研究 7：外国语文教材译介 [C]. 南京：江苏教育出版社，2007：236–238.

第四章　语文综合性学习活动的设计

语文综合性学习活动目标的确定、语文综合性学习活动内容的选择、语文综合性学习活动情境的设计是语文综合性学习活动设计的核心问题。

第一节　语文综合性学习活动目标的确定

语文综合性学习活动具有课程、教学与评估的一致性或连贯性，这就需要把语文课程标准中的课程目标与课程内容分解并转化成语文综合性学习活动的具体目标，进而融入综合性学习活动中，引导综合性活动的教学指导与评估。因此，对课程目标与内容进行“分解与转化”成为语文综合性学习活动目标确定的核心工作。

一、语文综合性学习活动目标定位的原则

语文综合性学习活动目标的确定需要立足语文课程的总目标和相应的语文教材内容加以合理的定位，定位合理的活动目标有助于推动语文综合性学习活动发挥其调节、补充和拓展的功能。

第一，目标定位要体现调节功能。例如，《义务教育语文课程标准（2011 年版）》在小学六个年级都提出了综合性学习要求，但部分小学语文教材只在第三学段的两年里安排了四个综合性学习的专题内容，因此学校需要在各年级进行综合性学习活动的设计与开发。与居于主导地位的教材内容相对应，形成一种结构上的调节，为学生语文素养的发展开辟空间，使得语文课程具有多样化的课程结

构特征。

第二，目标定位要体现补充功能。补充功能是调节功能的一种具体衍生，是对传统语文学习所不具备的功能进行弥补，即满足教材内容难以满足而对学生来说又非常重要的发展需求。传统的语文教学把重心放在基础性的、稳定的、长期的系统知识、能力和价值观的学习上，而对学生发展非常重要的生活化的语文知识和经验，特别是那些短平快、局部的、个性化的需求以及学生成长过程中阶段性的疑难如何去化解和体现，是传统语文教学没有完成的任务。这一功能只能通过语文综合性学习来补充。这种补充既可以是学习领域或内容上的补充，也可以是课程形态和学习方式上的补充。

第三，目标定位要体现拓展功能。拓展功能是调节功能的另一种衍生，是对传统的语文课程功能进行广度和深度上的延展。这种拓展包括语文学习领域的拓展，跨学习领域拓展，乃至学习内容、学习方式和要求在深度上的提升，等等。这样，学生就能在自己感兴趣或觉得特别重要的学习领域或学科当中，选择某一或某些专题，开展拓宽、加深或整合式的学习活动，达成语文知识的综合运用、听说读写能力的整体发展以及语文课程与其他课程的沟通、书本学习与生活实践的紧密结合。①

从基本功能的角度对语文综合性学习活动目标进行定位，有助于建立活动目标与课程标准、教材之间的内在关联，确保语文综合性学习活动发挥其应有的作用。

二、语文综合性学习活动目标的内涵

总体来说，语文综合性学习活动目标来源于语文课程目标，其设计需要遵循语文课程的三维目标原则，包含知识与能力、过程与方法、情感态度与价值观三个维度。也就是说，语文综合性学习活动最终要实现的还是这个总体目标，而不是别的目标。

（一）正确理解活动目标的“整合性”

语文综合性学习作为一种教学活动，应有明确的目标。而这种目标应是多元整合的结果。也就是说，语文综合性学习的目标既包括听、说、读、写、思等语文能力培养的目标，又包括实践、探究等方面的学习目标；既包括知识与能力方面的目标，又包括过程与方法、情感态度价值观方面的目标。在教学实施过程

① 朱洁如，吴刚平. 如何对语文综合性学习目标准确定位 [J]. 人民教育，2014（22）.

中，这些目标应有机地整合在一起，且统一于语文学习这个核心目标之中。所谓目标整合，指的是多项目标有机地、和谐地融合在一起，成为一个整体；目标中的每一个要素之间，密切联系，互相关联，你中有我，我中有你。这种整合，既不是几个目标的简单相加，更不是把唱、演、绘、画等内容生硬地搬进语文学习之中。但是，有很多教师在语文综合性学习活动目标确定上，却以杂合替代了整合。即确定目标时只将几种目标不分先后、不分主次地罗列在一起，完全忘记了“语文学习”这个核心。在这样的目标驱使下，整个综合性学习活动必然会淹没主题，失去重点，过程杂乱，没有教学效果。例如，一位教师在设计“可爱的秋叶”学习活动时，把目标设定为：

观察秋叶，培养审美能力；
做秋叶贴画，培养创造美的能力；
查找关于秋叶的有关资料，培养信息搜集、处理能力；
描写秋叶，积累习作素材和书面表达能力；
畅谈秋叶，培养热爱家乡、热爱大自然的思想感情。①

因为教学目标如此空、泛、杂，结果导致整个教学活动时而看树叶，时而做贴画，时而查资料，时而说作用，时而写作文，时而谈感想。学生看起来忙个不停，实则不知所措。因为，他们看没看清，贴没贴成，查没查好，说没说明，更别说语文素养有什么综合提高。一次很好的“观秋叶，学语文”的综合性学习活动，就这样因为目标“杂合”而失去了应有的教学意义。

语文综合性学习活动目标的“多元整合”，不能理解为目标的空泛与笼统，而是应该以明确、清晰、具体为原则，确定的目标应该是“可实现”“可评价”的。例如，下面的美国马萨诸塞州小学 3–4 年级语文综合性学习活动课例就体现了“明确、清晰、具体”的原则：

蝙蝠：事实还是虚构？②

教授与评价的学习标准
阅读与文学部分

① 谢雄龙. 辨正语文综合性学习的“六种现象”[J]. 山东教育，2006（13）.

② 王艺. 美国麻萨诸塞州小学语文综合性学习课例评析 [J]. 语文教学通讯（小学刊），2005（4）.

（学习标准 8.17）从观点中区分事实和虚构。

（学习标准 8.18）概述主要观点和支持性的细节。

写作部分

（学习标准 19.11）通过研究写出搜集到的主要信息。

（学习标准 23.2）用一定的方式安排出言之有理的观点。

（学习标准 24.2）指出在报告研究中的步骤并引导学生运用。

科学与技术部分：生命科学、生命循环、生命适应

说明

在老师介绍了新词汇和与学生们一起预习了课文后，学生们阅读由珍妮尔·加纳写的《Stellalu-na》。他们在书上画出细节，把他们分类为“真实的”（事实）、“不真实的”（虚构的）和“不确定的”。（学习标准 8.17，8.18）

老师用研究程序的步骤引导学生。首先，她给全班同学介绍了标题“蝙蝠：事实还是虚构？”然后引导他们对于研究问题的目录的使用进行讨论（产地，身体特征，食物，特殊的特征）和关于哪里能找到他们需要回答的问题的信息（书籍，电子媒体，交谈）。（学习标准 24.2）

实践与评估

学生两人一组研究关于一类蝙蝠的信息（棕色，吸血蝙蝠）并把几种信息来源制成一个简单的图表记录下来，概括写出所用到的问题的目录。（学习标准 8.18，24.2，生命科学）

学生和老师复习这个从《Stellalu-na》中制成的关于细节的图表，重新在“不确定”一栏中进行分类，添加其他必要的判断。（学习标准 8.17，8.18）

最后展示及评价

使用老师提供的评分规则，学生们一起写，修改，为每一个信息目录编辑一段话。老师评价了这些段落。（学习标准 19.11，24.2，23.2）

然后，学生们准备结合他们带有视觉效果部分的段落进行演出（海报，机动设备，幻灯片显示，幽默短剧）并与其他班同学分享他们的设计。

这则综合性学习活动课例分为四部分：教授与评价的学习标准、说明、实践与评估、最后展示及评价。教师设计了以下四步教学过程：第一步，教师向学生们介绍新词汇并与学生一起预习课文；第二步，教师按照研究的程序和步骤一步步引导学生进行讨论，寻找相关主题的信息，并把这些信息制作成图表，在这一步

骤中主要采取了讨论的方法；第三步分组研究某一类蝙蝠的信息并制成图表，然后在教师的指导下进一步修订、改进图表，这里主要运用了分组合作研究的学习方式；最后一步，学生们使用教师提供的评分规则，对这些图表再作修改、添加，使之更加完善，教师给出相应的评价。在此基础上，学生们把带有视觉效果部分的段落采用各种形式进行最后演出。在对学习活动的评价上，教师采用了让各组学生对照评分规则进行自我评价和教师评价相结合的评价方式。

这则综合性学习课例中的“教授与评价的学习标准”就是这则课例的目标部分，分为“阅读与文学”目标、“写作”目标和“科学与技术”目标三部分，计六条。阅读与文学部分，有两条目标：“从观点中区分事实和虚构”和“概述主要观点和支持性的细节”。这两条目标要求培养学生既要具备一定的相关知识和生活经验，又要有一定的理解、分析和判断的能力。写作部分的三条目标分别是：“通过研究写出搜集到的主要信息”“用一定的方式安排出言之有理的观点”和“指出在报告研究中的步骤并引导学生运用”。这三条目标要求培养学生搜集和处理信息的能力与写作能力，同时掌握报告研究的步骤和方法并能实际运用的能力。科学与技术部分是一条关于“生命科学”的目标，包括“生命循环和生命适应”。这条目标要求学生认识生命循环的规律以及对客观环境的适应的科学思想。这些目标的制订既全面综合，又具体明确，包含了知识与能力、过程与方法、科学思想三方面的内容。这对于师生的综合性学习活动，既具有切实的指导性，又有便利的可操作性。

（二）考虑两类目标的整合

语文综合性学习活动目标涉及两大方面，一是协助实现语文课程中的阅读、写作、口语交际诸学习领域的目标；二是实现综合性学习的能力目标，包括掌握问题解决能力、研究方法等。据此我们大体可以把语文综合性学习活动目标分为两类：一类是语文学习诸领域的目标，另一类是语文综合性学习能力与方法目标。

第一类目标即语文课程标准中的识字与写字、阅读、写作、口语交际等目标，以义务教育第四学段（7–9 年级）为例，主要有以下目标：

阅读学习领域

1. 对课文的内容和表达有自己的心得，能提出自己的看法，并能运用合作的方式，共同探讨、分析、解决疑难问题。

2. 在阅读中了解叙述、描写、说明、议论、抒情等表达方式。

3. 能够区分写实作品与虚构作品，了解诗歌、散文、小说、戏剧等文学样式。

4. 欣赏文学作品，有自己的情感体验，初步领悟作品的内涵，从中获得对自然、社会、人生的有益启示。对作品中感人的情境和形象，能说出自己的体验；品味作品中富于表现力的语言。

5. 阅读简单的议论文，区分观点与材料（道理、事实、数据、图表等），发现观点与材料之间的联系，并通过自己的思考，做出判断。阅读新闻和说明性文章，能把握文章的基本观点，获取主要信息。阅读科技作品，还应注意领会作品中所体现的科学精神和科学思想方法。阅读由多种材料组合、较为复杂的非连续性文本，能领会文本的意思，得出有意义的结论。

6. 诵读古代诗词，阅读浅易文言文，能借助注释和工具书理解基本内容。注重积累、感悟和运用，提高自己的欣赏品位。

7. 随文学习基本的词汇、语法知识，用来帮助理解课文中的语言难点；了解常用的修辞方法，体会它们在课文中的表达效果。了解课文涉及的重要作家作品知识和文化常识。

8. 能利用图书馆、网络搜集自己需要的信息和资料，帮助阅读。

写作学习领域

1. 写作要有真情实感，力求表达自己对自然、社会、人生的感受、体验和思考。

2. 多角度观察生活，发现生活的丰富多彩，能抓住事物的特征，有自己的感受和认识，表达力求有创意。

3. 注重写作过程中搜集素材、构思立意、列纲起草、修改加工等环节，提高独立写作的能力。

4. 写作时考虑不同的目的和对象。根据表达的需要，围绕表达中心，选择恰当的表达方式。合理安排内容的先后和详略，条理清楚地表达自己的意思。运用联想和想象，丰富表达的内容。正确使用常用的标点符号。

5. 写记叙性文章，表达意图明确，内容具体充实；写简单的说明性文章，做到明白清楚；写简单的议论性文章，做到观点明确，有理有据；根据生活需要，写常见应用文。

6. 能从文章中提取主要信息，进行缩写；能根据文章的基本内容和自己的合理想象，进行扩写；能变换文章的文体或表达方式等，进行改写。

7. 根据表达的需要，借助语感和语文常识，修改自己的作文，做到文从字顺。能与他人交流写作心得，互相评改作文，以分享感受，沟通见解。

8. 作文每学年一般不少于14次，其他练笔不少于1万字，45分钟能完成不少于500字的习作。

口语交际学习领域

1. 注意对象和场合，学习文明得体地交流。

2. 耐心专注地倾听，能根据对方的话语、表情、手势等，理解对方的观点和意图。

3. 自信、负责地表达自己的观点，做到清楚、连贯、不偏离话题。

4. 注意表情和语气，根据需要调整自己的表达内容和方式，不断提高应对能力，增强感染力和说服力。

5. 讲述见闻，内容具体、语言生动。复述转述，完整准确、突出要点。能就适当的话题作即席讲话和有准备的主题演讲，有自己的观点，有一定说服力。

6. 讨论问题，能积极发表自己的看法，有中心、有根据、有条理。能听出讨论的焦点，并能有针对性地发表意见。

第二类目标即语文课程标准中在“综合性学习”目标中单独列出的部分，以义务教育第四学段（7–9年级）为例，主要有：

1. 自主组织文学活动，在办刊、演出、讨论等活动过程中，体验合作与成功的喜悦。

2. 能提出学习和生活中感兴趣的问题，共同讨论，选出研究主题，制订简单的研究计划。能从书刊或其他媒体中获取有关资料，讨论分析问题，独立或合作写出简单的研究报告。

3. 关心学校、本地区和国内外大事，就共同关注的热点问题，搜集资料，调查访问，相互讨论，能用文字、图表、图画、照片等展示学习成果。

4. 掌握查找资料、引用资料的基本方法，分清原始资料与间接资料的主要差别，学会注明所援引资料的出处。

在选择与确定语文综合性学习活动目标的时候，要兼顾这两类目标，两类目标缺一不可。考虑了第一类目标，才能保证语文综合性学习活动的“语文性”；考虑了第二类目标，才能保证这是“综合性”学习活动，而不是别的单一领域的语文学习活动。

三、语文综合性学习活动目标的分解

因为语文课程目标与内容都是高度概括的表述，要保证综合性学习活动目标要素与实际的课程目标的一致性和连贯性，就需要对相关的目标与内容加以具体地分解，使其内涵相对具体化。分解的具体步骤如下：

（一）从“活动”或“主题”中提炼关键要素

在明确了需要组织的综合性学习的具体“活动”或“主题”之后，要对这些“活动”或“主题”中的相关要素进行分析，提炼出关键要素。

把关键要素分为两类，一类是语文学习诸领域的目标，另一类是语文综合性学习能力与方法目标。

（二）寻找关键要素之间的“重叠之处”

把两类关键要素加以整合，整合的方法是寻找两类要素在“活动”中的“重叠之处”或“交叉之处”。学生的“活动”是综合的，要细心分辨为了完成这项活动哪些要素是必须同时具备的。这些重叠的要素虽然在表述的时候可以分条陈述，但在实际的学习活动中是相互依存的，如齿轮与齿轮相互咬在一起，共同起作用。因此，这里需要考虑两个层面的整合，一个层面是这些重叠的要素具体内涵的清晰度，另一个层面是这些重叠的要素将在具体的活动中怎样起作用。从学习活动的角度来看，第一个层面又被称为“外部联合”，即这些要素是从课程标准或教材内容分解下来的，需要融入综合性学习活动中。第二个层面又被称为“内部联合”，即要考虑在实际的学习活动过程中如何整合这些要素。第二个层面的整合尤为复杂与困难，正如有的学者所言：“内部联合是一个重复的过程。教师们需要不断地审核以及再审核，以确保课程标准的所有部分都与实际的学习经历相联系。”[①] 因为只有对这个“内部联合”考虑清楚了，确定的活动目标才可能具有针对性与可行性。

在实际的教学中，外部联合与内部联合并不完全按照我们设计好的路线实施，在课程标准的要求与学生经验之间存在一种张力，这种张力使得我们在两种看似矛盾的立场上来来回回。我们需要使用变焦镜头（显微镜）来确保综合性学习活动与课程标准进行联合，我们又需要使用广角镜头去发现语文课程与其他课程之间的联系与重叠，通过这种联系，我们能使学习更具相关性。用变焦镜头

① [加] 德雷克，[美] 伯恩斯著，廖珊译. 综合课程的开发 [M]. 北京：中国轻工业出版社，2007：57.

（显微镜）去看那些小画面，广角镜头有助于我们对跨学科工作所需要的大画面进行探究。

（三）对照课程标准的相应目标进行具体化处理

找到“主题”或“活动”中的“重叠”要素之后，需要把这些关键要素与课程标准中的相应课程目标对照，明确综合性学习活动目标与课程标准的对应关系。综合性学习活动目标和课程标准的关系一般有三种情形：一对一的关系，即一条综合性学习活动目标达成一条课程标准，这种对应关系显而易见；多对一的关系，即多条综合性学习活动目标共同对应了某一项课程标准；一对多的关系，即一条综合性学习活动目标对应了多条课程标准。

依据综合性学习活动目标和课程标准的三种对应关系，可以采取三种分解策略：“替代、拆解和组合。”①

1. 替代策略。这一策略适用于一对一的情形，即以具体的学习主题替换原有课程标准中的关键名词，形成学习目标。例如，针对语文课程标准第四学段综合性学习目标中“能用文字、图表、图画、照片等展示学习成果”这一要求，就可以用“调查结果”直接替换“学习成果”，即可形成综合性学习的一条目标：“能用文字、图表、图画、照片等展示学习成果。”

2. 拆解策略。这一策略适用于一对多的关系，即将课程标准中的某一短语拆解为几个互有联系的细项指标，以此形成具体的学习目标。如针对语文课程标准第四学段综合性学习目标中“自主组织文学活动，在办刊、演出、讨论等活动过程中，体验合作与成功的喜悦”这一要求，我们就可以将其中的“组织”一词拆解为“计划”“实施”“评价”等几个环节，从而构成几条学习目标“能自主计划文学活动”“能自主实施文学活动”“能自主评价文学活动”。

3. 组合策略。该策略适用于多对一的对应关系，即将多条课程标准或其中有关联性的部分合并，形成一条学习目标。如在语文课程标准第四学段口语交际目标的（3）、（5）和（6）中，分别提到了“自信、负责地表达自己的观点”“有自己的观点”“能积极发表自己的看法”等，我们在设计学习目标时，就可以根据具体情况将其合并为一条学习目标：“积极、自信地表达自己的看法。”

① 申宣成. 表现性评价在语文综合性学习中的运用 [D]. 华东师范大学博士论文，2011.

四、语文综合性学习活动目标的陈述

语文综合性学习活动目标的陈述应该以活动过程与结果为核心，把经过选择、分解与整合的目标要素融入活动过程与结果中，按照具体的过程与结果所表现的目标要素分条陈述。

（一）目标陈述要讲究清晰性

语文综合性学习活动目标陈述的清晰性可以从以下两个方面入手：

一是借鉴“行为主体 + 行为动词 + 行为条件 + 表现程度”的目标陈述方式。其中，行为主体应是学生而不是教师，行为动词应尽可能是可测量、可评估的，力求准确清晰，避免模糊的、不切实际的词语，目标陈述中应体现行为条件和学生的表现程度。例如：“学生能尝试设计简单的调查问卷，用自己的方式、方法统计问卷数据。根据调查问卷，小组合作完成简单的调查报告。”具体清晰的目标陈述具有导向、控制、激励、中介以及测度的功能，有利于教师判断学习的有效性。

二是进一步细化阶段性目标。有时，由于总体目标下缺少阶段性活动目标，才导致了目标含义的不确切，教学易于“剑走偏锋”，无法达成既定的要求。目标的细化有助于教师对各阶段学情的把握和评估。细化的目标应该具有这样几个特点：“目标分类必须系统化结构化，要保持分类的逻辑一致性。”“各类别的描述应该是可观察的和可测量的。”①

（二）目标陈述要突出表现性

有学者认为，语文综合性学习活动的学习目标是表现性的，具体可分为行为表现和作品表现两种情况来陈述：

1. 行为类学习目标的叙写。有些语文综合性学习的成果主要是行为表现，或者说是“做”的过程或程序，并没有具体的产品，如口头报告。那么，在叙写这类学习目标时，就必须结合课程标准中的要求，分析并罗列出这些过程或程序中的关键步骤或要素。以口头报告为例，就需要考虑下列因素和步骤。

向同学做一次口头报告，应做到：

在开始时说明报告的主题；

声音清晰、响亮，观众足以听见；

① 朱洁如，吴刚平. 如何对语文综合性学习目标准确定位 [J]. 人民教育，2014（22）.

语言得体；
语法正确；
语速快慢适中；
说话时看着观众；
报告时身体自然地移动，看起来很放松；
展示的材料条理清晰，有组织性；
吸引观众的兴趣。

2. 作品类学习目标的叙写。有些语文综合性学习的成果或者主要是作品；或者其过程变量太多，难以控制；或者其过程是在校外情境中进行的，教师无法全程观察。此时，就需要将学习目标聚焦于活动的作品上。叙写这类目标时，也要通过研究课程标准，界定并罗列出作品的关键特征。如果学习目标是写一篇作文，以下就是需要考虑的部分要素：

清晰地表达自己的观点；
开头能吸引读者兴趣；
使用了必要的关联词连接各个段落；
用词能够在读者头脑中建立生动的画面；
句子长短结合，富有变化。①

当然，有些语文综合性学习的表现同时涉及行为和作品，教师就可以分别按照两者的要求进行陈述。

（三）目标陈述要体现操作性

语文综合性学习活动目标的陈述还要讲究可操作性，这就需要把每一条目标与具体的学习活动内容结合起来加以推敲，寻求目标与活动的对应，以最大限度地使目标内容“活动化”。如在“《荷》专题”学习时，有一位教师结合当地为“中国荷藕之乡”这一地方教育资源，在课内开展“荷诗文”学习的基础上，计划在课外开展调查访问、参观荷塘、广告策划等综合性学习活动，师生一起重新

① 申宣成. 表现性评价在语文综合性学习中的运用 [D]. 华东师范大学博士论文，2011.

调整并细化了教学目标：①

三维目标	具体要求
知识与能力	1. 学习咏荷的诗文，培养语言的感知能力、想象能力、欣赏能力； 2. 围绕专题训练口语交际能力和书面表达能力。
过程与方法	1. 从报刊、书籍或其他媒体中获取有关资料，讨论分析问题，独立或合作写出简单的研究报告； 2. 调查访问，互相讨论，能用文字、图画、照片、PPT 等展示学习成果。
情感态度与价值观	1. 感受合作学习的成功和愉快； 2. 领悟荷文化内涵，提高审美情趣。

第二节　语文综合性学习活动内容的选择

语文综合性学习活动内容的选择，主要是指选择并确定语文综合性学习活动的主题或要解决的问题，并依据主题或问题组织开发相应的课程资源。

一、语文综合性学习活动内容选择的基本原则

语文综合性学习活动内容的选择需要遵循的基本原则主要有：主题或问题的呈现要把握合适时机，学习任务要讲究“逼真性”，立足学生的生活经验等。

（一）主题或问题呈现要把握合适时机

语文综合性学习活动主题或问题呈现的时机主要有四种情形：

1. 学科教学的必需。语文综合性学习是语文学科教育的有机组成部分，综合性学习应纳入整个学科教学的规划之中，同时，语文综合性学习也只有与语文教学配套进行，才有合力效应，发挥出整合功能。如语文学习到某一阶段或遇到某些问题，需要综合性学习活动来协助和支持时，这便是设计并开展语文综合性学

① 袁爱国. 融通：提升语文综合性学习品质 [J]. 新课程研究，2015（1）.

习的时机。

2. 学生的兴趣焦点。由于主客观的原因和影响，某一问题可能成为众多学生兴趣的焦点，成为学生关注的中心，这时便可以以此为话题来设计综合性学习，以正确引导学生的兴趣发展，使兴趣成为健康发展、个性发展的动力。

3. 社区、学校、家庭存在学习的资源。这种资源一般可分为两类：现存性资源（静态资源）和发生性资源（动态资源）。现存性资源如自然风光、名胜古迹等；发生性资源如文化节、传统庆典及社会事件与生活变迁等。

4. 学生学习与成长过程中的需要。学习如果源自学生成长过程中的需要，就具有内在动机，学习的动力性就强。当学习成为学生的内在需要时，应及时针对学生的学习需求来设计语文综合性学习主题，这是最佳的教学时机，千万不要错过。[①]

主题讨论或问题探究只有在合适的时机展开，才能真正顺应学生的学习需要，激发学生的学习兴趣，进而充分发挥主题或问题的引导性功能，促进学生的深度学习。

（二）学习任务讲究“逼真性”

语文综合性学习活动主题、内容或问题需要依托一定的任务环境，这个学习环境与真实的现实环境有密切的联系，但不完全一致，而是具有一定的“逼真性”。

真实的现实环境其实并不完全有利于学生进行综合性学习，第一，真实的任务环境有时候难以甚至无法给学习者提供必要的支持与指导；第二，真实的任务环境难以呈现所需的任务；第三，有些学习任务会导致危险，甚至威胁生命；第四，有些学习任务在真实的环境中效率很低，需要额外花费不少时间；第五，学习者在真实的任务环境会面对更多琐碎的小事和更多的工作压力，这些都会给学习带来干扰。

正是由于以上这些原因，人们往往会选择在模拟任务环境中开展学习，它可以提供一个安全可控的环境，借助精心设计的练习，帮助学习者发展和完善能力。

语文综合性学习模拟任务环境中的主题或问题具有两个方面的特点：

1. 问题的“非良构”

在常规的语文课堂学习中，教科书或教师向学生提出的问题一般都是良构的。良构问题是指局限于某个特定的领域，可能解决问题的方案很有限，这些方

① 黄伟. 语文综合性学习的主题设计 [J]. 中小学教材教学，2003（8）.

案要么是100%正确，要么是100%错误。也就是说，良构问题的解决方案是明确的。但是现实世界的问题往往是含糊的、非良构的。非良构问题和良构问题存在根本上的区别。非良构问题通常是没有正确答案的，它有很多可能的答案，并且答案之间不能用对或错来判断，只能说谁比谁更加恰当，也就是说，它没有明确的解决方案。

换言之，现实生活中的问题往往很难将其完全描述清楚，也无法完全肯定能予以解决。就算是该领域的专家对什么是最佳解决方案也是存在歧义的。非良构问题的最后一个特点是关于由谁来解决问题。鉴于现实生活中的问题通常都十分复杂，所以它需要一个团队或一群人来共同解决（这些人各自具备不同领域的专长）。

以现实生活中的任务作为学习任务的基础，有利于学习者统揽组成综合能力的全部或绝大部分组成技能，确保掌握完整的学习任务。这就为学习者提供了最佳的整合知识、技能与态度的机会，从而达到协调自如的目的。同时也确保了学习者可以在活动中直接接触到这些涉及组成技能的学习任务，而不是只隔靴搔痒地了解表面的东西。

2. 尽可能接近现实情况

在综合性学习中，应该确保模拟任务环境尽可能接近于现实情况。然而，这些模拟任务通常在逼真度方面是有差异的。所谓“逼真度”是指一个给定的模拟环境与真实世界一致性的程度。这种一致性来自两个方面，要么是物理上的（看上去像不像），要么就是心理上的（感觉上很相像或者似乎很相像）。例如，虽然实习医生从一开始就需要学习诊断和治疗疾病，但他们并不会马上就给实际患者看病。他们首先会从“逼真度”较低的模拟任务开始（比如，医学教科书上的问题或假想病人的自述病史），然后会选择中等“逼真度”的模拟任务（比如，电脑模拟病人、起示范作用的“标准”病人或者由同伴扮演的模拟病人），接着就要选择高“逼真度”的模拟任务（比如，由演员扮演的模拟病人），最后才会到真实的环境中尝试（比如，在医院实习期间可以接触真正患者）。

高逼真的任务环境可能会伤害到新手学习者，因为它们有太多的“干扰因素”，但是对于有经验的学习者来说却是至关重要的。[①]

---

①［荷］范梅里恩伯尔，［荷］基尔希纳. 盛群力译. 综合学习设计 [M]. 福州：福建教育出版社，2012：45.

如果想在模拟环境中掌握真实环境中所需要的能力，那么“心理或功能上”逼真度比物理环境上逼真度更为重要。因此，语文综合性学习的模拟环境设计不仅仅要关注其外形上的物理条件是否与真实环境相似，更要关注学习者在学习过程中运用相关知识与技能时的“感受”，要让其感受到学习活动是在接近真实环境中进行的，学习的知识与技能是真正“有用”的，能够解决现实生活中的真实问题。

（三）立足学生的生活经验

学生的生活经验是学生在生活中形成的经验。“加强课程内容与学生生活以及现代社会和科技发展的联系，关注学生的学习兴趣和经验”“教学应联系学生生活实际”“联系学生生活进行课堂教学”等都是当前关于此问题的一些流行话语。我们可以把学生的生活经验理解为：“学生在家庭生活、社区生活以及个人选择的休闲生活中自主、自然、日常活动的结果。学生生活经验具有能动性和肤浅性、内隐性和松散性、大众性和广泛性等基本特征。”[①]

学生是具体的、现实的、鲜活的个体生命，是以人的基本方式所展现出来的一个个的“人”。作为一个完整的生命体，不仅存在于学校之中，也存在于家庭、社区以及其他一些个体日常生活之中。而且从时空两个维度来看，校外生活往往占时更多、分布更广。因此，观照学生生活经验，便不仅仅是关注学生在学校的活动过程，还应关注学生的校外生活。

学生生活经验如何融入课程与教学，当前的课堂教学实践存在两种极端化的倾向：一是将课堂教学日常生活化，完全按照日常生活情景来创设课堂教学情境，以生活实际作为课堂教学的唯一出发点；二是从课堂教学的特殊性出发，不顾课堂教学与生活之间的联系，将课堂与生活完全人为割裂甚至对立起来。这一反差聚焦于一个焦点之上：如何认识学生生活经验的课程参与，进而如何理性把握学生生活经验的课程价值？

学生生活经验蕴含了学生的能动性，学生生活经验的课程参与可将学生在校外生活中的能动性迁移至学校之中，从而通过学生对课程的主动参与去实现自身主体性的发展。这里揭示出学生生活经验的本体性价值的一面。学生生活经验具有原初意义，因为每一个学生都是带着一定的生活经验进入学校从事学习。学生生活经验的广泛性又为学生生活经验的课程参与提供了多种路径：学生至少可以

① 温小军. 学生生活经验概念的必要澄清 [J]. 当代教育科学，2012（8）.

从认知、评价、审美等活动参与课程。然而，我们还应看到学生生活经验本身所存在的肤浅性、松散性、大众性等。课堂教学作为一种“可能生活”，它立足的是对现实生活的超越。因此，我们不可完全依赖生活经验来建构课程内容，因为这将会导致课程内容与意义的世俗化甚至庸俗化。从构建“可能生活”的角度来看，学生生活经验履行的主要是一种工具性价值，即为更好地实现现实生活向“可能生活”的过渡而搭桥铺路。

现代课堂应致力于学生的真实发展。真实的发展表征的是一种主体基于其自身生存环境、客观生活经历基础之上，并在课堂实践与活动、合作与交往中实现的自主建构与社会教化共存的样态。因此，我们应把学生生活视作一个相互联系的整体。生活的每一个部分、每一个阶段只有在与其他部分、其他阶段发生关系时才会有意义。或者说，教育只有在与生活的关系中才可能更有效地实现学生的真实发展。这正如杜威的告诫：“教育是在经验中、由于经验、为着经验的一种发展过程。”基于学生生活经验基础之上的课堂主体参与以及在课堂经验基础之上的生活参与，构建生活与课堂之间有效互动机制，显然能有效地实现学生的真实发展。

日本学者佐藤学认为课程就是“学习的经验”“学习的轨迹”，也是“学习的履历”。“创造课程”并不是制订“目标”或“计划”一览表，而是要实际创造学习的经验。

在佐藤学看来，“创造课程”可通过三种活动来进行。一是学习经验的“设计”，二是创造学习经验的“教室实践”，三是对这种学习经验进行“反思和评价”。这三种活动的中心是“教室实践”。因为课程是在教室中创造出来的。如果把这三种活动阶段性地加以区分的话那就错了。因为在实践创造课程的进程中，是以“教室实践”为中心，同时进行“设计”“反思和评价”的。

如果以“学的课程”为中心来设计课程的话，那么其创造课程的中心课题就应该是以学生的认知兴趣和需要为基础的单元主题、作为主题探究的资源的素材或资料，以及促进学生的探求和交流活动的学习环境等，而且对该单元中学习发展性的预见也非常重要。

所谓学习，是与作为教育内容的对象世界（物）的接触与对话，是与在此过程中发展的其他学生的或教师的认识的接触与对话，是与新的自我的接触与对话。学习是通过创造世界（认知的实践）、人际交往（交往的实践）和完善自我（自我内在的实践）这三种对话性实践而完成的。

创造以学为中心的课程，具体来说，就是把与对象物的接触与对话、与学生的接触与对话和自我的接触与对话作为单元的单位而加以组织。不论是学科学习还是综合学习，都是把“活动的、合作的、反思的学习”作为一个一个的单元来加以组织的，可以说这就是创造课程。

因此，怎样组织单元是创造课程的中心问题。在迄今为止的传统的学校教育中，单元一直都是作为“目标・达成・评价”的单位而进行组织的。这种模式是具体地设定教学内容的目标，把能有效地达到这一目标的活动组织到教学过程中，并用考试来评价达到目标的程度。作为这种“目标・达成・评价”的单位的活动单元便构成了“阶梯型”课程，通过这种课程使有效地传授大量的知识和技能的教育变为可能。然而，这种模式的弊端是显而易见的，“阶梯型”课程的学习经验必然是狭隘的、划一的，评价必然是简单的、一元化的。

佐藤学认为，今后学校教育的单元有必要设计为以“主题・探求・表现”为单位的“登山型”课程。在这种模式中，要创造这样的学习，即设定作为教学内容核心的主题，学生能用多种多样的方式，展开活动的、合作的、探究的学习，并能相互表现和共享学习的成果。①

创造以学为中心的课程，从实践的角度来看，是一种挑战。因为它要求把课程的单元放在“主题・探究・表现”的模式中加以设计，而在教室中则要实现“活动的、合作的、反思的学习”。

二、语文综合性学习活动内容选择的基本路径

依据活动内容选择的时机、逼真性和生活经验等基本原则，语文综合性学习活动内容选择的基本路径有三条：从课堂“问题”中选择、对“课文”加以拓展、从课外选择专题。

（一）从课堂“问题”中选择

语文综合性学习活动内容选择的第一条路径是从学生课堂学习中产生的“问题”入手来选择主题与内容。学生在解读文本的过程中会发现许多不解的问题。其中，有些问题很容易就能找到答案；有些问题本身具有综合性，答案不是三言两语就能说得清楚的。对于综合性较强或具有探究价值的问题，就可以采用综合性学习的方式，让学生弄清问题背后所隐含的知识，形成具体的解决方案。

① [日]佐藤学著，李季湄译. 静悄悄的革命：创造活动、合作、反思的综合学习课程 [M]. 长春：长春出版社，2003：101-104.

【案例】

主题提炼：

阅读《冰心诗四首》时，一位学生发现这几首诗的诗句不是整齐地排列，而是错落着排列，而以前读的诗都是整齐地排列的。阅读古诗时，有一位学生发现了“新大陆”：好多古诗为什么总爱用“西楼”这个词？还有的学生对于诗歌一行一行排列的方式不理解：诗歌为什么就得一行一行地排列？对于这些问题，老师无法用“因为”“所以”就能让学生理解。怎么办呢？就让学生走进诗的王国去自己体会。于是一个以问题探究为目的综合性学习主题诞生了——诗歌是什么？

学习目的：

1. 让学生体会诗歌的特点，品味诗歌的韵味；
2. 感受诗歌生动形象的表现力，激发对诗歌的热爱；
3. 用诗点燃学生生活的热情；
4. 培养学生想象与联想的能力。

学习过程：

1. **诵诗**

朗诵内容：一部分是教材中的必背篇目，一部分是学生自己的选诵篇目。

朗诵形式：可以是自己单独朗诵，也可以是与同学合作朗诵；可以是配乐朗诵，也可以是不配乐朗诵。

朗诵比赛的过程：由班长、学习委员和语文课代表共同商量决定，主持人由学生推选，主持人的串台词由主持人自己写。

比赛结束后，评选出最佳朗诵能手，并让他谈一谈自己的朗诵体会，其他人对他的朗诵提出自己的意见。并进行一次问题探究：通过这次诗朗诵，你对诗歌有了哪些新的认识？

诗歌朗诵环节，让学生亲近诗歌、了解诗歌。

2. **赏诗**

（1）课内诗歌鉴赏

先引导学生阅读教材中选编的几首诗（有古诗，也有现代诗），然后让他们谈一谈：你最欣赏哪一首？为什么？进而指导学生从诗歌选用的意象、凝练精当的用词、多种修辞手法的运用等几个角度去鉴赏。让学生通过自己的想象领会诗歌的意境，在赏读中学会鉴赏的方法。

（2）课外诗歌推荐

让学生每人从课外找一首诗，并推荐给全班同学。推荐时要求做到：①有感情朗读，让同学们听了你的朗读就想亲自读一读；②说出推荐的理由（实际就是对诗歌的赏析），从内容到艺术形式进行全面分析，理由不得少于3条。

通过课内外诗歌的鉴赏与推荐，学生进一步探究：诗歌有哪些特点？在探究中能品出诗歌的韵味。

3．创作

感兴趣的同学尝试创作一首诗；不感兴趣的同学从课文中选择一首诗，用画表现它的意境，同时将这首诗改写成一篇散文。

创作完成后，小组内互相交流自己的作品。

诗歌创作，有助于培养学生的想象、联想能力，是较高层次的学习活动，故不对所有的学生作统一的要求。

这个案例以课堂教学中产生的问题为基础，选择活动主题与内容，组织了一次语文综合性学习活动。活动分为诵诗、赏诗和创作三个阶段进行，学生在活动中逐步明确了诗歌的基本格式，掌握了欣赏诗歌的主要方法，课堂学习中所产生的疑惑和问题得到了较为深入的解决。

（二）对“课文”加以拓展

语文综合性学习活动内容选择的第二条路径是以语文教科书中的课文为核心挖掘、拓展、提炼语文综合性学习活动的主题。从“课文”中挖掘学习主题时，可以从单篇课文出发，也可以从一组文章出发。从单篇文章中提炼学习主题时，可以以课题为话题，也可以从文章的主题中升华或引申；从一组文章提炼学习主题时，可以从它们表现生活的共性中提炼。学习主题可以从显性知识中提炼，也可以从隐性问题的探究入手。不管从哪个角度提炼学习的主题，都要注意以学生的生活为背景，让学生的学习从“拓展知识”转向“回归生活”，“把学生的校内生活与校外生活、学习世界与生活世界结合起来，相互沟通，以开放教学的空间”，调动学生的多种感官参与学习，参与生活。

【案例】

主题提炼：

课文《中国石拱桥》，如果就文学文，学生学到的仅仅是文中的相关内容，如中国石拱桥的特点、文章的说明方法、说明顺序、语言特点等，枯燥乏味。既不能引起学习兴趣、扩大学习视野，也不能很好地提高学生的语文学习能力。如何将实践、体验、获知与兴趣、能力融为一体呢？可尝试以“桥”为话题让学生开展综合性学习，教学设计如下：

学习目的：

1. 唤起学生的生活记忆，激发阅读说明文的热情；
2. 学会阅读说明文的方法；
3. 培养学生的想象力与创造力；
4. 锻炼学生的写作能力；
5. 培养学生的调查、探究能力；
6. 激起学生对家乡、对家乡人民的热爱。

学习过程：

1. 搜索记忆仓库，展现“桥”的美丽

同学们看过许多的桥，走过许多的桥。在这众多的桥中，给你留下印象最深刻的是哪一座？为什么会给你留下如此深刻的印象？先说一说，然后再以“我记忆中的桥”为话题，写一篇短文（可写成记叙文、散文、诗歌等）。写作的内容可以是对桥的描绘，也可以是自己和桥之间的故事等，目的是唤醒对于桥的记忆，以激发进一步学习的兴趣。

桥是学生都熟悉的，对此有话可说。交流生活体验时，学生在看似闲谈中不知不觉进入了学习状态。同时，关于桥的精彩故事又激起了他们阅读《中国石拱桥》一文的兴趣。

2. 阅读《中国石拱桥》

教师组织学生从阅读说明文的角度把握中国石拱桥的特点，理解文章是怎样把中国石拱桥的特点解说得清晰鲜明的（如说明方法的恰当使用、说明顺序的合理安排、说明语言的准确运用等）。在指导阅读的过程中尽量让学生自己提出问题，自己找到答案。如整体感知课文就可以从看到题目后产生的疑问开始（介绍了中国石拱桥的哪些方面？怎么介绍的？等等），然后带着问题读书，在阅读实践中掌握阅读事物说明文的方法。

3.“我”做设计师，设计一座现代化的桥

通过对《中国石拱桥》的阅读，学生已经了解到中国石拱桥的特点、功用等，在此基础上，让学生当一次桥梁“专家”，按照自己的想法设计一座现代化的桥。先画出图样，再配上文字说明。

这一教学环节的目的是培养学生的想象力和创造力，同时让学生尝试说明文的写作实践。在设计的过程中，学生超凡的想象力得以尽情地展现。

4. 开展调查实践

要求学生分成几个实践小组调查当地的桥，从数量、建造的历史、形状、构造、功用等方面做好记录，并完成一份调查报告。

在调查的过程中，学生一方面印证了课文中的内容，另一方面也培养了口语交际能力与问题处理能力，更重要的是，学生感受到了劳动人民的智慧，激发了对家乡的热爱之情。

5. 以“心桥”为话题成文一篇

生活中有着无数有形的桥，用途各不相同。由有形的桥我们联想到人与人之间甚至人与动物之间也需要一座桥——心灵沟通的桥。联系生活实际，写一篇以心灵沟通为内容的作文，重点表现“心桥”如何架设。①

可以看出，整个学习活动是从学生的生活出发，最后又回到学生的生活中，形成了一个开放的不断扩大的循环图。围绕“桥”这一话题的讨论，学生的学习热情被激活，成了学习活动的主人，自主学习的能力、创造力以及语言表达能力得到充分的锻炼，获得了积极的学习体验，做到了在生活中快乐地学习、在学习中快乐地生活。

（三）从课外选择专题

1. 从生活经验中选择专题性活动内容

学生的生活经验涉及校内外，不仅校外的生活是丰富多彩的，就是在学生眼中一般认为是单调乏味的校园生活其实也是丰富多彩的。例如，有位教师从校园生活经验中选择并提炼了如下综合性学习内容②：

一、立足于“让学生充分了解学校”设计语文综合性学习

以“我的学校”为题的语文综合性学习设计：

---

① 经志芹. 语文综合性学习的主题确定及活动设计 [J]. 教育研究与评论（中学教育教学版），2012（2）.

② 周霞. 校园空间的语文综合性学习设计 [J]. 语文教学与研究，2015（4）.

（一）采访教务处或学校办公室的有关教师，或上校园网查找资料，了解学校有多少个班级，多少学生，多少教师，多少员工，多少管理人员……把了解到的信息记录下来，整理成一段文字。

（二）在校园里走上一圈，数一数学校共有几幢楼，其中有几幢教学楼、几幢学生宿舍楼，其他各幢楼的功能分别是什么？数一数共有几个球场，分别是什么球场？运动场的跑道是几百米的？学校还有哪些设施？有没有湖？学校布局是怎样的？把了解到的信息记录下来，整理成一段文字。

（三）参观学校校史馆，如果没有校史馆，可以采访办公室有关老师，了解学校创办时间，不同的历史时期，学校规模有哪些变化，在办学历史上有哪些典型业绩，把了解到的信息记录下来。

（四）采访校长或副校长，了解学校办学宗旨、发展规划、管理特点等，并做记录。

（五）设定介绍对象，比如向一个对学校不了解的来宾、本地的教育行政部门领导等，介绍你的学校，根据确定的对象，选择介绍内容。可以采用同桌之间互为听众的形式，然后把介绍的内容整理成文章，题目就叫“我的学校”。

二、立足于“学生参与学校管理”设计语文综合性学习

（一）学校卫生谁来做

1. 设计一个调查表格，内容包括学校卫生由谁来做和理由两项，调查以选择题的形式，便于数据统计。然后分别以学生、老师和家长为调查对象，开展调查。统计调查数据，形成调查报告。组织同学讨论，完善调查报告，并把它递交给学校有关领导。

2. 开展一次讨论会，讨论学校卫生谁来做的问题。讨论可能会取得比较一致的意见，把这个意见及其理由写出来；也可能意见不一致，分析有哪些分歧，你倾向于哪一种意见？据此写一篇文章。

（二）我给学校提建议

1. 学校标牌设置。如果学校有不少草坪，那草坪上需要不需要设立一些标牌，上面写上警示语，告诫同学爱护草坪、珍惜绿色？如果认为需要，向学校有关领导递交一份建议书，如果学校接受了建议，组织学生撰写警示语，通过评比选择优秀的警示语，交给学校，由学校组织人员制作标牌，竖立在草坪上。如果有兴趣，可以申请参与设计和联系。校园里需要不需要悬挂一些格言警句，鼓励同学积极上进、不断求知？如果觉得需要，你认为同学需要什么样的格言警句，考虑格言警句是选择现成的还是由同学撰写，也向学校有关领导递交一份建议

书，如果学校接受了建议，根据你的想法，组织相关活动。

2. 在同学中间开展调查，了解同学喜欢教师采用什么样的教学方式，形成调查报告，递交给学校参考。

3. 学校的教育愿望与学生的教育期待往往有不一致的地方，如果通过一些活动，趋向一致，那是一种理想的境界，你也希望这样吧？班级里组织一场讨论活动，把对学校的期待说出来，梳理哪些期待是合理的、应该的，哪些期待需要学生自我调整的。尽量邀请一些老师参加，参与讨论。

4. 根据你所参加的活动，写一篇文章，发表你的看法。

三、立足于“校园风光”设计语文综合性学习

（一）校园风光

1. 你觉得所在的学校是一所美丽的学校吗？也许你觉得美丽，但具体又说不上来，也许你觉得是一所普通的学校，说不上美丽。无论是怎样的感觉，拿起你的照相机，选择不同的时间、不同的角度给校园照几张相，可以是自然风光，也包括同学的活动。选出你认为满意的照片，给每张照片取一个名字，配上一段说明文字，然后与同学拍的照片交流，把大家都觉得拍得好的照片传到校园网上。

2. 依照你拍照时所选择的时间和角度，按时间顺序，把镜头所摄取的画面变成文字，以“校园风光”为题写一篇文章。

（二）可爱的花草树木

1. 选择一种花草，观察它的生长情况，写观察日志。邀请有相同喜好的同学一起定时观察。从花草的成长中你悟出了什么？以此为主线，把观察日志加工串联起来，形成一篇文章。

2. 把认识的或了解到的花草树木名称一一写下来，每一个名称下配上一节说明文字，使不认识的人能够根据文字加以区分。然后以“校园植物谱”为题编成一个小册子，给小册子写一个前言。

3. 几个同学合在一起，向学校要求栽种一棵树，给这株树取一个属于你们几个同学的富有诗意的名字，然后写下栽种的过程。

四、立足“教师生活”设计语文综合性学习

（一）通过观察和采访，了解你喜欢的教师一天的生活内容，包括几点钟到校，到校后做什么，白天上几节课，上课之余做什么，什么时候回家，回家后做什么，等等，尽量详细。整理所了解到的内容，以“一个教师的一天”为题写一篇文章，真实记录教师的生活。

（二）研究表明，教师职业是压力来源较多、压力强度较大的职业。教师不仅要承受着与其他职业同样的工作压力，而且还承受着由教师职业的特殊性所带来的压力。你的老师有没有同样的情况？采访几位老师，了解他们在这方面的情况，写一篇小报道。

五、立足于“学生的校园生活”设计语文综合性学习

（一）我喜欢，我阅读

1. 开展调查活动，了解同学喜欢读哪些内容的书刊，阅读目的是什么，一般喜欢在什么场所阅读，阅读每天占多少时间，影响阅读和购买书刊的因素有哪些，以什么方式接触名著等。根据调查，给阅读活动提一些建议。

2. 以“中学生阅读有问题吗”为辩题，组织辩论会，双方除了调查所得的材料外，通过网上搜索、图书查阅等手段，掌握更多材料，支撑自己的观点。

（二）我来设计校服

如果由你来设计校服，你理想中的校服是什么样子？先讨论设计校服应该考虑哪些因素，比如年龄特点、学习环境等，然后采用小组合作的形式，画一幅校服设计图，配上有关设计意图的说明文字，最后小组之间评比，看哪一组校服设计富有创意。

（三）制作叶脉书签

叶脉书签是选择叶形美丽的树叶，经化学方法处理后去掉叶肉部分，保留完整的叶脉，再染色后制成的一张书签。上网搜索或请教理科教师，了解叶脉书签的制作方法，动手制作一枚叶脉书签。把制作过程写下来，使不了解的人能够根据你的描述学会制作，或写上几句话（诗歌、警语等），把它赠送给同学，作为纪念。

（四）唱流行歌曲，品古典诗词

1. 搜集歌词中直接使用古典诗词和化用古典诗词意境的流行歌曲，把搜集到的歌曲录下歌词，注明诗词题目，是词的注明词牌；歌名与诗词题目不同的要对照写出。如果是化用，则同时录下原诗词和化用后的歌词。把同学们搜集到的歌曲汇集一起，选择其中若干首歌曲，在唱中体味。如果为大多数学生熟悉，则可采用合唱或小组唱的形式，如果学生不太熟悉，可由文娱委员或能唱的同学教唱。

2. 查阅有关资料，包括歌词的背景和诗词的鉴赏文章，可以分组进行，然后每组推选出一至两个代表在课堂上交流。交流过程中也可以穿插唱。

3. 点评。选择体会较深的诗词进行点评，然后把全班同学的点评汇总起来，

编成一个点评本在同学间传阅。

从这个案例可以看到，校园空间的语文综合性学习设计是大有可为的，可以说，社会生活的各个侧面在校园里都可以找到相似的内容。因此，学生的生活经验是语文综合性学习专题活动内容的重要来源。

2. 从乡土资源中选择专题性活动内容

从乡土资源中选择语文综合性学习活动的内容，可以促进综合性活动与当地资源的融合。例如，有位教师尝试从乡土资源中选择了以下几个专题，组织学生开展综合性学习活动：

（1）寻自然之旖美

（宿迁）泗阳素有“绿色林海，生态家园”之称，神奇秀丽、绚丽多姿的自然景色俯拾皆是。静谧的古泗水，流淌的大运河，浩荡的洪泽湖，幽美的园林古迹，众多的寺庙道观……我们以课程开发的眼光审视家乡的一山一水、一村一地，引导学生搜集、对话、编写，把它们变成有生命力的文字，如血液般地融进孩子们的生命，激发对家乡的热爱之情。如在学习苏教版语文教材《走进自然》（五上）这一单元时，时值春日，让学生通过采访老村民、拜访名胜古迹区管理人员、采访游人、收集风景区资料、写研究报告等形式寻找家乡之美。在活动中，学生了解并宣传了本土的自然胜景，同时培养了学生审美情趣，滋养了学生的心灵，激发其对家乡的热爱之情。

（2）探历史之久远

家乡历史悠久，拥有五千多年的文明史与两千一百多年的建县史，西汉时期封于这里的泗水王与徐州的楚王、扬州的广陵王，并列为江苏境内的三大诸侯王。泗阳作为泗水国都城长达一百二十多年历史，历经五代六王。今天县内尚有都城遗址，因此被称之为“泗水古国”。怎样让学生了解泗水文化，《秦兵马俑》一文的学习为“家乡历史知多少”这一综合性学习活动的开展做了好的引子。在活动中，教师带领学生阅读《泗阳县志》，上网查找相关资料，观看纪录片电影《泗水文物出土记》，开展“家乡历史我来讲”故事会。参观三庄汉墓群遗址，以及阅读有关泗水历史的书籍后，以“家乡历史”为题写一篇随笔，谈谈观后感，编撰《今话古桃源泗水》学习成果集。学生在活动中，通过阅读、交流、体验和创作等形式，不仅丰盈了对泗水的历史了解，还发展了语文综合能力，提高了语文素养。

（3）享物产之丰富

泗阳位于江淮地区，气候温暖湿润、雨量充沛，地方特产品种丰富。如中国八大名酒之一的“洋河大曲”，《核舟记》一文中描绘的“桃雕”工艺品。除此之外，还有“洪泽湖银鱼”“泗阳膘鸡”“八集小花生”“新袁羊肉”“洋河车轮饼”“丁庄大菜”等物产也独具地方特色。在教学中，我们分阶段让学生进行“名酒”“桃雕”“水产”等专题的学习实践研究。在一个个专题训练中，学生通过网络搜索、查阅有关资料、资料整理加工等形式，对家乡特产的外部特征、特产的价值（如营养价值、保健价值、经济价值等）或用途等了如指掌，并会用恰如其分的“解说词”与自我设计的生动活泼、朗朗上口的广告语来推销家乡的特产；在深入实践的同时，还开展了“我为家乡经济献点子，争做城市的小主人”活动，学生根据自己的观察思考，结合搜集的资料，给县长写信，谈谈建议，培养学生的公民意识。

（4）品民风之趣味

泗阳有着丰厚的乡土文化底蕴，“十里不同风，百里不同俗”，以此作为学生语文综合性学习的资源，独具风味。如在设计“探寻端午节风俗”综合性活动主题时，各学习小组在活动前首先制作一张资源整理表格，表格将学习主题的内容和要求分为多个板块，采用分工合作的形式有针对性地进行资料查阅，这样学生有自己明确的目标、任务，从而使整个学习过程井然有序，整理的资料精彩纷呈。家家门口插柳树枝、菖蒲以示辟邪，吃粽子，小孩要在手腕、脚腕拴狗绳，佩带荷包等。揭开了那富有神秘色彩的民风故事，再现了富有民俗风情的情景，乡土风情完全走进了孩子们的生活之中，激发了孩子们的爱乡情怀和文化寻根的兴趣。

（5）扬名人之精神

泗阳名人荟萃，人才辈出。从古至今，各行各业都涌现出了人才，他们是那样的贴近生活，是那样的可亲可爱。他们的成功和风范理应成为学子汲取成长养料的宝藏。我们应有意识地引导学生走进血肉丰满的桑梓才俊。如开展了以“扬名人精神，做进步学生”为主题的系列活动。教师带领学生走进名人故居，感受名人的奋斗进取精神；深入图书馆，学习名人光辉的人生历程；开展班级活动，畅谈学习感想……家乡一连串永远闪烁着光芒的名字带给了学生激励和震撼。在活动之后，学校又引导学生将名人精神贯彻到自己的学习实践中，评出了一批活动中涌现出来的进步学生，将其照片、材料放在学校宣传窗里展出。这项举措更是将学生的热情推向了高潮，收到了很好的教育效果。[①]

这位教师充分利用乡土资源，开发了五个综合性学习活动专题，并在各个专题学习活动中凸显各自的特点与优势，引导学生通过阅读、交流、体验和创作等形式进行活动，既增强了学生的语文综合性学习能力，又激发了学生对乡土的热爱之情。

3. 从互联网资源中选择专题性活动内容

“互联网＋语文综合性学习”的方式可以为综合性学习活动提供丰富多彩的内容，网络学习是语文综合性学习的重要渠道之一，我们要充分利用互联网资源来开展语文综合性学习。网络学习的特点是虚拟性、超时空性和综合性。日臻完善的多媒体技术可以将语文学科知识以图、文、声、动画的形式予以展示，链接技术又为多学科知识的相互转换提供了便利，还有功能强大的各种搜索工具可以在短时间内将多方面的知识尽收眼底。但是值得注意的是，语文综合性学习的课堂学习和网络学习并不是互不联系的两部分，两者只有结合在一起才能相辅相成，相得益彰。

我们以综合性学习专题“漫游语文世界”为例。在此专题的课堂学习中，教师一般是按照教材要求让学生展示从生活中所收集的各种不规范用字（词），然后请个别同学谈感受，最后布置一篇命题或半命题作文。这样好像达到了锻炼学生的观察能力、听说能力和写作能力的目的，但语文综合性学习最为看重的探究能力和创新能力却没有受到应有的关注。因此这一专题可以做如下改进：

（1）家庭、校园和社会运用语言文字的情况都可以通过搜索在网络上找到，指导学生利用这些资源。并帮助学生在好的交流论坛里发关于汉字使用规范化的倡议帖。

（2）引导学生阅读好的网络文学作品、网络时评、好的论坛主题帖，帮助学生运用网络语言进行短文写作，并在网上与人交流，加深对祖国语言文字的认识。

（3）在课堂学习中设置2至3个探究式的问题，比如讨论网络语言的利与弊，体会在各种情境中语言文字应用的不同，理解其适应性等，并将讨论结果形成文字，在班级或校园进行展示。条件允许的话，可以帮助学生以小组的形式制

① 王学林. 基于本土文化资源开发的小学语文综合性学习的实践 [J]. 现代中小学教育，2011（5）.

定倡议规范使用汉字的计划书，并在实际中实施。①

改进之后的活动与互联网建立了关联，学生利用网络开展语文综合性学习活动，活动的空间扩大了，线上与线下相结合，有效促进了学生对专题内容的深度学习。

互联网不仅是语文综合性学习的载体与平台，就是那些与互联网有关的正在影响人们生活方式的内容也可以进入语文综合性学习的专题。例如，有位教师组织学生开展了以“网络与生活”为专题的语文综合性学习活动，这个专题性活动有以下主要内容：

活动一：轻唤一声网名。请同学们为自己设计一个具有个性特征和积极意义的中文网名，并陈述取名的理由。

活动二：一起来织“围脖”。一种新型的信息分享、传播、获取平台进入了我们的生活，它就是微博，昵称“围脖”。

活动三：关注网瘾顽症。请大家以“跟帖”的形式把自己对一件网瘾事件的看法“秀”出来。

活动四：审视“人肉搜索”。请几位同学展示他们搜集到的“人肉搜索”的实例。谈谈你对“人肉搜索”这把“双刃剑”含义的理解。

活动五：前瞻网络发展。阅读《物联网常识》科普短文，请大家发挥想象，写一段文字，描绘一下未来“物联网”时代日常生活的场景。②

通过五项活动的开展，不仅引导学生以语文学习的方式参与对相关问题的思考，而且让学生在综合性学习活动中更充分地认识了网络与生活的关系。这样，学生语文综合性学习活动的专题内容就更加丰富多样。

4. 其他方式的专题性活动内容

从课外选择语文综合性学习的专题性活动内容，除了要立足学生的生活经验、乡土资源、互联网资源等方面来选择活动内容外，还有其他一些方式。

① 齐军，钱加清. 基于网络环境的语文综合性学习研究 [J]. 内蒙古师范大学学报（教育科学版），2008（10）.

② 贾厚明. 一“网”情深——“网络与生活”主题综合性学习 [J]. 初中语文教与学，2012（7）.

（1）新闻照片系列。这个活动的主要内容可以安排为：阅读报刊，选择一幅自己最喜欢的新闻照片；如果有条件，也可以自己到生活中拍摄新闻照片，然后选择一幅最喜欢的准备交流——为这幅新闻照片拟一个标题，写一段说明文字（可以记叙拍摄照片过程中的有关内容，可以说明照片拍摄的有关技巧和艺术特点，可以描写照片画面的有关内容，可以就照片内容发表议论，可以写文，也可以写诗，语言要力求简洁生动）——新闻照片联展（各人将自己选择的照片和所配的文字装帧好，在班级展出）——讲述关于照片的故事（可以是关于照片本身的故事，也可以是由照片联想到的故事）——最佳新闻照片和最佳配图文字评选——结合照片写一篇文章，或组织一次演讲（可以根据别人的照片，也可以根据自己的照片）。

（2）家族文化系列。这个活动的主要内容可以安排为：家族的历史调查（可以调查自己家族祖先迁徙情况，如是否为本地人，由哪里迁入，什么时候迁入，迁移的原因是什么；也可以调查家族祖先的革命历史或创业历程等）——家谱或家训介绍（简要介绍家谱或家训内容，并对其具体内涵做分析和说明）——家族文化介绍（如家族辈分的排列，家族语言的特点，家族特有的风俗习惯，家族的优良传统等）——召开故事会，讲述家族的故事（可以是关于家族历史的故事，可以是关于家族兴衰的故事，也可以是关于家族杰出人物的故事）——概括家族精神（用一个词语或用一句话概括家族精神中最主要的内涵）。

（3）母爱父爱系列。这个活动的主要内容可以安排为：了解父母的生日（为父母的生日各写一首小诗或写一句祝贺的话，表达自己对父母的爱和感激）——了解自己成长过程中父母的付出（可以了解母亲十月怀胎的艰辛和自己出生的情况，也可以从时间或经济角度算一算父母为自己的付出）——听父母讲一个“爱”的故事（可以是父母之间的故事，也可以是父母爱自己的故事）——给父母写一封信（可以同时写给爸爸妈妈，也可以分别写）——班级召开以“母爱如水，父爱如山”为主题的专题班会（交流自己在这个综合性学习活动中的一项成果）。[①]

① 黄厚江．打开语文学习的又一扇窗——谈语文综合性学习的开展 [J]. 语文教学通讯，2006（5）.

第三节 语文综合性学习活动情境设计

语文综合性学习活动是在具体的情境中展开的，活动情境是语文综合性学习的载体，综合性学习活动的形式与内容都是依托具体的活动情境而整合起来的。因此，活动情境的设计对语文综合性学习活动至关重要。

一、把握语文综合性学习活动情境的内涵

我们可以从三个方面理解和把握语文综合性学习活动情境的基本内涵：活动情境的问题情境特征、活动情境是“心理”与“逻辑”的综合、活动情境的主要参数。

（一）语文综合性学习活动情境主要是指问题情境

1. 活动情境的含义

情境是一个常见的词汇，它指称一个人或一群人和某个既定背景维系的关系。就是说，情境主要是指一个主体（一个人或一群人）和一个背景之间的互动关系。①

在学校教育中，“情境”一词在使用中常常有两种不同的含义：

一是教师和一组学生组织的某个活动（课堂情境），如一篇课文、师生之间的一次讨论、一项研究、一次评估、一次出游等；

二是针对某个既定任务，要求一个或一群学生联结起来的一组背景化的信息，如使用某些材料制作学校模型，以便在一次展览中介绍学校等。在这种情况下，“情境”一词的含义是“问题情境”，就是说是按照一套学习来表现某个既定障碍、回应某个问题的一个情境。

语文综合性学习的活动情境主要是指第二种含义，即“问题情境”。

“问题情境”有两种情形：自然的问题情境和建构的问题情境。自然的问题情境是指在日常生活中，我们每个人经常会遇到的那些真实的问题与事件，如安排几次约会的问题情境、丢了钥匙的问题情境等，这种情境又称之为生活情境或职业情境。建构的问题情境，属于一组被计划的学习的一部分，即针对一组学习

---

①［比］罗日叶著，汪凌译. 为了整合学业获得：情境的设计和开发 [M]. 上海：华东师范大学出版社，2010：6.

来利用情境和问题做一些事情，是在自然情境下的一种建构和改造，具有一种教学论的意图，其中有一个把问题加以教学论化的过程。比如，情境中出现的干扰性信息没有生活情境中的那么多，或者按照某个顺序向学生呈现一些信息，以让学生按照某种进度逐步克服困难。

2. 活动情境的构成

在问题情境中，“情境”和“问题”是两个互为补充的概念，一方面是情境，它带来的主要就是一个主体和一个背景；另一方面是问题，它主要是通过一个障碍、一个有待完成的任务、一些要联结起来的信息来定义。在学校里，问题情境有一个明确具体的功能——为学习服务。新学习的发生正是通过让学生克服一个或一些障碍来实现的。

基于问题情境的内涵，一个活动情境主要包括两个组成部分：支持工具和命令。

支持工具是一组呈现给学生的物质因素：书面文章、插图、照片等，它包含三个因素：一个背景，描述学生置身于其中的环境；一些信息，学生将在此基础上行动，信息可以是完整的或不全的，可以是恰当的或干扰性的；一个功能，表述学生作业的目的。

命令是从既定的支持工具（背景、信息、功能）出发，明确向学生提出的一组学习指示，是对学生下达要完成的任务或要解决的问题。这个任务或问题就是活动情境中的核心活动。它可以有多种形式：撰写一篇文章、完成一个方案、找出解决某个问题的方法、提出一些建议、完成一篇原创作品等。

下面的案例就包含了活动情境的构成要素：①

你是记者。你工作的日报计划围绕“美国，自由之地？”这一主题发表系列论文。

你负责撰写一篇关于 18 世纪末到 19 世纪末这一时期的历史文章。为此，你想采访一位著名的美国历史学家。

① [比] 罗日叶著，汪凌译. 为了整合学业获得：情境的设计和开发 [M]. 上海：华东师范大学出版社，2010：63.

你收集了一些有关这一时期历史的恰当资料，用心地准备这次访谈。

1. 在分析和比较这些资料之后，提出五个问题，并按照逻辑把这些问题组织起来，以更好地准备你的访谈。实际上向历史学家提出的问题将以这第一份问卷为基础来建构。
2. 不要忘记在其中使用在课堂上看到的一个概念（殖民、危机、增长、人口流动……）

资料 1
资料 2
资料 3
资料 4
资料 5

这个语文综合性学习活动情境的设计，先提出一个活动的背景——假设你是一家日报的记者，报纸要围绕“美国，自由之地？”这一主题发表系列论文；然后提出要完成的这项活动的功能（目的）——你准备撰写一篇历史文章，准备访谈一位历史学家；接着进一步提供了活动的背景——你收集了一些资料，着手准备这次访谈；并提供了活动的更充分的信息——列出了你收集的五份资料。以上这些都是活动情境的支持工具部分。在此基础上，提出了两个“命令”，一是需要针对这五份资料提出五个问题，并有逻辑地组织这五个问题，准备访谈历史学家；二是需要在访谈提纲中运用课堂所学的历史学的概念。

这个综合性学习活动情境以语文与历史两个学科的内容为基础进行设计，材料用的是历史知识与文章，但学生的核心活动指向的是语文，训练学生的阅读（分析文章）、写作（提炼出观点与问题）与口语交际（访谈）能力。

（二）语文综合性活动情境是“心理”与“逻辑”的综合

语文综合性学习的活动情境一方面要体现学生的兴趣与学习心理，另一方面也要体现学科知识的学习，一个好的活动情境应该是这两方面的高度契合。杜威指出：能最好地服务于“教育即生活”的课程组织是从“心理”化向“逻辑”化发展的。杜威所认为的“心理”化是指个体或群体的兴趣、爱好、价值观和目标；“逻辑”化是指构成既有的广泛的知识和学科（正式或非正式）在人类发展的历史中所积累的知识。他认为教育在“心理”和“逻辑”之间的连续体内来回转移，而“心理”是课程研究中最为恰当的教育学研究起点。因此，课程设置不应该以成人所认为的学生所需要的知识为基础，而应该从学生自身的经历、需要、兴趣、爱好和疑虑入手。简而言之，应该承认，来自学生经验的问题才是真正值得研究的。应该在充分真实了解学生的学习经验的基础上设计课程内容和方法。

霍普金斯（Hopkins）将之称为“整合”，并称整合的社会工具是“互动”。他认为整合不仅仅是学科的简单相加，而是对学校经验和学习的生活经历进行整体考虑。简而言之，整合也是杜威所认为的“心理”和“逻辑”的综合。这种互动通过学习者在对校内外的生活经历进行交流，从而促进学生经验与课程内容的整合。这种互动是建立在学生各自的生活经历基础上的，可以提高学生解决以后所遇到问题的能力。①

因此，促进学生“心理”和“逻辑”之间的“互动”或“整合”，尤其是在这种“互动”或“整合”中设计出引导学术思考的综合性问题，这既是语文综合性学习活动情境设计的重点，也是语文综合性学习活动情境设计的难点。

（三）语文综合性活动情境的三类基本参数

比利时学者罗日叶认为，合宜的活动情境应该合理设置三类参数：辨别参数、内容参数和装扮参数。② 根据这一理论，我们认为语文综合性学习活动情境的设计需要处理好以下三类参数的关系：

第一类参数是辨别参数。这些参数涉及我们可以从外部观察到的情境特征：真实或模拟特征、学科领域、所寻求的教学功能、所致力发展的学生能力、所期待的作业形式、已知条件的性质、情境的开放等级；也就是说，辨别参数是可以在一个活动情境的形式上直接看到的，直接呈现在活动情境的支持工具和命令之中。

第二类参数是内容参数。这类参数一般在形式上不是直接呈现出来，而是隐含在辨别参数之后，渗透在支持工具和命令之中，只有当学生解决情境问题或完成情境的任务时才会显现出来。内容参数主要包括综合性学习的目标，需要运用的知识、技能和态度，解决问题的方法和步骤。这类参数指引着教师对学生学习

① ［瑞典］胡森，［德］波斯尔斯特韦特总主编，丛立新等译. 教育大百科全书·课程卷 [Z]. 重庆：西南大学出版社，2011：201–206.

② ［比］罗日叶著，汪凌译. 为了整合学业获得：情境的设计和开发 [M]. 上海：华东师范大学出版社，2010：155–171.

活动过程的指导与评估。就学生而言，它涉及两个方面，一方面是围绕主要任务或问题，充分调动自己已有的知识与能力去解决问题；另一方面是对最后解决问题或完成任务的质量进行自我监控。当学生在活动过程中遇到困难或出现问题时，教师需要加以引导，给予帮助。就一项具体的语文综合性学习活动来说，内容参数更多的是指教师和学生需要带入活动情境中的东西，但这些东西不是随意带入的，而是要受到具体情境问题或任务的制约。

第三类参数是装扮参数。这类参数体现的是活动情境的建构特征，即为了更有效地促进学生的学习，语文综合性活动情境一般都是需要对自然情境加以限制、改造与简化处理。装扮参数主要有两类，一是和情境的呈现方式有关的参数，包括图表等呈现方式、情境的表述架构、各要素之间的安排顺序、对信息和已知条件进行的处理；二是和情境激发动机的特征有关的参数，包括情境在学生看来是否有趣、是否认识到解决问题情境的好处等。

依据罗日叶的情境参数理论，在课堂教学中，对一位教师而言，创造一个综合性学习活动情境，实际就是要完成以下任务：

1. 提出活动所要解决的问题；
2. 使学生明确活动的目的与意义；
3. 提供活动的社会与生活背景；
4. 供给活动的实物或文字材料；
5. 激发学生的活动兴趣；
6. 明确成果方式与评价方式。

这些任务就包含了三类参数，其中 1、3、4 涉及辨别参数，2、6 涉及内容参数，5 涉及装扮参数。完成了这几项任务，就给学生创造了一个语文综合性学习的“活动情境”。

二、语文综合性学习活动情境设计的基本路径

语文综合性学习活动情境设计要遵循活动设计的整体化与多样化的路径，活动的整体化设计有助于学生对所学知识的整合，提高其解决实际问题的能力；而活动的多样化设计则有助于满足学生的差异，促进学生的个性化发展。

（一）活动情境的整体化设计

语文综合性学习活动情境设计要遵循整体化设计的路径，避免还原式的元素主义设计路径。在还原式的设计方法中，综合的内容和任务被逐级分解还原为较为简单的元素，直到分解得到的元素可以通过呈现或练习传递给学习者。还原式的元素主义不利于学生调动已有的知识技能解决实际问题。整体化设计的方法论基础是“整体大于部分之和”，既能顾及相对独立各个组成部分，又不会忽略组成部分之间的相互联系。“采用整体化设计方法可以解决教育领域中三种痼疾，即分割化、碎片化和迁移悖论”[①]。语文综合性学习活动情境的整体化设计要领体现在以下三方面：

1. 突破语文学习各领域的“分割化”

所谓“分割化”指的是将整体划分为截然分开的部分和类别，然后设计学习活动帮助学生学习这些截然分开的部分和类别。例如，在综合性学习活动设计中将知识与能力、过程与方法、情感态度与价值观分别加以设计，使语文学习目标的三个维度分割化。或者将陈述性学习与程序性学习分割开来加以设计，使实际的语文能力与素养割裂了。突破“分割化”，就是要整合陈述性学习、程序性学习（包括感知和心理动作技能）以及情感性学习（包括愿意在知识、技能和态度等各方面不断学习、与时俱进的素养），并帮助学习者建立整合的知识基础，提升实现学习迁移的可能性。

综合性学习要求学生掌握一组综合的学习目标。其最终目的是将知识、技能与态度在一个丰富的、相互联系的知识体系中融会贯通。如果学生遇到了一个新的不熟悉的情境，这样一种相互联系的知识体系将有助于他们激活各种类型的知识从而达到解决问题的目的。

学生是通过“归纳型学习”的过程来逐渐形成一种综合的知识体系的，归纳型学习能够保证学生在学习中从具体的经验内部抽象出相关知能来。精心设计的学习任务可以为学生提供具体经验，从而帮助学生建构新的认知模式，并调整记忆中已有的具体经验。归纳是综合学习的核心，它包括“概括”和“区分”。

当学生从具体经验中做出概括或抽象时，他们便是离开了具体的细节来建构图式，使该图式能在更加广泛的情形中使用。越是能成功解决一类问题，就越能

① [荷] 范梅里恩伯尔，[荷] 基尔希纳著，盛群力译. 综合学习设计 [M]. 福州：福建教育出版社，2012：7.

概括出更一般的图式。所以，图式揭示了成功解决问题的一些共性特征。

因此，每一项学习任务都应该提供完整任务体验。这就意味着学习者面对的学习任务全部或几乎全部都应该来自现实生活中要完成的任务所包含的重要技能，以及整合与此相关的知识与态度。所有这些任务都应该是有意义的、真实的和有代表性的。

2. 避免综合性活动内容的“碎片化”

所谓“碎片化”是指将教学内容分解为细小的、不完整的、彼此割裂的部分，然后加以独立教学。碎片化教学设计的典型特征是首先分析既定的学习领域，然后将它分解为不同的学习目标或者行为目标（例如记住某个事实、运用某个程序、理解某个概念等），然后选择不同的教学方法实现各个独立的目标。

这种方法只适合那些不太需要“协调”各组成技能而且单个组成技能都较难掌握的情况。而大部分综合能力，在完成任务所涉及的不同方面之间存在着大量的交互，对各个方面之间的协调有着很高的要求。有大量的证据表明，将一个综合的领域或任务分解成一系列独立的元素或目标，而后分别对这些目标进行教学而不考虑它们之间的相互关系以及必要的协调，如此做法是难以成功的。因为学习者最终无法在迁移情境中将分离的元素整合起来并使之协调。为了促进学习的迁移，整体化教学设计聚焦于达成一组高度整合的目标，特别是在完成真实任务的过程中协调地达成这些目标。

在很大程度上可以这样说，综合学习就是要学会如何协调在现实生活中各种各样组成技能。一个整体的综合技能肯定大于各个部分简单相加之和。组成技能常常需要由高层次的策略加以监控，因为如果不考虑相关的组成技能与知识、态度之间的关系的话，那么，这些组成技能本身恐怕就很难真正发挥作用。

常用的对策是让学习者一开始先接触相对容易的完整任务，逐渐过渡到难度加大的完整任务。在学习任务的分类中，代表特定难度任务版本的每一个具体任务，组成了“任务类别”。同一任务类别中各个学习任务中，都能依靠相同的一般知识基础来完成，从这种意义上说，这些任务是等价的。但同一个学习任务类别中的不同具体学习任务之间，还是应该有一定的差异，这样才和复杂多样的现实生活相符。一般情况下，安排在后面出现的任务自然应该比前面出现的任务难度更大一些，更加“血肉丰满”一些。

3. 促进学生语文能力的迁移

语文综合性学习活动情境的整体化设计有助于学生语文能力的迁移，可以较好地突破单项活动的“迁移悖论”。“迁移悖论”指的是那些对于实现孤立的、特定的目标来说是最管用的教学方法，通常不是实现整合的目标和学习迁移的最好方法。因此，要实现综合学习的迁移，就不能仅仅局限于原有的单项孤立的教学方法，应该确保学习者在遇到新问题时，不仅拥有特定的专门知能应付问题的熟悉方面，更为重要的是，拥有必要的一般知能或者抽象知能来处理问题的不熟悉方面。

在设计综合性学习活动情境时，为实现学习的迁移，首先需要区分“问题”所需的解决能力或技能类型，然后需要分析学生从事这项综合性学习活动实际具有的技能类型。一般来说，从学生的角度看，一项综合性学习活动的问题解决或方案形成，可以分为熟悉的方面和不熟悉的方面，这两个方面使用的技能有所不同。对熟悉的方面的解决使用的是“基于规则的加工能力”，指向行为中的常规方面，又称为“再生性技能”；对不熟悉的方面的解决使用的是“基于图式加工的能力”，指向行为中的解决问题和推理方面，又称为“创生性技能”。

在综合性学习情境中，两种能力或技能都需要。但我们要认识到，这是两种不同的能力或技能，“基于图式的加工能力”着眼于“相同知识的不同应用”，发展之关键在于“变式度”，在图式建构的过程中，学习者从具体的细节中学会抽象出一般信息，提供可用于众多不同情境的模式与方法。而“基于规则的加工能力”则着眼于“相同知识的相同运用”，其发展主要体现为重复，在规则或图式熟练的过程中，学习者发展了高度专门化的认知规则和动作规则，以唤起特定情形下的特定的心理动作或者身体动作。

在综合性学习活动中，当缺乏相应的“需要熟练掌握的再生性技能”时，就应该对某一个学习任务的特定再生性层面进行专项操练。但这种专项操练，只有在把握了整体学习任务的意义之后才能实施。只有这样，学习者才能在一个丰富而完整的认知情境下开始相关学习活动。

例如，下面是俄罗斯语文教材《俄语》（10 至 11 年级）中设计的一项语文综合性学习活动情境：[1]

① 洪宗礼，柳士镇，倪文锦 . 母语教材研究 7：外国语文教材译介 [C]. 南京：江苏教育出版社，2007：281–283.

识别并把握“课文的句子联系”特征

1. 知识与方法介绍（支持工具）

课文——源自拉丁语 textum，原意是织物、布匹、联系、结合。

课文——这是用一个题目和主题思想把一些句子或段落联系成的一个整体，句子彼此间按照意义和语法联系起来。

课文的基本特征：其各部分在主题上和结构上的统一性；各部分（链形的，平行的）之间在语法上的联系性；意义上的连贯性；相对的完整性。

课文可以由一段文字组成，也可以是一篇文章或一本书。

句子中词的联系方法、复杂句的联系方法大家业已熟知。在课文中句子间是怎样联结的呢？须知用逗号隔开的句子彼此间并不是孤立的。句子之间有着意义上的联系。不仅相邻的句子，而且彼此间用一个或几个句子隔开的句子也都存在着联系。

句子间在意义上的关系主要有:（1）一个句子的内容与另一个句子的内容相反;（2）第二个句子的内容提示了第一个句子的意义，或者说明了其某一个成分，而第三个句子的内容则提示了第二个句子的意义，等等。

任何课文都是具有一定规则的句子的结合。

句子的练习分为链形和平行两种。

在平行联系中的句子中，句子与句子不是成链形排列，而是相互对照，也正是由于这种结构的平行，才能进行句与句之间的比较。句子的平行联系的特点是：其同样顺序的词，同样顺序的句子成分，都是用同样的语法形式表现的。有时，则用句子的第一个词的重复来表现这种联系的特点。（谁不诅咒车站的看守？谁与他们不相互责骂？谁在愤怒时不需要他们那些有举足轻重作用的小册子？——普希金）在这里，连修辞问句也变成了句子间平行联系的手段，平行联系在诗歌中经常使用。

在链形联系的句子中最主要的是关键词的重复（常用同义词、同义转换、代词来取代此种重复）和句子的某些成分的重复。此种联系常通过语义适合或联想实现。

2. 知识与方法示例（支持工具）

让我们看贝洛夫的短篇小说《在车站》。（略）

3. 练习（命令）

阅读你现在正在学习的历史（或其他学科）教科书中的一节，观察课文中句子的联系。确定句子的联系类型，说明这种联系表现在何处。说出联系的语言学手段。找出关键词，列出小标题。

这个活动情境的设计考虑了“熟悉知识”与“陌生情境”的联系，以语文课文内容学习为基础，引导学生把所学知识迁移到课外其他学科的情境，促进了所学知识的深度理解与巩固，并形成了一定的解决问题的能力。

下图是综合性学习活动情境中学生知识与能力的迁移机制：

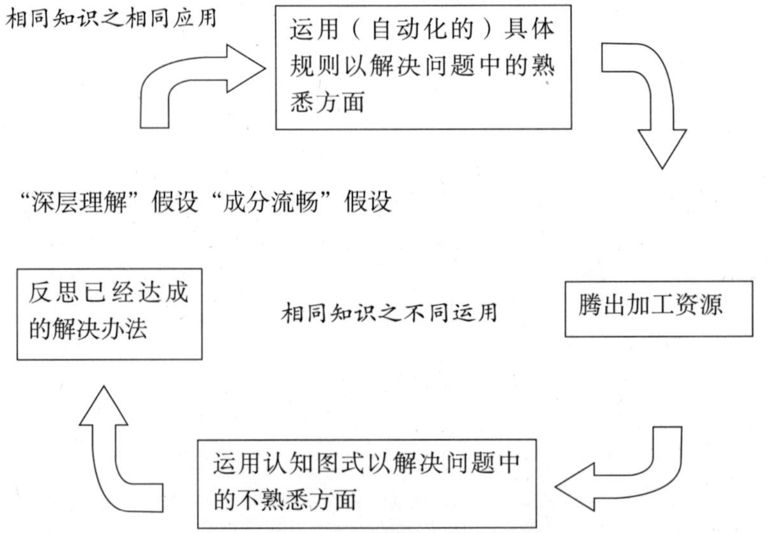

迁移循环圈

改编自《综合学习设计》，（荷）范梅里恩伯尔，（荷）基尔希纳，盛群力译．福州：福建教育出版社，2012：26.

从这个“迁移循环圈”我们可以看到，规则一旦被完全熟练掌握，那么不仅有助于完成新问题的熟悉方面，同时也腾出一部分加工资源用于处理新问题中不熟悉的方面。这一基于规则迁移的过程，按照“成分流畅”假设可以这样来解释实现学习迁移的机制，即再生性组成技能达到熟练之后，可以腾出一部分认知资源留给掌握创生性组成技能的需要，包括协调整个任务的方方面面之需要。

学习者解释认知图式来应对新问题的不熟悉方面，通常是通过应用具体的原理来对问题的解决方案进行推理，通过应用启发式的办法来指导解决问题过程。例如，“类比”是一种重要的解释方法，可以帮助学习者在现有的问题情境和可能的相关认知图式或者在解决其他多少有点类似的问题之间进行比较。如果类比是在有用的、精心组织的和丰富的图式之中进行的，那么就很容易在新旧问题之间建立起联系，找出解决方案。

研究表明，以上两种迁移机制确实存在，具有反思能力的专家拥有熟练的规则来解决任务的常规方面，腾出一部分认知资源和丰富的图式来完成实际解决问题活动，不断地评估业绩和已经提出的解决方案的质量。

（二）“活动情境”的多样化设计

语文综合性学习情境中的学习活动并不是单一的，而是存在诸多不同的学习活动与学习方法，可以说综合性学习的过程实际是不同类型的学习活动彼此持续互动的过程。

1. 多样化的活动

有的学者把综合性学习活动区分为五种：探索研究活动、系统学习活动、结构化活动、整合活动、评估活动。按照整合的内容特征和学习时刻又可以细分为九种学习活动（如下表）：[①]

	局部学习活动	背景之外的结构化活动	在情境中调动学业获得的活动
学习开始时	探索研究活动	前期结构化活动	问题解决学习
学习进行中	系统学习活动	学习过程中的结构化活动	整合活动
学习结束时	补救活动	后期结构化活动	评估活动

这九种学习活动在综合性学习情境中的作用并不是同等的，但要发挥综合性学习的真正价值，需要恰当地顾及每一种活动。这一方面是综合性学习的整合特征所决定的。综合性学习情境中的各项活动整合的程度与规模是有差异的，有的整合程度高，有的整合程度低，有的基本是属于整合情境中的单项活动。所有这

① [比] 易克萨维耶·罗日叶，汪凌译. 整合教学法：教学中的能力和学业获得的整合 [M]. 上海：华东师范大学出版社，2009：151.

些学习活动共同实现综合性学习活动。另一方面是学生学习的需要。学生的综合性学习总是基于单项学习的，是对单项学习所获的整合，所以综合性学习情境中应该包含相应的单项学习活动。同时，学生之间的综合性学习是有差异的，尤其是最差的学生，需要通过几种不同学习方法来掌握学业。不了解这一基本原则，可能会使整合教学法成为只针对最优秀学生的一种教学法，也就是只针对那些可以将探索研究、系统化或结构化学习活动进行整合的学生。

语文综合性学习活动情境中的诸多学习活动类型最终是由整合活动来发挥作用的，整合活动的主要职能是引导学生把先前分开学习的一些东西调动起来，以便解决问题情境。

整合活动可以在学习过程中的任何时刻进行，整合活动的时间可长可短，千变万化。在局部学习过程中，它可能就是一些短暂的活动（甚至可能不超过几分钟）。在这些活动中，我们把一些知识放在具体背景重新定位。在学习结束后进行的活动，时间可能会长一些，活动可能从几小时延续到几天。

需要说明的是，即使是单项的局部活动也是需要通过综合的方式来设计的。例如，以下是单项学习“概要”知识与方法的案例：①

概要：重要性、使用和制作技巧

——概要是能使我们更好地理解和学习不同种类文章的良好手段

——撰写概要使之缩减为简单句并删除次要部分的各种技巧

使用简单句分组写其他课程的概要

在众人面前发言使用提纲或概要的重要性

——无提纲的即兴讲话

——对这类讲话进行分析以便突出写提纲的优越性

——以概要为基础表述课文

这里把阅读、写作、口语交际综合在一起来学习“概要”这个知识点，充分体现了语文综合性学习中的活动多样化特点。

① 墨西哥中学西班牙语教学大纲，载洪宗礼，柳士镇，倪文锦. 母语教材研究 6[C]. 南京：江苏教育出版社，2007：408–423.

2. 多样化的“活动情境”设计

语文综合性学习中多样化的“活动情境”设计大致有以下几种常见的类型：

（1）探索型活动情境。这是一种问题解决活动情境，包括有目的地选择重演和再现的内容、创造探究和发现的情境、提供有结构的材料、鼓励运用多种方式发现、教会学生进行认知加工等。

例如俄罗斯语文教材《俄语》（四年级）设计了这样一个活动情境：[①]

1.（1）请看地图。圣彼得堡市分布在哪一条河上？

（2）抄写并补充句子。

在彼得堡市流过涅瓦河________，________，________和________。

2.（1）阅读下述文字，请考虑一个题目，以使读者一看题目便能了解这段叙述的主题。

四野里阴暗、空旷，一片白色。森林里静悄悄的。到处是雪。它把白色的脚印印在大麻上，印在松树的枝条上。在雪被之下躲藏着灌木和小松树。在寒冷的人迹罕至之处，只有风在吹着口哨，在大声嚎叫。寂——寞——啊，寒——冷——

啊……风儿在使劲地刮着，驱赶着暴风雪……

（2）把第四句画成一幅图。

在这个活动情境中，“支持工具”是以地图的直观形式呈现信息，引导学生去思考，然后用文字书写出来。之后在阅读的基础上提出了“拟标题”和“图文转换”的“命令”。这种情境的设计以问题解决为导向，综合了读、写、画多种方式，可以较好地吸引并促进学生的学习。

（2）体验型活动情境。体验是人类的一种心理感受，与个体经历有着密切的关系，体验学习和认知学习是人类最基本的两种学习形式。认知旨在发展学生对客观事物的认识，而体验则不仅对学生的感性认识学习有帮助，而且在发展学生的情感、意志、态度和价值观方面有着独特的作用。在设计体验型活动情境时要注意：将体验学习作为学科教学活动的重要手段，强调教学中的体验是学生的主

① 洪宗礼，柳士镇，倪文锦. 母语教材研究 7：外国语文教材译介 [C]. 南京：江苏教育出版社，2007：279.

动体验、明确体验活动的外部行为，一定要引起学生内部的心理过程变化，将体验作为学生个性形成的基础和个人成长的基础。

例如，实地参观是体验性活动情境的一种方式。如果只是到处看看、感受感受当地的气氛背景，那就不是一种综合性学习活动。相反，如果学生在参观过程中要提出一个独创性假设，或者寻找可以帮助他证实或否定某个假设的信息，或者如果他要在参观结束后处理他收集到的信息数据，那么这就是一种综合性学习活动。

下面是奥地利德语教材中的综合性写作教学活动情境案例：

把故事继续下去

故事之一：

J博士先生正要离家出门，他在前厅匆匆照了一下镜子。一看镜中人，他吓了一跳。站在那儿动也不动。西装穿得倒也得体，领带也不歪斜，可是，在脸部所在的地方，他看见……

可不是吗？他看见了什么？这就要发挥你的想象。请就此素材写一篇富于想象的故事，结局应该是皆大欢喜。

故事之二：

就在这时，她忽然觉得腾空飞起，好像被抛开似的，想抓住什么物体，可是抓了个空。她觉得自己在高速兜圈子，以至于不得不紧闭双眼。忽而又觉得自己贴着地面飞行，过后是一片巨大的沉静，仿佛她已远离人世，无比寂寞。然后又听到杂乱的声响：

近处的马蹄声，低沉的呻吟声，可是什么也看不清。她害怕极了，大声叫喊……

故事中的“她”感受到什么？她想做什么？请从这个人物角度出发，把刚开始的故事续完。[①]

换位思考

一位母亲给她最好的一位女友写信，信中谈及她女儿 / 儿子的事：

亲爱的盖尔蒂：

一种强烈的冲动迫使我提起笔来，向你倾诉我的烦恼和苦痛。我们是多么地

① 洪宗礼，柳士镇，倪文锦. 母语教材研究 7：外国语文教材译介 [C]. 南京：江苏教育出版社，2007：332.

喜欢自己的孩子，这你是知道的，为此，我们付出了巨大的辛劳。可是，近一个时期以来……

①请把这封信写完。写的时候要设身处地为这位母亲想一想，反映她与子女的矛盾和他们的家庭生活情况。记住，每个人都有他的优点和不足之处。

②请以安德烈（男）或萨比娜（女）的名义写一则日记，记载他或她与母亲或父母生活的情况。[①]

以上两个活动情境案例均是以引导体验为核心，让学生进入情境中，阅读基本信息之后，进行相关写作。

（3）交往型活动情境。交往与沟通情境，这是语言学习所特有的一种综合性学习活动情境。它可以有一系列不同的形式：看图说话、完成连环画、上演短剧、撰写节日邀请函、评论或续完有意思的故事等。

国外许多国家实施的交际写作教学法实际就是一种基于交往或沟通情境的语文综合性学习设计，它的基础理论是：①写作的真正目的是交际——作者与读者之间的交际；②写作是一项有目的、有意义的活动，它的目的可以是为了找工作，与朋友保持联系或投诉；③写作是要选择对象的（不只是老师，也可以是朋友、亲戚或不认识的人）。

交际写作教学法有以下几个教学特点：①学生阅读机会多——阅读材料通常趣味性强，生活中的真实材料多，学生的写作会从中受益。②将写作与其他技巧结合——听力和阅读的练习常常需要学生做一些偶然性的写作，譬如记笔记，这样的写作可以被扩展成比较大的写作练习，例如将记下的笔记扩展成一份报告等。③鼓励学生对话——特别设计的写作练习鼓励学生与学生进行对话，譬如调查表、民意测验、智力测验，因为这类练习比较有趣且受学生喜爱，所以写作也变得轻松一些。④鼓励学生合作——很多练习形式为解决难题或完成任务，需要学生互相帮助，因此打破了写作要独自进行的框框。⑤教师角色的改变——由控制为主到引导为主。

以下是新加坡的两个交往型活动情境设计案例：

① 洪宗礼，柳士镇，倪文锦. 母语教材研究 7：外国语文教材译介 [C]. 南京：江苏教育出版社，2007：338.

例一（角色扮演）：请帮我解决困难

步骤：

（1）将新加坡一些社会组织的名称写在黑板上，也可以让学生参与思考。

社会组织举例：乐龄俱乐部、社会福利部、婚姻顾问处、法律事务顾问处、保护儿童组织等。

（2）与学生讨论每个组织的工作范畴，所解决的困难等。

（3）让每个学生选择任何一个组织，然后写一封信给这个组织描述自己的困难，请这个组织帮助解决。

（4）将全班分成几个小组（有几个组织就分成几个小组），每个小组代表一个组织。将收到的信件分别交给不同的组织（注意不要让写信的人拿到自己的信）。学生在讨论每一封信后由不同的学生写回信（每一个学生都要写而不是以小组的形式写）。之后，可以将自己的回信念给其他组员听，听取意见后修改原稿。

（5）让学生将来信和回信并列地挂在墙上展览，或者将回信交给写信的人阅读。

例二（写新闻）：新闻报道

步骤：

（1）剪一些不同的报纸上的新闻报道（最好有图片）。

（2）将这些报道交给学生，让他们以两人或小组的形式就以下的两个方面进行讨论：

A. 新闻体裁的特点（可以具体到题目、文法、段落的划分，用词长短、开头、结尾、几个 Wh- 问题等）。

B. 中心内容。

（3）将学生分成小组。然后分给每个小组一些准备好的图片（可以是，也可以不是报纸上的图片）。每个小组要选其中的一个图片。

（4）以小组为单位，学生们必须为他们所选择的图片写一个报道。

（5）教师可以提供语言上的指导，但不可以更改内容。

（6）各小组可以派代表向全班朗读小组的报道，也可以让各小组之间互相交换阅读各自的报道。

（7）全班选出最优秀的报道，老师发奖。[①]

---

①［新加坡］陈雁如. 中国、新加坡写作教学比较 [J]. 载洪宗礼，柳士镇，倪文锦 . 母语教材研究 8[C]. 南京：江苏教育出版社，2007：242–243.

这种交往型活动情境设计立足交际语境，通过学生自身的写作经验交融，不仅提高了对文章的鉴赏能力，还提高了写作能力。

（4）创造型活动情境。包括让学生在课堂中直接进行创造性活动，促进学生直觉、想象力和观察力的发展，关注学生思考问题的独特性和新颖性等。可以是在某个既定背景中进行的复杂任务，比如，写一篇用于发表的文章、完成一个小计划、画出某个地方的地图、制作一个活动大纲、制作一个模型、完成一组视听剪辑、准备并进行一项调查、组织一次推广活动等。也可以是针对某个既定主题的作业，这就是让学生完成一份复杂的个人作业，这份作业需要学生调动一定数量的学业获得，并要以一种特别的方式来对这些学业获得进行处理。不过在完成作业的过程中，学生还被迫寻找一些信息来补充其现有的知识。因此，这更是一份综合性的作业，重要的不是作业本身，而是在此过程中进行的学习与创造。

下面是《墨西哥中学西班牙语教学大纲》提供的《文学再创造》情境设计的一些样例：①

所谓“文学再创造”这一中心工作，其实它含有三个方面的目标：接触有关文学体裁方面的内容；鼓励学生阅读和欣赏文学作品；训练学生文学创造能力。

对文学作品进行改编，与改编非文学作品一样，是一项非常有用的锻炼笔头的方法。改编一个故事的结局或改变其中一个人物的性格，改写对话，通过加入趣闻或改变故事发生的时间等，是对文章的结构和内容进行思考的很有意思的手段。这类练习，需要和诗歌、小说或戏剧的撰写练习同时进行，在可能的情况下，还可以加入口头传说。

在课程内容中有下列相关活动：对当代墨西哥或其他西班牙语拉丁美洲作家作品的读评，故事主要部分分析：发展、高潮和结尾，对故事进行部分修改或改写，确认故事各部分的结构。

在“20世纪世界文学中短篇、诗歌及长篇作品的阅读”一项内容中设计了“文学再创造活动”的写作活动，分为两种形式，一种是改编原著，另一种是根

① 墨西哥中学西班牙语教学大纲，载洪宗礼，柳士镇，倪文锦. 母语教材研究 6[C]. 南京：江苏教育出版社，2007：408-423.

据读过的印象重写。

围绕课本所开展的教学活动：用学生自编的材料组织面向整个学校的展览。

史前或社区传说和神话的汇编：利用学生收集的资料汇编一册有插图的文集。

文学选集：编写文学作品片段集。

读书报告：读书报告作为课文学习的一种技巧，书写读书报告的各种技巧。

从墨西哥“文学再创造”的综合性活动情境设计我们可以看到，创造型活动情境设计的关键是把“创造”的因素融入具体的学习活动中，通过听、说、读、写等多种方式，引导学生创造出自己的“作品”。

三、语文综合性学习“活动情境”设计需要注意的事项

语文综合性学习“活动情境”的设计要有助于语文课堂教学形态的转型，创设合乎“学情”的课堂活动情境是建构新型课堂教学形态的关键。如果缺少与具体“学情”相一致的课堂学习活动，课堂教学形态的转变就会流于形式，难以促进学生的深入学习。合乎“学情”的课堂活动情境的创设需要注意以下两方面。

（一）“创设”是为促进学生“学”而进行的“筹划”

“创设”活动情境是教师为促进学生学习而做出的努力，理想的活动情境应该是能够适应具体的学情和个体差异，满足学生的学习需要，促进学生在原有基础上得到发展。

情境的“创设”遵循的是一种筹划思维。“人类有两种旨趣殊异的思维活动，一是认知，一是筹划。认知是为了弄清对象本身究竟是什么样子，筹划是为了弄清如何才能利用各种条件做成某件事情”[①]。基于学情视角的综合性学习活动情境创设不是为了弄清或贯彻一种理论，而是综合多种理论成果，根据具体的学习目标和实际的学习条件而形成相对合理的活动情境。合理的活动情境通过认知（理论）思维是“想”不出来的，即使“想”出来了也是不切实际的。例如，有很多教师在课堂里“想”直接搬用加德纳“多元智能”所举的一些例证作为活动情境，这就是没有理解创设活动情境的内在理据，即使搬用了这些例证性的活动情境，在实际教学中也是不适应的，教学是难以产生效果的。因为加德纳的活动情境是为阐释其理论体系服务的，他在举例分析的时候采用的是认知（理论）的

① 徐长福. 理论思维与工程思维：两种思维方式的僭越与划界 [M]. 上海：上海人民出版社，2002：4–5.

思维方式，而教师要在课堂里创设情境组织学习活动，应该采用“筹划”的思维方式。

“筹划”一个活动情境，需要以学习理论、教学理论、学科理论等为基础，这些理论有些是同质的，有些是异质的。筹划就是要围绕具体的“学习活动”，把以这些理论为基础的各种要件（同质或异质）整合起来形成一个完形的形式。要完成这项筹划与整合的任务，需要对各种与课堂学习有关联的因素进行分析，即需要对影响“学习活动”的各种同质或异质的条件进行学理分析，以确定实施“学习活动”的基本要件。

比利时学者罗日叶认为要创设好一个学习情境，一般要注意其中的三种参数：辨别参数、内容参数、装扮参数。[①] 教师在创设活动情境的时候需要对这三种参数加以合理的“筹划”，使之协调一致，共同为促进学生的学习服务。我们在课例研究中做过一个高中课例《故都的秋》，其中一项关键的任务是为学生的学习创设合理的活动情境。其中第一个环节的目标是“感知文章个性化的语言”，活动情境第一个参数（辨别参数）我们采用的是表格形式，让学生各自填写表格之后交流；第二个参数（内容参数）是依照课文段落的顺序找出体现了“个性化”的语言并用关键词填写在表格中；第三个参数（装扮参数）是呈现的表格中已经填写好了第一栏的内容，这是对一份真实表格的改编。具体内容如下表所示：

感知文章个性化的语言

语段	景物特点	作者的感受
第 3 段	破屋 、碧绿的天色 、驯鸽的飞声 、漏下的日光、破壁腰	十分的秋意
第 4 段		
第 5 段		
第 6 至 10 段		
第 13 段		

这份表格综合考虑了三种参数，为学生感知文章个性化的语言“筹划”了一

① [比] 罗日叶著，汪凌译. 为了整合学业获得：情境的设计和开发 [M]. 上海：华东师范大学出版社，2010：5.

个活动情境。学生在这个活动情境中的阅读活动得到较为充分的展开，首先每一个学生都需要阅读课文之后完成这份表格，当他们填写好表格之后，他们的个体阅读经验得到呈现，教师可以观察到学生个体之间的差异。然后分组讨论与交流各自对表格的填写情况，让个体的差异在小组讨论中展现出来，促进学生相互之间经验的交融、互补与矫正。最后是教师通过班级交流针对一些同学中出现的典型问题加以澄清与纠正。

（二）活动情境的展开需要以学生“个体经验”为基础

基于学情的学习活动情境的展开要充分考虑学生的“个体经验”，尤其要考虑学生带入到课堂活动情境中的已有知识和经验。只有把学生的“已有经验”与活动情境中的相关参数关联起来，学生才会觉得活动情境对自己来说是有意义的，不然学生是难以真正“参与”到情境中来的。

情境活动要合乎“学情”，就需要对学生“已有经验”加以分析与观察，充分把握“个体经验”中包含的“不完整理解、错误观点和对概念的天真解释”。教师有针对性的教学指的其实就是能够依据这些“个体经验”来帮助学生达到对学习内容的理解与掌握。学生带入课堂的个体经验所包含的“错误”往往是在课文学习过程中才会呈现出来的，教师就需要对这些所谓的“错误”加以辨别，哪些是完全错误的，哪些是不完整的，都需要分析并做出判断。有许多证据表明：“如果教师关注学习者带到学习任务中的已有知识和观念，将这些知识当作新教学的起点，并在教学过程中监控学生概念的转化，那么就可以促进学生学习。”①

在关注学习活动中的“个体经验”时需要做好两个方面的工作，一方面是识别学生“个体经验”中包含的有利学习和阻碍学习的因素。要通过相应的途径去了解学生在进行“新学习”之前已有哪些可能有利学习和阻碍学习的知识或观念。这里的“新学习”不仅仅是指一篇课文或一节课的起始学习，也包括在课堂教学过程中的每一个新环节的学习。后一个环节相对于前一个环节来说都是新的，教师的教学都要涉及探查学生在前一个环节的学习状况。因此学情分析更复杂的部分是体现在课堂教学过程中。也只有充分把握了学生在课堂教学中的学情，教学才可能有针对性。另一方面是帮助学生发挥有利学习的因素，澄清并消除阻碍学习的因素。这就需要教师在活动情境的展开过程中及时关注学生的学

① [美] 布兰思福特等编著，程可拉等译. 人是如何学习的（扩展版）[M]. 上海：华东师范大学出版社，2012：10–11.

习状态，以学习目标与内容为参照，提供相应的支架，把学生在学习过程中表现出来的有利因素加以“放大”，即在活动过程中把有利因素突出并延长活动过程，让学生有较为充足的时间发挥其有利因素，促进其深度学习。同时对阻碍学习的因素加以限制或改造，使其对学习的消极作用降到最低。

下面的案例《一千个读者有一千个哈姆雷特——对文学作品主题的多种解读》中，有位教师让学生续写《祝福》结尾，并提供了学生续写的内容作为示例：

1. 念子心切，悲痛欲绝，死在当年阿毛死的地方。

2. 祥林嫂五台山拜访高僧，得指点后过隐居生活。

3. 祥林嫂迷恋死亡，吞石而死。

4. 想乘火车到天堂或地狱，被火车撞死。

5. 祥林嫂精疲力竭，倒在河边，痛苦的回忆摧毁了她最后的精神支柱……洗菜的人们议论着。

6. 祥林嫂念子心切，无意中抱了别人的孩子，被人殴打，后冻死在破庙里。

7. 祥林嫂乞讨到鲁四老爷家被打发走，她回到自己家里，幻觉中看到阿毛和丈夫，当她回过神来时，用蜡烛点燃草屋……

8. 雪花一片一片落在她的身上，她唯一能感受到的只有寒冷……她没有了力气，没有了感觉，她合上了眼，永远地睡在了雪地里。

9. 风雪中，祥林嫂蹒跚着，她丢掉了空空的篮子继续向前走，在鲁四老爷家门前停住了，她看着这熟悉的大门以及门上贴着的看不懂的春联，听着门里忙碌而欢快的喧响，慢慢地在风中瑟缩着，到现在她才发现自己无法待在这里也无处可去，静静地坐着，直到大雪把她变成雕塑。

10. 祥林嫂呆呆地站着，目送着我离去，苍老的面颊上那双忧郁的眼睛是如此的迷茫，似乎那些已死的故人的灵魂此时在眼前飘荡着。回忆过去，屋外的风呼呼地吹着，屋外的雪悠悠地飘着，祥林嫂的耳畔传来了祝福的爆竹声，身后是一片宁静。

这是高中的一次“综合性学习”，是以探究学习为主的读写综合性学习活动。但由于教师对学生作品中的“个体经验”缺乏相应的跟进分析，以致把不合理甚至错误的经验也当作学生学习的示例来处理。史绍典分析了这十则续写示例，认为“1、6、7 无当，2、3、4 无稽，5、8、9、10 无方”，都没能实现真正意义的探究学习。[①] 问题主要出在目标定位上，即作为续写的教学目标怎样同培养目标、课程目标达成一致，续写要求其实很明确：祥林嫂在“祝福”中怎样死去？强调探究祥林嫂的死因，强调放在“祝福”背景之下，实际就是要求再现或再造祥林嫂在“祝福”死去的情境。而上述被作为“示例”的十则续写，学生中有了这样的续写，本无可厚非，需要教师对其分析与引导。不顾语文综合性学习的目标和文本的特点，把学生不妥当的个体经验拿来作为“示例”就不合适了，就可能对学生产生误导，阻碍其语文经验的发展。

① 史绍典.“综合性学习”拒绝去语文化 [J]. 中学语文教学，2005（6）.

第五章　语文综合性学习活动的实施

语文综合性学习活动分为嵌入式、拓展式和专题式三种基本类型，这三种类型的学习活动虽然具有一些共同的特征，但在具体的实施过程中各自还是有一些独特的教学要求。

第一节　嵌入式的语文综合性学习活动实施

嵌入式的语文综合性学习活动指是语文课堂教学过程中安排的综合性的“关键环节”或“关键活动”。所谓“嵌入式”其实是一种形象的说法，因为传统的语文课堂基本是分领域的单项内容的教学，教学过程是线性的单一的，针对这样的课堂，在教学过程中组织与安排综合性的活动，就像是从外面嵌入进去的。嵌入式的综合性活动在增强语文课堂活力、促进语文课堂转型的过程中起着重要作用。

一、精心组织综合性的“关键环节”

在日常的语文课堂教学中实施嵌入式的语文综合性学习，核心工作是组织和开展综合性的“关键环节”。综合性学习活动必须依托“关键环节”来运行。

（一）“关键环节”的内涵

一节课由许多活动情境构成，而诸多活动情境是由一系列教学环节串联起来的。一个教学环节就是一个相对完整的活动情境，因此，“如果期望改变某个课堂事件，最好通过选择不同环节的办法来实现，而不是用在现有的环节中改变教师或学生行为的办法”[①]。“环节”的完整性特征，即杜威所说的“一个”经验，是不能拆分的，需要改变的话，一定是选择“另一个”经验，而不是换其中的一个零部件。

一节课的大量活动虽然都是为了实现教学目标服务的，但所有环节的作用并不是同等的，其中有的环节是基础性的，是为其他环节铺垫的，而有的环节却起着核心作用。我们把起核心作用的环节称之为“关键环节”。

“关键环节”的作用是促进个体学习经验的改造与发展，使学生在已有经验基础上出现明显的变化。在课堂学习中，学生的经验状态只有出现转变（转向教育性经验），学习才是有效的。而经验状态的转变需要遵循“否定性”原则。

关于经验状态转变的“否定性”原则，培根认为，我们只是通过否定性事例才获得新的经验。伽达默尔据此引申，认为经验中包含着一种“基本的否定”作为本质要素，经验产生的过程事实是一个本质上否定的过程。如果我们对某个对象做出一个经验，那么这意味着，我们以前一直未能正确地看事物，而现在才更好地知道了它是什么。所以经验的否定性具有一种特殊的创造性的意义。[②]我们可以在活动情境中用“否定性”原则来检测学生个体经验的发展。如果一位学生在一项学习活动中没有经历一种“否定”，那可能要怀疑这个学生的学习是否真的发生了。拿这个标准来判断一个教学环节，如果环节进展很顺利，可能学生的学习只是原地踏步，在已有经验中徘徊，经验没有新的发展。杜威也说过：“单纯的活动，并不构成经验。这样的活动只是分散的、有离心作用的、消耗性的活动。作为尝试的经验包含变化，但是，除非变化是有意识地与变化所产生的一系列结果联系起来，否则它不过是无意义的转变。”[③]

（二）充分发挥“关键环节”的“经验改造”作用

以“否定”或“变化”为基质的课堂情境“经验改造”着眼于学生学习经验的变化，这就需要教师在分析与把握学情的基础上，抓住活动情境中的重点内容，设计出符合“否定性”原则的课堂“关键环节”，通过关键环节的展开来“否定”或“改变”学生的已有经验，促进学生学习经验的发展。例如，黄厚江

---

① 中央教育科学研究所比较教育研究室编译. 简明国际教育百科全书 · 教学（上）[Z]. 北京：教育科学出版社，1990：69.

② ［德］加达默尔（Gadamer，H.G）著，洪汉鼎译. 真理与方法：哲学诠释学的基本特征（上卷）[M]. 上海：上海译文出版社，2004：458-459.

③［美］杜威著，王承绪译. 民主主义与教育 [M]. 北京：人民教育出版社，1990：148.

在教学一篇实用文章《谈中国诗》时从文章的“标题”出发设计了一个蕴含“否定”基质的“关键环节”，下面是这个环节的课堂实录片段[①]：

师：对照这一部分主体内容，你觉得文章的标题，有没有不足的地方？我看你们能不能想到。钱锺书先生不是先拟题确定话题写好演讲稿的，而是先是一个跟美国人谈中国诗的即兴演讲，然后整理成演讲稿，有特定的文体特点。现在呢，我们围绕这个特定话题，看到中间一部分内容，我是觉得这个标题可以推敲一下，你们有没有觉得？哪位同学有跟我相同的发现呢？好，这位男同学。

生：我觉得可以把“中国”两个字删掉，改为“谈诗”。（板书：在标题中划去“中国”两字）

师：可以思考一下，有想法也好啊，（指着一位男生）你认为呢？

生：文章主要提到无论是中国诗还是外国诗，它们都有一些共同的特点，但是我觉得中西多多少少有文化上的细微差别，所以主要谈的是诗的本质。

师：主要是谈诗的本质，所以我们谈中国诗啊。

生：但是他谈的不仅仅有中国诗啊。

师：是啊，不仅仅谈的中国诗啊，还有外国诗，不就证明我的观点了嘛。有没有哪位同学能驳斥我们两个人的。其实我们两个人的漏洞是非常明显的。可是这么多同学没有抓住。文章固然是既谈中国诗，又谈外国诗，举的例子有中国诗有外国诗，但目的到底是谈什么。

生：谈中国诗。

师：因为外国诗是和中国诗做对比，目的在于说中国诗的特点。所以“中国”两个字能不能砍掉？

生：不能。

师：中国诗、外国诗本质上都是诗，但是相对而言中国诗又有中国诗的特点，所以说中间部分主要是讲中国诗的特点。所以这篇文章，更具体一点，在题目后面加上三个字“的特点”。（板书：“的特点”，标题变成“谈中国诗的特点”）

……

师：现在大家再来看标题，“中国”这两个字还是不要删为妥当。因为它说到外国诗的目的还是为了谈中国诗的特点。其实从文章的内容来看，我们不但不

① 王荣生，陈隆升. 实用文教学教什么 [M]. 上海：华东师范大学出版社，2014：239–267.

能删，这个还应该加一个限制词就更准确更严谨了。现在大家想一想，你觉得这个标题还应该加什么限制词，从而使标题与文章内容更契合。哪位同学想到了？

生：加个“古”字，应该是中国古诗。

师：标题改为“谈中国古诗的特点”，是这个意思吧。为什么加古诗呢？同意的请举手。（七八个同学举手）

生：因为文中所写的所有诗的特点，都是中国古诗的特点，而不是中国新诗的特点，所以要限定。

师：好，再想一想还可以加上什么限制词，根据文章内容来看。你发现了？说说看。

生：标题改为“谈在西方人眼中的中国古诗的特点”。

师：谈在西方人眼中的中国古诗的特点。（板书：“在西方人眼中的”）有没有道理啊，有点道理。因为所谓中国诗的这些特点，主要从西方来看中国诗的。其他还有别的看法吗？说说看，我们一起来研究。有想法就说说看，说对说错都无所谓的。我们的目的是一起来思考问题。可以添加什么呢？

生：“谈中国古诗的特点的含义”。

师：加“的含义”是要告诉我们什么呢？是不是说“有哪些特点”？

生：是的。

师：好，加就加上呗。（在“谈中国古诗的特点”之后板书：“的含义”）其他同学还有什么看法？

生：改为“谈中国古诗和西方诗不同的特点”。

师：好，谈中国古诗和西方诗不同的特点。（在“谈中国古诗”之后添加板书：“和西方诗不同”。

生：改为“谈中国古诗和西方诗不同的特点与作用”。

师：那么文中哪一部分是写作用的呢？

生：没有。

师：是你自己生发出来的。于文无据，文中没有找到根据。有没有同学在文本中找到有根据的内容？

生：可以改为“谈中国古诗富有美感的特点”。

师：有没有不富有美感的特点？（生摇头）既然都富有美感，那这个富有美感就可以删掉。对不对？添加标题的目的是为了限制。看来大家是喜欢凭空想象的那种。

这是非常坏的一种习惯，如果我们从考试的角度想，分数就这样扣掉的。(生插言：怪不得。)我们来看一句，你觉得根据这个句子，应该加什么。看第十四小节，我暗示过了，可惜你们没注意。“我有意对中国诗的内容忽略不讲”，根据这个句子告诉我们，作者主要说的是什么方面的特点？

生(齐声)：形式的。

师：对，这么聪明，刚才讲过了的，(众生笑)(指着板书)是谈中国古诗的形式的主要特点。有没有谈内容？没有。文章说了嘛，“我有意对中国诗的内容忽略不讲”。所以这四个特点都是形式的。

师：好了，现在我们换一个角度思考问题，在学习过程中我们要善于否定别人的观点，提出自己的想法，然后还要进一步善于征服和否定自己的想法。否定了别人的想法，是很了不起的进步。然后把自己的想法再否定了，那你的进步就会更了不得。你就会变成会思考的人，会读的人，会学语文的人。现在我们大家一起来看。刚才大家在这个标题上添加的这些内容，哪一个必须砍掉？

生：“含义”。

师：对，第一个砍的是“含义”，(众生笑)(在板书上划掉“含义”)谈特点，没必要添加“含义”。大家看，第二个要砍掉的是什么？

生：“和西方诗的不同”。

师：好的。谈中国诗的特点，不是和西方诗的不同，又是和什么诗的不同呢？你不能说谈男人和女人不同的特点，无意义。(在板书上划掉“和西方诗的不同”)大家再看还有哪个可以砍掉？

生(齐声)：“在西方人眼中的”也应该砍掉。

师：因为演讲者确定的对象就是西方人。所以从语言现场表达来讲也是不需要的。还有，我认为“古”字也应该砍掉，谁同意这个观点？(无人回答)这位同学同意我的观点还是不同意？

生：不同意。

师：首先想一想和“古”相对的是什么？

生(齐声)：今。

师：请问中国有今诗吗？(众生回答不一，先说没有，然后说有)到底有没有？

生(齐声)：有，现代诗。

师：中国的现代诗，应该明确，不是中国的诗，(众生齐声：啊？)而是来自西方的诗，中国现代诗就不是中国的玩意。本来就是西方来的，所以你和人家外国人谈中国诗的时候最好不要谈中国的现代诗。根本没必要去限制这个“古”，在世界文学范围里，中国诗就是中国的古诗。中国新诗什么时候有的？

生：毛泽东。

师：啊，毛泽东？（众生笑）这就有个问题啦，毛泽东写的诗是新诗吗？

生：不是。

师：毛泽东的诗就是中国诗对不对？他的旧体诗写得很好的。文学知识不能乱啊。所以中国人无今诗可言，所以加“古”字对诗进行限制是没必要的。

师：再看，还剩下几个？“形式”可不可以砍掉？

（学生两种意见，一种认为可以砍掉，一种认为不能砍掉）

生：我觉得这只是中国诗的一个特点，中国诗还有很多特点，加上“形式”是不是太限制了。

师：我们这个讨论是就本文而言，本文之外涉及关于诗歌的东西我们不讨论。

生：中国诗与外国诗在思想内容上没有差异，没有差异就不算是中国的特点了。

师：你看这就非常好，乐于思考，所以讲得很清楚了，中国诗和外国诗在内容上没有区别，所以讲中国诗的特点只能是形式上的，不需要再专门点出“形式”。（在板书上划掉“形式”）所以我们忙活了半天，白忙了。我觉得我们学习的意义就在于这样的“白忙活”。

这个环节分两步走，第一步是让学生对照课文内容和标题，看看是否可以给作者的标题添加一些内容使之更完善，于是学生一一做了添加，教师把学生添加的内容一一写在黑板上。第二步是教师让学生思考，看看黑板上大家添加的这些内容是否都合适呢？与作者所写的内容比较，有哪些可以删去呢？于是学生又一一审视自己添加的标题内容，并在黑板上一一加以删除，最后只保留了一项大家认为最合适的内容。教师通过这样一个环节的情境活动，实际是引导学生把自己的阅读经验呈现出来，然后经过讨论对自己的阅读经验进行澄清，进而达到了理解与把握这篇课文主旨的目的。这样一个课堂情境就是典型的以“否定”为基质的经验改造活动，教师先让学生把自己的学习经验呈现出来，然后引导学生对课文深入学习，看看前面的理解与现在的认识有哪些不同，以现在的新认识和新理解去“否定”前面的“不合适的理解”，从而完成了一个经验的“改造”过程。学生通过这样一个“自我否定”的环节，促进了自身认识的深化。

在这个阅读教学课例中，嵌入的“标题修改”综合性活动环节，目的不在对标题的修改本身，而在于促进学生对课文主要观点的理解。与传统的以问答为主的阅读教学方式相比，其“综合性”与“反思性”的特征比较明显，有助于引导学生的深度学习。

二、让综合性“活动过程”更加充分

课堂教学过程中嵌入的语文综合性学习活动形式多样，这要求教师能够结合具体的课堂教学进程，不失时机地开展综合性学习活动，通过更加充分的活动促进学生对课文的深入理解。

（一）善于捕捉契机

要善于从课堂教学过程中捕捉契机，有效组织起综合性活动。例如，有位教师在上鲁迅的《风筝》一课，发现一位学生对课本上的插图进行添改，于是组织了一次以画插图为形式的综合性学习活动。①

翻开他的语文书，我仔细“欣赏”着他的画：插图中的少年鲁迅被添上了一副黑框大眼镜，额头三道深深的皱纹，留着八字须，嘴巴里吐出个大泡泡，泡泡里写着两句诗：“儿童散学归来早，忙趁东风放纸鸢。”

再看看课文里的那幅插图，于是打开教本细细端详：远处群山起伏，一帮孩子正在野外开心地放风筝，近处有两个少年，年龄稍大的那个夹着书本，正转过脸看着身旁那个扬起双臂惊呼，看着风筝的孩子。从孩子头上的辫子还可以看出插图所反映的时代应是清朝。这样的插图想表达什么意义呢？我一时间竟模糊起来。倘若不是被安排在鲁迅先生的这篇文章里，真的很容易让读者联想起清人高鼎《村居》里的诗句。想到这儿，我似乎有点理解那个男生的想法。可插图编辑这样创作的依据又是什么呢？

说实话，教了十几年语文，我从没有这样关注过课本里的插图。更何况《风筝》这篇散文的思想内容原本就疑点重重，众说纷纭，想为它画一幅好插图谈何容易。看来，插图里面也有语文！基于这样的思考，我萌发了一个大胆而新奇的教学设想——给《风筝》改插图。于是，我就在备课本上添加了这个活动内容。当然，我并不是想让学生练习绘画，而是想让学生写一份插图设计方案，目的是想把探究阅读和创意写作组合在这么一个综合性学习小活动中。

① 董杰. 风筝给我的一场风波 [J]. 江西教育，2015（26）.

第二天的语文课上，我将原先设计的孤立枯燥的主题探究环节与改插图的设想结合起来，组织学生写插图设计方案。我把昨天男生恶搞的插图，作为引子，先批评他不专心听讲，然后表扬他有怀疑精神，敢于对课本提出质疑，最后交代活动任务，一次给课文改插图的语文综合性学习活动就这么开始了。我从没这样教过语文，学生也从没这样上过语文课，不管对错，就当一次尝试吧。

我在教室里来回巡视，每个小组好像都在热烈地讨论着，负责执笔的同学最辛苦，他（她）不得不迅速记录重要信息并组织好语言。活动最后，六个小组代表依次走上讲台介绍了本组的方案。令我惊讶的是，那个恶搞插图的男生，代表该组提出了在我看来是全班最优秀的甚至比课本插图更好的设计方案。他认为，《风筝》的核心内容在第四小节，即“我”发现弟弟在“一间堆积杂物的小屋”里偷偷做风筝，立即将他的风筝“抓断”“掷在地上”“踏扁了”，然后“傲然走出”，最后只留下弟弟一个人“绝望地站在小屋里”。根据这一情节构思插图，才更能鲜明地呈现出当年“对于精神的虐杀的这一幕”，才更能有力地抓住读者的眼睛，更能让读者感受到鲁迅先生内心深处的阵痛，更能帮助读者理解文章而不至于因图害文。他的小组把《风筝》的插图确定为以下画面内容：

在一间堆积着各种杂物的小屋里，年幼的“弟弟”站在小凳子边，面前的大方凳上散乱地放着纸、竹骨、剪刀、糨糊等做风筝用的材料，地上是一只断翅的蝴蝶风筝的竹骨和一对被踏扁的风轮，“弟弟”两眼透出绝望的神情，望着哥哥傲然走出的背影。

在这个课例中，任课教师从学生对课文插图的随意添改中捕捉到契机，以“给课文改插图”为方式组织了一次综合性学习活动。这次活动的目的不在于“改插图”本身，而在于通过“改插图”这种方式引导学生关注课文的“细节描写”，让学生在多种经验方式的融合中更加深入地体验与理解文字背后传达的“精神虐杀”。通过这样的方式，学生的“活动过程”就更加充分，对课文的理解也更具深度。

（二）推动学生之间的经验共享

嵌入式的语文综合性学习活动的开展，要善于通过有效的方式呈现学生的学习经验，让学生在“经验共享”中获得新的领悟。例如，支玉恒在《只有一个地球》一课的阅读教学过程中嵌入的“写作”活动，让全班学生共享与交流课堂学习经验，充分激发了学生的学习积极性，推动了学生对课文的深入理解。

这节课的教学分为四个环节：

1. 让学生猜一猜老师会提什么问题，学生未猜出，教师呈现问题：读了这篇课文，你心里是什么滋味？酸甜苦辣哪一味？

2. 学生通过“朗读”的方式读出自己的滋味。

3. 学生按课文段落顺序把自己的滋味写出来，每人写5个抒情的句子，点9位同学在黑板各写一句。

4. 组织“实话实说”综合性活动。

其中3、4两个环节都是以“综合性学习活动”的方式来实施。这里主要介绍第三个环节的综合性活动。

在第三个环节，老师布置学生每人按照课文段落顺序写5个抒情的句子（课文共5个段落，每段写1句），学生完成之后，老师点了9位学生每人在黑板上写一句。下面是课堂实录片段：

生：我们爱你，美丽的地球。我们爱你，小小的地球。我们爱你，赖以生存的地球。

师：他用了一个什么句？

生：排比句。

师：连着三个，三个短句组成一个大排比。你先站着，你算一个准备授奖的候选人。谁还有？读读你的。

生：啊，地球，这个宇宙中璀璨的亮星，这个宇宙中渺小的亮光。

师：她还用渺小可以不可以？

生：可以。

师：可以，因为她前面加了什么呢？

生：宇宙。

师：行，就奖励你们两个吧，怎么奖励呢？她们现在每人写了一句话，这是有了著作了，我给她们出版。在哪里出版啊，就出在黑板上。来来来，过来，你写在这儿，不要忘了用标点，该用什么标点就用什么标点。写完以后，画一个括号，写上你的名字，这是著作权。好，不能忘了。你在这儿写吧。

生：人类啊，饶了我吧，我的血液不多了。

生：那些破坏地球的人们，觉悟吧！

生：再生资源不能再生，生态灾难将要到来，这，怪谁？

生：再生资源你们痛苦吗？罪魁祸首是人类。

生：宇宙虽大，但没有第二个地球了。要想搬家，这是妄想。

生：如果你爱你的家园，你还想搬家吗？

生：别让子孙后代生活在痛苦之中，别把上一代的遗憾再留给下一代。

（通过师生对话交流，教师点了9位学生把9个句子写在了黑板上）

师：好了，大家看黑板。看看我们的出版物。是谁的，谁起来读，读完以后加上作者谁谁谁？把你的名字读出来。好不好？第一个

生：我们爱你，美丽的地球。我们爱你，小小的地球。我们爱你，赖以生存的地球。作者，郝轶伦。

师：好，这个。

生：啊，地球，这个宇宙中璀璨的亮星，这个宇宙中渺小的亮光。作者，孙亚丹。

生：人类啊，饶了我吧，我的血液不多了。作者，王旭欣。

师：怎么读自己的名字，这么没自信，再读一读。

生：作者，王旭欣。

师：对，有点自信。下面一个。

生：那些破坏地球的人们，觉悟吧！作者，曹瑞泽。

师：读自己的名字这么没自信，

生：作者曹瑞泽。

师：对了，好。这位！

生：再生资源不能再生，生态灾难将要到来，这，怪谁？作者，刘智。

师：对，这儿加一个逗号，“这，怪谁？”下一个。

生：再生资源你们痛苦吗？罪魁祸首是人类。作者，张楠。

师：下一个。

生：宇宙虽大，但没有第二个地球了。要想搬家，这是妄想。作者，夏澜。

师：嗯，有力。下一个。

生：如果你爱你的家园，你还想搬家吗？作者，孙亚丹。

师：好，最后一个。

生：别让子孙后代生活在痛苦之中，别把上一代的遗憾再留给下一代。作

者，曹雨哲。

师：深情！下面我就这9句话，我给做一个添改，同意吗？看我怎么改。这句（再生资源你们痛苦吗？）割掉，罪魁两字写错了，“罪”是那个罪啊？犯罪的“罪”，魁字看我怎么写！我先写了一个什么字？

生：鬼

师：鬼字，搞鬼的“鬼”，鬼字上面加一个什么字？

生：斗

师：这是罪魁两个字。下面看。好的，就改这点就完全可以了。怎么办呢，不是给他改，而是给全体改。把它放在这9句里面我改的。一句一句读，根本不用改，下面怎么读呢，我们把她连起来读，看看你们的感觉，预备开始。

（学生齐读黑板上的句子）

师：你们觉得连起来念，像什么啊？

生：文章。

师：什么样的文章？

生：抒情。

师：像不像一篇短小但是挺美的散文？像不像？

生：像。

师：有点意思吧？我刚才没看见，这个“憾”字错了，这边是个感动的“感”，不是或者的“或”。实际上，你们每个人手里都有几句？每个人刚才都写了几句？

生：5句。

师：都有5句，你也稍加添改，在这5句上，也能变成一篇更短小一点的，但是也更精干一点的小小的散文。想不想要，想要现在不改。这个任务留给你们作为今天回家的家庭作业。

在这个环节中，老师组织了“以写促读”的综合性学习活动，活动开展得很充分，每位学生都充分地参与了活动，每个同学都按照课文段落顺序写了5个句子，9位同学把9个句子写在黑板上，教师稍加添改，让全班学生把9个句子连起来朗读，变成了一篇小散文。这篇小散文是全班阅读经验的结晶。而每位同学回家之后也要把自己的5个句子连成一篇小散文。这次综合性学习活动的最大特征是“活动过程”的充分性与共享性，这是嵌入式的语文综合性学习活动应该坚持的大方向。

三、正确处理好综合性学习活动与课堂教学的关系

综合性学习活动不是处于一个单独的隔绝状态，尤其是嵌入式的语文综合性学习活动，与整个课堂教学活动是有内在联系的，是课堂结构的一个有机组成部分。其组织与实施一定要放在整节课或整篇课文的教学过程中来考虑，这既是具体课堂教学的需要，也是语文课堂教学转型的关键。为此，嵌入式综合性学习活动的实施还需要正确处理好以下三方面的关系。

（一）综合性学习活动与整体教学内容要保持一致性

保持综合性学习活动与整体教学内容的一致性，主要是指这项综合性学习活动的开展是基于课堂教学内容的需要，活动的开展有助于学生对课堂教学内容的学习。

例如，曹勇军在教学《最后的常春藤叶》一课的过程中组织了一项综合性活动，这项活动是为了引导学生把握这篇小说“出乎意料的结局”的精要之处。他不是直接告诉学生这个“欧·亨利式结尾的妙处”，而是设计了“以写促读”的综合性活动，通过三个环节来推动学生对这个内容的学习：①

环节 1. 展开想象，写一段文字，描写贝尔曼那天夜里画常春藤叶的场景。

环节 2. 交流各自的想象、描写片段，小组讨论推荐，教师点评。

讲评要点：（1）揣摩原文，充分利用原文中的“想象点”，如湿透的鞋子和衣服、燃着的灯笼、挪动过的梯子、散落的画笔以及调色板上剩下的颜料；（2）整合材料，注意前文说的“年纪六十开外”“一把像米开朗琪罗的摩西雕像上的胡子”“萨蒂尔似的脑袋”“小鬼般的身体”等；（3）合理想象，补充事件的细节，重现当时的场景。

环节 3. 把你描写的场景放到原作中好不好？为什么？

明确：不好。讨论要点：1. 原作把老贝尔曼画常春藤叶的情节隐藏到了故事背后，再通过别人的口补充交代，不仅叙事简洁，而且给人以“出乎意料”的惊奇感；2. 不直接描写画叶子的场景，而只写屋内散乱的东西，形成“空白”，给人以想象的余地和回味的空间；3. 突出了人物形象，凸显了小说所讴歌和颂扬的

① 曹勇军.《最后的常春藤叶》备教参考 [J]. 语文教学通讯，2008（7—8A）.

人情美、人性美。

通过这样的综合性学习活动，教师就把学生带入了“最该读”的内容中，让学生在学习活动中理解并体会到了这篇小说的“精妙处”。这样一项嵌入式的综合性活动就与整体教学内容具有一致性，推动了学生对整篇小说的深入理解。

（二）综合性学习活动与学生学情要具有内在关联

嵌入式的语文综合性学习活动为教师了解与观察学生的学习状态发挥了重要作用，综合性学习可以让学生的不同学习状态得以呈现，教师在学生的学习活动中能够针对学生的个别差异进行具体的指导，为学生语文能力与核心素养的发展提供有针对性的支持。

例如，陈忠文在教课文《喂——出来》时组织了一项嵌入式的综合性活动，让学生课前“续写故事结尾”，然后把学生的续写情况与具体的课堂学习状态结合起来，推动了学生对这篇小说主题的深入理解。[①]《喂——出来》是一篇科幻小说，故事本身很有趣味性，尤其是故事的结尾“意犹未尽”，创造了“耐人寻味”的艺术效果。这篇课文之后的“思考与练习”要求学生学完课文之后“续写故事结尾”。大多数教师在教学中通常是按照教科书的要求，把“续写”作为课后“延伸与拓展”来处理。但陈忠文老师把这个要求做了“前置”处理，让学生在教学之前“续写故事结尾”，通过对学生依据自身阅读经验各自写出的“结尾”的分析，梳理了好、中、差三种不同的类型，并将这些凝结了学生初始阅读经验的“结尾”纳入核心教学内容，组织了一个核心环节来讨论交流。在讨论与交流中针对不同的学情来提升学生的阅读经验。这个“前置”处理，既可以激发学生探究情节的兴趣，让学生完成情节梳理的教学内容；又可以通过学生补写的情节，了解学生对小说理解的程度和层次。在这里，综合性活动中体现了对学生学情的充分关注，而对学生学情的探查又是通过综合性活动来完成的。只有对学生在课堂里的“学情”探查到位，教师组织的语文综合性学习活动才具有针对性，真正以“学”为基点的课堂教学形态才能形成。

（三）综合性学习活动方式与教学内容要相匹配

嵌入式的语文综合性学习活动应该与整节课的教学内容相匹配，才有利于推动学生在相对完整的活动中提高语文能力。

---

① 陈忠文. 让学情分析走进文本解读与教学设计 [J]. 语文学习，2015（2）.

下面这个案例[①]，教师利用“绘本阅读”来进行写话训练，结合绘本的特点，组织了“仿写、补写、续写、猜读”等综合性活动。在绘本的阅读过程中进行了读与写的综合性活动，就比较好地把握了这个统一性。

1. 依样画瓢——仿一仿

模仿是儿童的天性，儿童受知识、经验、情感等因素的局限，又以形象思维占主导地位，所以模仿是他们的一种心理需要，也是儿童学习语言的基本途径之一。仿写已不是一个新名词，实践经验告诉我们，仿写能降低学生写话的难度，使他们由读到写，由不会写到会写。绘本为学生们提供了很多仿写的资源，我们应该充分利用它。如绘本《长大做个好爷爷》(奈杰尔·雷格)一书，我主要指导学生仿写句子的思路，为学生自创诗歌做了很好的铺垫。课结束前，我让孩子交流：故事读到这儿，你心里有一种什么样的感觉？生命，到底是什么？

请用诗歌中的句式说一说自己亲身体验或者亲眼看见的“生命”。孩子们都能根据自己在生活和学习中的体会，仿照诗歌中的句型自创生命格言。最后，我让学生选择其中几句写在树叶型的卡纸上。学生仿写的作品童趣横溢。

生命，是每天朱老师带我们看绘本；
生命，是同学们和我一起上学；
生命，是爷爷、奶奶关心我的每一刻；
生命，是爸爸和妈妈天天送我去上学；
生命，是我和小伙伴在树荫下玩耍；
生命，是风吹过我身边，凉爽爽的感觉；
生命，是看着自己的字越写越好；
生命，是看着小鸟飞呀飞。

学生交流的过程成了享受同伴创造性思维和丰富想象力的过程，真是惊喜一个连着一个。这样的课堂上，飞扬着想象的张力，让人不由自主地倾听，唯恐错过了精彩。

2. 浮想联翩——补一补

许多绘本在语言的叙述或画面的设置上，都留有一定的空间，留下了许多

① 朱苏婷.“会写”，从绘本开始——利用绘本有效指导低年段学生写话训练的探索[J]. 语文世界，2015(6).

"空白"。留白是绘画的技巧，是设计的手段，也是儿童绘本常用的表现方式，为读者提供了想象的空间，具有无中生有和无中胜有的效果。这些"空白"召唤着学生去想象，去创造。如绘本《长大做个好爷爷》一书中，小小熊每个星期五都会去看望爷爷，和爷爷一起讲故事、看风景，但是有一天爷爷突然去世了，小小熊在妈妈的陪伴下再次爬上树屋回忆他和爷爷的故事。根据这样的情节，我在指导时，将全书分成两块进行。指导每一块时，除了让孩子关注图画、文字，我还引导他们关注每块中的空白点，展开想象。如阅读前一板块内容时，我引导孩子关注"……不管是阳光灿烂，风儿呼呼，还是雨点滴答，甚至是大雪覆盖，小小熊和爷爷都会去树屋上坐一会儿……"这一空白点，让他们想象在不同的天气下小小熊和爷爷会在树屋上干什么呢？

一名学生这样写道：阳光灿烂的日子，他和爷爷并肩躺在大树下，身上暖洋洋的，很惬意；风儿呼呼，缤纷的落叶像蝴蝶慢悠悠地从树上飞下；下雨了，他和爷爷撑着雨伞坐在雨幕中，听着小雨滴滴答答地落在伞上，仿佛在弹奏美妙的乐曲；下雪了，远处的群山像披上了厚厚的毛毯子，世界一下子变成雪白雪白的。

在空白处，学生们思绪飞扬，既发挥了想象力，又丰富了故事的情节。

3. 意犹未尽——续一续

绘本的故事虽然短小精悍，常令读者意犹未尽，但这正是续写练习的好素材。在教学中，我让学生在看绘本的过程中就某一幅画面，展开想象续写：看第一幅或第一组画，续写故事；看最后一幅画，续写故事结局；依托资料，进行想象续写等。如绘本《长大做个好爷爷》最后一页上画着小小熊长大了，带着他的小孙子在给熊爷爷的树屋重新粉刷……当学生看到最后一幅画时，眼前一亮，我适时让学生想想小小熊成为爷爷后，会为他的小孙子做些什么事？这就要学生展开丰富的想象去编写他们之间的故事。

一名学生这样写道：成为爷爷的小小熊会和他的小孙子一起去神奇的树屋上坐坐，一起享受美妙的食物，一起沐浴温暖的阳光，一起闻泥土的芳香，一起看如蝴蝶飞舞的落叶，一起听小鸟在枝头歌唱，一起回忆往事。而且小小熊一定也会对他的小孙子说："生命就像一份珍贵的礼物，千万不能浪费啊！"在对绘本的续编中，孩子们富有个性的情感得以激发，加速了"行——知——行"的发展过程，从根本上提高了写话的能力。

4. 故意设悬——猜一猜

绘本故事有一个突出的特点，就是"意料之外，情理之中"。教师可在引导学生阅读绘本时，故意隐去故事的某个部分（或起因、或经过、或关键处、或高潮、或结局），引导学生猜想各种可能性。每个孩子都希望自己能猜中绘本的描述，他们表达的热情也会随之空前高涨。在绘本《长大做个好爷爷》教学中，当阅读到该书高潮时，我没有急着翻页，而是暂时停了下来，让学生自己去猜一猜后面的故事内容，赠送给他们一对想象的翅膀，让孩子在自由猜测中，经历探索思考的过程。

绘本是以简练生动的语言文字和精致优美的图画紧密搭配而成的儿童读物，也是小学低年级语文综合性学习的一种载体。由于低年段的孩子词汇量少，大量会讲的字词不会写，不会用，会写的字不多，加之社交范围小，孩子在写话的过程中往往会遇到许多困难，兴趣锐减。把绘本阅读与“写话教学”整合在一起开展综合性学习活动，既可以提高学生的绘本阅读能力，又可以提高学生的写话能力。在教学中，教师充分利用绘本为低段孩子们创设想象和写作的空间，教给他们“仿、补、续、猜”的方法，将写话有机地融入学生的绘本阅读中，以读促写，以写促读，读写结合，采取的活动方式与绘本的特征相匹配，让学生真正体会到写话的乐趣。

第二节　拓展式的语文综合性学习活动实施

拓展式的语文综合性学习活动主要是指从语文课堂教学中拓展与延伸的综合性活动，这类综合性学习活动的开展，有助于学生对课堂所学知识的巩固与运用，同时也有助于学生实践能力与创新能力的发展。

一、拓展式的语文综合性学习活动的目的

如果不具备开展大型专题式的综合性学习活动的条件、时间或精力，就可以考虑立足课堂内的阅读教学，在增强教学内容的整合性、促进言语技能的实践性上下功夫，打通课堂内外及听说读写诸领域，创设情境，激活学生的生活体验，把课堂所学知识拓展延伸出去，引导学生在新情境中运用所学知识解决新问题。这就是拓展式的语文综合性学习活动的主要指向。

因此，拓展式的综合性学习活动是从课堂所学的知识与内容延伸出来的，其目的主要是通过把所学知识延伸到新的情境中，引导学生运用所学知识解决相关问题，进而提升其语文能力。

例如前文介绍过的支玉恒的《只有一个地球》课例，第四个环节是一项模拟“实话实说”栏目组织的综合性活动，这是从课堂所学的关于“保护地球”方面的知识拓展出来的一项活动，这项综合性学习活动以听说为核心加以组织实施。

教师自己担任主持人，然后邀请几位学生模拟担任出席这次谈话节目的嘉宾：天文学家、环保局局长、宇航员、企业家。前两排的同学扮演参加演播现场的观众，后面的同学扮演电视机前的观众，有什么问题可以拨打热线。下面是课堂实录的片段：

师：在我们这个节目开始的第一个内容，我想请宇航员小姐，您能不能，请坐请坐，能不能向我们的观众说一下，您在太空看到的地球的样子？

生：我在太空中看到的地球是一个蔚蓝色的星球，它的半径约有6300公里，它是一个椭圆形的星球，每天绕太阳运行，它还有一个卫星是月球。我曾在地球周围看到过月球，月球是一个表面是坑坑洼洼的星球，据说它是从地球飞上去的星球。但是我觉得地球和月球完全是两种样子，地球上有着很丰富的资源，生机勃勃，但是月球上却是很荒芜，它的最高和最低温度相差有几百度。

师：好，她介绍了一些很重要的情况，是我们所不知道的。如果你是一位宇航员，你在宇宙中将会看到一个什么面貌的地球？您知道吗？哪位观众知道，在材料中曾经看到过，谁起来说一下。那位观众，你起来说一下，读一读您的材料，地球是什么样的？宇航员看到的地球是什么样的？

生：据有幸飞上太空的宇航员介绍，他们在天际遨游时遥望地球，映入眼帘的是一个晶莹的球体。上面蓝色和白色的纹痕相互交错，周围裹着一层薄薄的水蓝色“纱衣”。地球……

师：他所读到的这一些，他搜集的资料，正如您亲眼所见，地球是这个样子的吗？

生：是这个样子的。

师：那这样子就太美了，我们每天晚上可以看到一轮金黄的圆月，那么正如在宇宙中可以看到一轮水蓝色的地球啊，太美了。但是据说由于人类的破坏，地球现在已经受伤了。那么我想问一下，这位环保局局长，就您所知，人类从哪些方面对地球有所破坏啊？

生：人类对有限的矿物资源进行了无限制地砍伐，无限制地开采，这样子，矿物资源和跟矿物资源一样的有限资源越来越少，人类最后是得不到矿物资源给人们带来的好处，还有一些可以再生的水资源、大气资源、森林资源被人类滥用化学品污染，将导致这些本身可以再生的资源……

……

师：对，她说，江河湖海被广泛地污染，即使补充了干净的雨水，结果一流到江河里面，马上也被污染了，是这个意思吗？那么大家再想一想，刚才局长说，人类滥用化学品。据我所知，确实是一个严重的问题，汽车排放尾气，污染了空气，使空气中的二氧化碳剧增，使全球的气候变热，热到什么程度？南极的冰山都快融化了，海面上升，有些沿岸的国家，比较低洼的地区已经被淹没了，造成了这样的地质灾害。那么，我想请问一下天文学家，人们说只有一个地球，从天文学家的眼光怎么看待这个问题，为什么说只有一个地球？

生：根据我的地球知识，现代人生活，比如大气层、水资源这些特征等。

师：好，你的意思说，地球所以特殊，是因为地球上有什么？

生：生命。

师：有生命。那么，地球之所以能够养育生命，看到这位专家说，因为它有大气层，因为它有水，那么有氧气，有水，这是生命最基本的条件吗？

生：是。

师：对，好的，我想请这位专家讲一下，我们地球资源据说是有限的，您怎样看待这个问题。

生：我们地球上的有些资源是可以再生的，有些是不可以再生的，但是人类不加节制地开采，使得地球上的自然资源越来越少。

师：当资源被人类用尽的时候，也就是人类灭亡的时候。下面我们打算给电视机前的观众和现场的观众留一点时间。你们有什么问题，想问现场的嘉宾，可以拨打热线，我们的电话号码是1234567。好，那位先生，喂，您是哪里的观众？

生：太原。

师：哦，山西太原的观众在拨打我们的热线，您有话请讲。

生：我想问一下，天文学家和环保局局长，现在有些地方据说会下酸雨，酸雨是怎么形成的？它对自然环境有没有害处？

师：酸雨是怎样形成的？它对环境有没有破破坏？请你回答。

生：这些年，我们的许多工厂，他们排出了许多二氧化硫，二氧化硫的比例占到很高，也就形成大气的污染。二氧化硫在空气中多了以后，就会使雨水的PH值小于5.6，也就成了酸性的，成了酸雨。

师：对，这些酸性物质融入了雨滴之中，使雨本身呈现酸性，宇航员讲得很对。所以能够挑选她，飞上太空。好，哪位？好，你讲！

生：请问环保局局长，您对现在的情况有什么计划？

师：对地球现在已经遭到破坏这种现状，您打算如何解决？

生：我觉得，……光凭某些人来……行动的话，是远远不够的。必须全世界的人携起手来，保护地球，因为地球是我们赖以生存的家园。我觉得应该，首先应该从这个从一些工人们乱砍滥伐，最近山西经常受到一些沙尘暴的袭击，就是因为……少了很多树木，如果我们多种些树木，树木就可以挡住沙尘暴，这样就不会污染我们的空气。

师：好，还有哪位观众？

生：请问改过自新的应先生，您从前是一位经理，而为什么要做破坏我们地球母亲的这种……不好的行为，而又怎样改过自新？来到我们实话实说节目现身说法呢？

师：请应先生讲一讲。讲一讲您当时为什么那样破坏环境？现在为什么来到这里？

生：我当时是一家造纸厂的经理，当时国家提倡安装过滤设备，我怕花钱，所以我就把造纸排出的污水全部直接排放到了小河里，小河一直流入大江，进入大海。当时我的这种行为被沿岸的居民们发现了，所以当地的环保局局长把我们的厂给查封了，让我们限期整改，在整改途中，我觉悟了。

……

师：由于时间关系，我们的节目只能进行到这里。在节目的最后，我请五位嘉宾就您自己所知，您最想说的一句话，最后说给我们的观众，您讲一句。

生：我觉得我们的地球妈妈她的心正在破碎，用我们的手将她的心合拢起来，让我们创造更美好的明天。

师：地球在哭泣……好的，您讲！

生：我们生活的地球将要走向灭亡，我们应该用实际行动来保护它，让地球母亲再露出灿烂的微笑。

师：对，露出灿烂的微笑，来，您讲！

生：我觉得地球上许多自然资源，因为它是有限的，所以很珍贵。还有很多资源，它虽然无限，它虽然能够再生，但是它也非常宝贵，必须受到我们的保护。如果我们不保护的话，它还是最终会有尽头，会最终走向穷尽。

师：即使它是再生，一旦受到污染，就是一个严重的问题，是这个意思吗？好，那位先生讲一下。

生：希望不要看到河水上泡沫遍布，鱼儿翻着肚皮在河水上漂动着的情景。

师：或者说，希望不要看到过去的我，可以吗？好的，请您再讲一句话。

生：人类想移居到别的星球这是真的不可能的。

师：不可能的。好，今天我们的节目就进行到这里。谢谢各位嘉宾！

这个环节的综合性学习活动是在课堂教学内容中拓展延伸出来的，并且是在课堂上加以实施的。把关于“保护地球”的知识迁移到一个口语交际的模拟环境中，引导学生进一步去思考“保护地球”这个主题。

从语文综合性学习活动的组织形式来看，拓展式活动介于嵌入式活动与专题式活动之间，学生活动的时间比嵌入式活动要长，但比专题式活动要短。学生活动的场地比较灵活，可以在课堂内实施，也可以在课外实施。学生活动的内容比嵌入式活动要丰富，但比专题式活动要少。因此，如何恰当把握拓展式综合性活动的时间、地点和内容，这对语文教师来说是一大难题。

韩雪屏认为支玉恒《只有一个地球》中“实话实说”这一类综合性活动需要从以下三方面加以改进：[①]

第一，语文课程的综合性学习，应当以语文学科的知识、技能、观念作综合聚焦的核心。在这种综合性学习活动中，要力图实现语文知识的综合、听读写言语技能的综合、语文实践与思的综合、语文学科与其他相关学科的综合、语文学科与社会生活的综合。这种综合不是无限的延伸、随意的相加。语文知识和技能应当像一块磁石，吸引着各种相关因素向它靠拢；语文知识和技能应该像一块饱含水分的海绵，向各相关渠道自然渗透。其他学科知识和社会生活介入的根本目的，是拓宽语文学习和运用的领域，使学生在不同的内容和方法的交叉中进一步开阔视野，更利于语文能力的形成和熟练。因此，语文课程综合性学习的最终目标，仍然是回归语文，而不是舍本逐末、越俎代庖。

① 韩雪屏. 关于综合性学习的几点思考 [J]. 教育评论，2004（3）.

第二，综合性学习要有充足的时间和资源作为保证。这里的时间不是指课堂上的时间，而是指学生在课外用于找资料、相互讨论、总结反思的时间。综合性学习的“过程性”特点和功能，应该是我们更加关心的内容。这样，我们在组织综合性学习时，就应在过程中下大功夫，让学生有充足的课余时间去大量阅读、查找、思考、记述、讨论、辨别。组织好综合性学习活动，教师还应当有强烈的课程资源意识，在利用和开发课程资源上下大功夫。教师应善于把相关的事件、现象、知识、技能，有计划、及时地引入语文课程和教学领域中来，让学生真正开阔知识视野，学会查找图书、报刊、网络，充分利用图书馆、电脑、电影、电视等。从这些原则来看这堂课的“实话实说”活动，我们就不难看出各位“嘉宾”的谈话，大半是应急式的表演。他们由于没有机会经过“过程”的锻炼，因而不免时时陷入捉襟见肘的窘境。

第三，综合性学习要求学生主体充分实践自主、合作、探究的学习方式。学生应当在综合性学习活动中学会发现和提出问题，策划和组织活动，利用资源和材料，展开讨论和探究，展示多种多样的学习成果。教师在综合性学习活动中，既要给学生一定的指导，又要避免过多地参与到学生的活动中去。综合性学习应当面对全体学生，而不是只针对部分优秀的学生。教师应有意识地为每一个学生提供参与综合、探究的机会，尤其是要弱势群体以特别的关照和积极的鼓励，使每一个学生都能从综合性学习活动中，分享到探究的艰辛和成功的喜悦。但是，“实话实说”这个专题活动，从“主人”的人选、到聘约“嘉宾”、从组织“现场观众”，到引导“电视机前的观众”等一系列活动，都是以教师为主为中心的，学生自始至终只能处于被动的、受支配的地位。学生由于没有参与课前的自主、合作、探究的学习过程，他们就只能仓促上阵，靠着平时的一点零星的积累和当场灵机一动，来维护和持续教师的教学设计，满足当场的应对需要。绝大分“观众”，也由于课前没有任何准备，只能做一点应景式的提问和谈话。

二、合理安排拓展性活动的重点内容

拓展式的语文综合性学习活动在实施过程中容易出现两种极端现象，一种是没有把学生引导到新的情境中去运用所学知识解决问题，而是围绕课堂所学知识进行反复的机械性训练；另一种极端是脱离重点内容的漫无目的地拓展，最后学生收效甚微。所以，在拓展式的综合性学习活动中，合理安排拓展的重点内容非常重要。

（一）处理好情境材料与知识内容的关系

拓展式的综合性学习活动一般都是创设了一个新的活动情境，这个新的活动情境由诸多背景材料与信息构成，这些背景材料与信息可以来自生活中的不同领域。教师需要引导学生依据情境的“命令”，运用所学的知识去分析背景材料与信息，进而解决相关问题。在这样的活动中，背景材料与信息是显性的，也可以是非语文的，而“知识”与“技能”是潜藏着的，需要学生去调动出来，但这些“知识”与“技能”一定是语文的。因此，教师在指导学生进行拓展式活动时一定要注意区分背景材料与知识内容，正确处理两者的关系，不要本末倒置。

语文以外的生活知识和生活场景是语文教学过程中要涉及的一个内容，但这些内容是为语文教学提供背景的。“背景”是语文教学活动得以展开的一个不可或缺的条件，但如何获得这个“背景”并不是语文的任务，它并不由语文课负责解决。“背景”在语文中，只能作为一个“用件”为开展语文活动提供材料，起一个教具的作用。所以可以由语文教材直接提供，而免除了学生专门去调查了解这一环节。在这一点上，我们的一些教科书做得恰好相反。如一套教材设计了一个单元主题活动“初识经济生活”，是关于社会经济生活的。编者详尽地描述了“研究主题”的组成，详尽地提供实施建议：首先，学生要每天记录自家的收支情况，共有哪些项目，这些项目的具体数额，其中用于生活必需品多少，用于文化消费多少，用于保健多少等。然后，学生要访问当地的主要商家企业，了解每天的销售量以及销售商品的构成。最后，还要与当地居民座谈，听取他们的介绍和意见。这些内容涉及经济生活、社会生活的许多方面，有些调查手段的设计也非常专业，但是最后关涉到语文本身的活动“成果展示”，则用了区区三行，寥寥数字。从活动本身来看，调查社会经济生活成为主要活动；从活动对象来看，它涉及的主要是经济活动，而不是语文；从活动成果来看，它并不在语文知识的获得和语文能力的训练，而在社会知识的获得和调查这种方法的获得。由此可见，这一个主题活动设计其实不是一个“语文”的主题。

因此，在创设拓展式活动新情境时，要理清情境材料与知识内容的关系，情境材料可以是多样化的，各种学科及社会生活的方方面面都可以纳入进来，但学生要通过对这些情境材料学习获得的知识与技能则一定是语文的。

（二）围绕重点内容进行拓展

拓展式的语文综合性学习活动内容不仅仅从一节课或一篇课文中拓展而来，也有大量的活动是从一个单元拓展出来的。不管是从哪里拓展出来的内容，在组织活动时一定要紧紧围绕重点内容展开。重点内容在过程中不突出，会导致综合性学习活动的低效甚至无效。

如一个单元拓展式活动案例《依据体式特征促进学生对知识的综合运用》。任课教师在四年级下册的实用文章单元的单篇课文教学完毕之后，组织学生进行了一次综合性学习活动，促进学生对本单元所学知识的整合与运用。

该课例立足于促进学生在单篇课文学习基础上对所学知识的整合，本单元学习的主题是“大自然的启示”，课文体式是实用文章中的科普小品，有《自然之道》《黄河是怎样变化的》《蝙蝠和雷达》和《大自然的启示》(含两部分《“打扫”森林》《人类的老师》) 等课文。单篇教学的缺陷在于学生学过这些课文之后仅仅知道了一些常识，而对这些课文背后要传达的“知识的关联性”没有很好地理解。因此，从整合的角度来看，围绕“事物的关联性”这个核心把几篇文章所表达的道理综合起来加以深度理解，这不仅可以较好地促进学生巩固课文内容，而且使学生能结合自身的生活经验对知识加以运用，从而达到实用文章阅读教学的最终目标。

这次学习活动的主要目标：掌握整合所学知识解决新问题的方法；学会与同学合作并分享学习经验；通过听说读写活动的形式呈现学习经验。

教学的重点：引导学生明白学习科学小品之类实用文章不仅要把握课文内容，更要理解课文内容所揭示的“事物之间关联性”的道理。

教学难点：把学生在课文中所学的知识迁移运用到其他情境中去解决新问题。

整个教学过程分为下面三个主要环节：

（一）温故知新

1. 在这个关于大自然主题的单元学习中，我们学到了很多知识。请你回顾一下每篇课文所学的内容，仿照下面示例，完成各小题。

示例：学了《自然之道》一文，我明白了幼龟的成长有它的自然规律的道理。

(1) 学了《黄河是怎样变化的》，我明白了____________________的道理。

(2) 学了《蝙蝠和雷达》，我明白了____________________的道理。

(3) 学了《“打扫”森林》，我明白了____________________的道理。

(4) 学了《人类的老师》，我明白了____________________的道理。

2. 请与同桌交流一下，谈谈你是怎样明白这些道理的。

按照下面的格式来说：

我明白这个道理，主要是理清了____________和____________之间的联系。

3. 迁移运用。

仔细阅读下面这篇文章，完成后面的任务。

蛇与庄稼

几十年前，广东沿海发生了一次海啸，是台风引起的，许多田地和村庄被海水淹没了。这场洪水过后，那儿的庄稼总得不到好收成，接连几年都是这样，即使风调雨顺，也不见起色。后来，老农们想出了一个办法，他们托人去外地买了一批蛇回来，把蛇放到田里。说也奇怪，那一年庄稼就获得了丰收。大家不明白这是什么道理。老农把秘密说破了，原来那场洪水把深藏在洞里的蛇都给淹死了，田鼠却游到树上和山坡上，保住了性命。后来洪水退了，田鼠又回到田里糟蹋庄稼，没有蛇来捕捉它们，它们繁殖得特别快，庄稼都让田鼠给糟蹋了。现在田里又有了蛇，大量的田鼠让蛇给吃掉了，因而庄稼又得到了好收成。

生物学家达尔文说过猫和苜蓿的故事。他说在英国的好些地方，看村子喂的猫多还是少，就可以知道那里的苜蓿长得怎么样。苜蓿靠土蜂传播花粉，地里田鼠太多，土蜂的活动就受到影响。村子里喂的猫多，田鼠就不能那么放肆了。因此猫的多少，竟和苜蓿的收获有密切的关系。

天上下雨，地面就湿；太阳出来，东西就容易晒干；火会烧毁东西，水可以灭火。这些事儿都是显而易见的，大家都知道。但是世界上的事物除了这样简单的联系之外，还有不少复杂的联系，不是一下子能看清楚的。一个人不讲卫生，在马路上吐一口痰，也许会使许多人得病，甚至染上肺结核。肺结核病人躺在床上呻吟的时候，他怎么会想到使他生病的就是那个在马路上随便吐痰的人呢？事物之间的相互联系是非常复杂的，咱们必须不怕麻烦，研究它们，掌握它们的规律。这样，才能把事儿做得更合咱们的意愿。

（1）“我”在这篇课文中看到了三个事例：

第一个事例讲的是____________和____________之间的联系；

第二个事例讲的是____________和____________之间的联系；

第三个事例讲的是____________和____________之间的联系；

（2）理清这些联系之后，“我”明白了的道理。

【第一个环节是在课前布置的，让学生在课前完成。】

（二）合作探究

1．寻找事物之间的联系，是解开大自然奥秘的一把钥匙。

一只乌龟从天上掉下来，恰巧砸在一个秃子头上，古希腊哲学家德谟克利特在说到这样不可思议的事情时说，你不必太惊奇，那是有原因的，抬头看吧，天空会有一只老鹰在盘旋，是老鹰叼着的乌龟掉下来了。

在自然界和人类社会中，任何现象都是由另外的现象引起的，并且又总会产生新的现象，我们把引起一定现象的现象叫原因，把被引起的一定现象叫结果。因果关系是客观世界中永恒的贯穿于一切事物之间的一种关系。

人类从大自然获得启示的前提是找到了自然界事物之间的联系。下面我们的活动就是围绕“探寻自然界的因果联系”展开的。

2．确定探究的主要对象。

（1）各种文章或书籍中所介绍的动物、植物、自然现象等（课本中已学过的除外）。

（2）自己家附近的草木、昆虫等。

3．确定要探究的问题。

小组讨论，确定准备研究什么问题。问题可以划分为动物、植物、自然现象等领域，在这些领域里面去寻找“为什么”，即寻找事物之间的因果联系。

人类从大自然获得的启示一般可以分为两类，一类是从实用的角度出发，为改进人类的生活与发展，想出了很多办法，如我们这个单元所学的课文，其中主要介绍的就是这方面的启示。另一类启示是从审美的角度出发的，也就是用文学描写或音乐、绘画等方式表达人们从大自然中获得的灵感，用来抒发个人情感，让人们读了这样的作品之后觉得很美，或被作品中描写的东西感动。如很多诗歌、绘画中所写的内容。

4．收集资料与数据的方式或途径。

（1）从网络、图书馆、书店、家庭藏书中搜集资料，把相关的资料摘录下来。

（2）实地观察，记录观察过程和结果。请在你家附近选择一些草木进行观察，看看它们的生长与周围的环境之间具有怎样的联系。有条件的同学可以让家长帮忙拍下你在观察时的照片，并把照片带到学校来交流。

每个小组都要有这两个方面的资料与数据。

5．完成下面这份调查报告。完成之后与小组成员进行交流。

调查报告

调查对象	
探究的问题	
从网络、图书馆或书店等处找到的资料	
实地观察的过程记录	
我发现的因果联系	

【第二个环节在课内用1课时，结合学生对第一环节的完成情况，明确探究的方式与任务。布置学生在课外分小组去展开探究。】

（三）**成果汇报**

（1）各小组展览手抄报。每小组合作完成一份，手抄报的内容应该包括“探究的问题”“获得的资料”“观察的过程”“我们的发现”“组员个人心得”。

（2）每人写一篇这次探究活动的心得体会。心得体会的格式如下表：

我对探究活动的体会
我参与了我们小组的探究活动，主要探究了____________
在这次探究过程中，我的主要任务是____________
我从网络、图书馆等处查找了关于的资料，知道了________________________
我从自己家附近实地观察了的具体情况，明白了________________________
通过这次活动，我体会到________________

【第三环节在课堂完成，1课时。各小组在全班介绍自己的探究成果，师生一

起点评。】

三、拓展要体现从扶到放的过程

拓展式的语文综合性学习活动要体现一个从扶到放的发展过程，即学生参与拓展的活动有一个循序渐进的过程，他们需要调动自己的已有知识与能力去解决新情境中的问题。而知识的运用过程总是有一个从新手到熟练的过程，这就要求教师要及时了解学生的参与状况和进步状况，依据学生的基础，进行有针对性的指导。如下图所示：

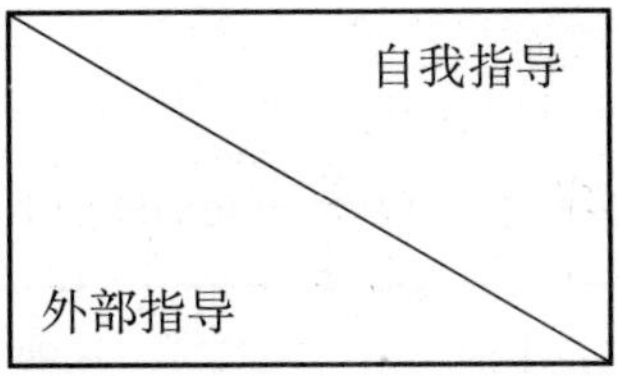

在拓展式的语文综合性学习活动中，学生的进步过程就是逐步用“自我指导”取代“外部指导”的过程。这个图形中有从左到右两个三角形，左下角的三角形代表教师的“教”（即外部指导），右上角的三角形代表学生的“学”（即自我指导）。从左至右的综合性活动过程，应该体现“外部指导”的逐渐减少，直至最后撤出；而“自我指导”则恰恰相反，应该是一个逐渐增多的过程，直到最后完全占有了学习过程，并获得学习结果。

对拓展式的语文综合性学习活动的“外部指导”主要采用的技术就是“脚手架”策略。

当学生慢慢地积累经验更有胜任力时，支持与指导本身应该在一个搭建脚手架的过程中逐渐撤除。从学习任务的高支持到学习任务的无支持可以通过所谓的“支持方式连续体”得以体现。具体来说是从“案例学习”到常见学习任务的变化。最大力度的支持是“案例学习”。中等力度的支持是“不完整的案例学习”，要求学习者补全一个已知条件和部分解决方案。这种类型的搭建脚手架策略被称之为补全策略，并且已经被证明是非常有效的。最后，没有力度支持的是“常见学习任务”，此时学习者必须独立自主地完成全部的解题过程。[①]

---

①［荷］范梅里恩伯尔，［荷］基尔希纳著，盛群力译. 综合学习设计 [M]. 福州：福建教育出版社，2012：19.

搭建“脚手架”应被看成是一个既要对学习者提供支持，又要对学习者撤除支持的组合过程，正如建造一幢新的建筑物，随着施工完成后就要逐渐拆除脚手架。最初的支持与指导就是为了让学习者达到一个不给予支持与指导就难以达到的目标。

如果当学习者有能力实现预期的目标或执行要求的行为时，支持与指导就会逐渐减少，直到全部撤除。所提供的支持与指导，如果存在着无关、无效、过多或不足的情况，都会阻碍学习过程。关键要确定“脚手架”的类型与数量是否适合学习者的需要，并且在适当的时候以适当的速度撤除“脚手架”。常见的“脚手架”搭建技术和撤除的类型如下表所示：

“脚手架”搭建技术和撤除的类型

“脚手架”搭建技术	撤除的类型
通过“出声思考”示证认知策略	首先，详细阐明所有决策、问题解决方案和推理过程，当学习者掌握越来越多的专业知识时逐渐降低具体指导的程度
提供过程表、引导性问题或核对清单	逐渐减少向学习者提供的子阶段、引导性问题以及经验规则等支持
应用学业表现约束条件	首先要阻止那些无益于问题解决的行为，接着为学习者提供越来越多的有益于问题解决的行为
示例或部分解决方案	先提供案例学习或示范样例，然后再给予补全任务，最后再布置常见学习任务

第三节　专题式的语文综合性学习活动实施

专题式的语文综合性学习活动是语文教科书的综合性学习单元中较为常见的形式，一线教师也对这种形式的综合性学习活动进行了较多的实践探索。专题式的语文综合性学习活动具有一个比较完整的实施过程，这个过程主要包括活动准备阶段、活动展开阶段、成果展示阶段，每个阶段均有相应的目的要求与具体措施。

一、专题式的语文综合性学习活动的准备阶段

专题式的语文综合性学习活动的准备工作主要包括明确主题或问题、制定方案、组建活动小组。

（一）明确主题或问题

专题式的语文综合性学习活动，除了按照教科书的活动设计进行具体的主题与内容设计之外，还需要在活动开始之前引导学生明确需要探讨的主题或问题。帮助学生明确主题或问题时要把握以下几个要点：

1. 师生合作确定学习主题。教与学是互动的，学生可根据自己的兴趣、爱好、经验、条件、能力等选定所要学习的主题或问题，这个主题或问题可以是课内的内容，也可以是课外的内容。给学生充分的空间，使他们可以自主开展学习，充分发挥自身的主体作用，发展个性。学生的兴趣、爱好被调动起来后，就能倾注全部热情，兴致勃勃、认真地学习。同样，学生如果选择自己感兴趣的问题，就会积极开展研究，取得较好的效果。教师要依据学生的年龄、心理特点等给予学生积极的引导，既要尊重和保护学生的自主性、积极性，也要注意所选问题的价值。教师要有针对性地对学生进行引导、点拨与督促。指导的目的不是将学生的研究引向一个已有的结论，而是提供信息、启发思路、补充知识、介绍方法和线索。在强调学生自主选择主题的同时，还要发挥教师的引导作用。只有同时强调二者，他们的作用才可以达到最大限度的发挥，师生也才会在和谐、愉快的情境中实现互动。

2. 聚焦学生的“问题”。探究的主题设计要注重来自学生的问题。语文课程标准强调“对周围事物有好奇心，能就感兴趣的内容提出问题”（第一学段）、“能提出学习和生活中的问题”（第二学段）、“为解决与学习和生活相关的问题”（第三学段）、“能提出学习和生活中感兴趣的问题”（第四学段）。这里无一例外，每一学段都重点关注学生的“问题”，这为我们如何引导学生寻找探究的主题指明了方向。有的老师总结出学生“问题”的四种生成方式：[①]

---

① 郭根福. 把握“综合性学习”内涵提高语文综合性学习的能力 [J]. 中小学教师培训，2004（2）.

（1）生活诱发式。大千世界，每天都在发生纷繁复杂的变化，教师要利用学生对周围事物的好奇心，引导学生仔细地观察、思考生活中各种各样的问题，促使学生从生活的诱发中产生探究的主题。例如：煮熟的饺子为什么会浮起来？风筝为什么能飞上天？为什么学生的学业负担还是那么重？为什么闹市区衣衫褴褛的乞丐会形形色色、真假难辨？校园里的垃圾从何而来？

（2）课堂拓展式。课堂教学是培养学生语文综合素养的主阵地。在语文教学中，教师要以教材为依托，拓展课堂教学的空间，引导学生确立探究的主题。例如，一位教师在教《麻雀》一课时，学生提出了这样的问题："老师，是不是所有的动物在自己的孩子遇到危险的时候都会不顾一切地救孩子呢？"顿时，教室里议论纷纷，争论不休，于是教师抓住这个契机，引导学生确定"动物妈妈和孩子"的探究主题。因此，在课堂教学中，教师首先要有捕捉确定语文综合性学习主题的意识；其次要善待学生提出的各种疑问，引导学生从这些疑问中发现具有探究价值的主题。

（3）学科联系式。语文学科具有鲜明的综合性的特点，这决定了它与其他学科之间有着千丝万缕的联系。因此，我们在引导学生确立语文综合性学习的主题时，必须打破僵化的学科框架，软化学科体系，让学生从语文学科与其他学科的联系中发现语文综合性学习的主题。例如，在教学描写"春天"的课文时，可以沟通语文学科与美术、音乐学科的横向联系，围绕"感受春天"这个主题，让学生吟诵描写春天的诗文、描绘春天的画卷，歌唱赞美春天的歌曲，促进学生语文综合素养的提高。

（4）综合实践式。综合实践式是以一个问题为中心，从两门或两门以上的学科知识的综合联系中确立探究的主题。这里的"问题"，一般是指涉及两门或两门以上学科知识的大综合问题，如环境保护、生态失衡、克隆技术、信息技术等。综合实践式的主题组织方式一般有以下两种：第一，横向统整式。以学生现实生活为背景，选择学科之间的知识连接点作为主题内容，统整和综合运用学科知识，在具体的操作实践中，需要先将所有涉及的学科知识放在同一平台上，然后围绕探究主题将这些零碎的知识统整起来，使之成为一个完整的知识系统。例如，对"漫话风筝"这个主题的探究就涉及多种学科知识的统整。第二，纵向递进式。围绕主题，抓住主题中的核心内容，向纵深推进和展开，这种方式要求主题综合性强，主题的统整程度高。

3. 主题或问题要体现"综合性"。专题式的语文综合性学习活动的主题或问题一定要体现在综合的活动情境中，需要通过多方面的知识与能力来解决。因此，要引导学生把注意力放在综合性的主题或问题上，走出仅对某一技能的活动演练的局限，摆脱只提高学生语文某项能力的思维框架和活动模式。例如，有的老师在组织教学“这就是我”这一综合性学习单元时，把活动目标定位在“口头作文”训练上。如果作为“语文课外活动”，这样的定位也未尝不可，但是作为语文综合性学习单元，这样的目标定位就显得单一狭隘了。实际上，以“这就是我”这一主题作为七年级的第一次综合性学习，是有其特别的内涵和用意的，除了锻炼口语交际能力和写作能力外，至少还应容纳以下几个方面的内容：以人生、生命为主题，让学生反思自己的成长过程，珍重生命，进而发现、体悟生命的价值；展现自己的个性、特长、兴趣爱好，在寻求别人理解的过程中理解别人，进而学会共处；在各种情境中，学会调适自己的角色，包括言语举止，学习在各种社会活动情境中发展自己，得体地推荐自己。

综合性学习，贵在综合，它应该在活动过程中让学生得到多方面的成长，既有语文知识的积累，又有语文能力的提高；既是语文素养提高的过程，又是综合素质提高的过程。可有些教师仍是一种单一的读写活动，或者是单纯的知识积累，或者是单一的某种训练，或者是阅读，或者是写作，或者是演讲，或者是辩论，远远没有达到课程所提出的“在感兴趣的自主活动中全面提高语文素养”“培养学生主动探究、团结合作、勇于创新精神”的要求。

综合性学习的一个很重要的特征是让学生和生活“零距离接触”，走出教室，走进社会，在更广阔的语文世界中学习语文，认识生活。可有些教师组织的综合性学习活动，仍然不能突破传统阅读教学的封闭性，仍然是局限于课本，局限于课堂内开展活动，或者是联系阅读进行一些问题讨论，或者只是把有关学习要求作为书面作业让学生完成，没有“生活”，也没有“活动”，成为有名无实的“综合性学习”。

（二）制定活动方案

活动方案主要由学生自己来确定，但教师应该在确定之前进行必要的指导，并且要密切关注学生制定活动方案的过程，对不合理的地方要提出修改。重点要注意以下几方面：

1. 激发兴趣，明确要求

如果学生对综合性学习活动缺乏兴趣，参加活动的热情就不高，时间的投入也就很难保证，对有关任务的完成也就不可能十分认真，这必然会影响活动的效果。特别是在升学应试的压力较大的情况下，很多学生和家长对综合性学习的意义并不是十分理解（尽管现在很多地方的中考试卷已经增加了关于综合性学习的内容）。因此，教师要采用有效的方法激发学生的兴趣，引导学生选择自己感兴趣的问题进行探讨。

每一次综合性学习，都应该有具体的目的和任务。在活动开始阶段，教师就要让学生明白整个活动的具体要求，应该怎样活动，应该完成哪些任务。有些活动的内容学生可能并不是很清楚，教师还要加以具体说明，比如“民俗风物”系列活动，学生可能不清楚哪些内容属于“民俗风物”。即使是“新闻照片”，也可能有学生并不清楚是指什么样的照片。

综合性学习在每个学期中都安排一个主题单元，就是要让学生从课内走向课外，从单纯地面对文本走向面对广阔的语文世界。既然是“活动”，那就应该“活”起来，“动”起来。我们应当鼓励学生相互合作、循序渐进地开展活动，以自主、合作、探究、开放为原则，实施干预和引导。

语文综合性学习“主要由学生自行设计和组织活动”，教师不可包办代替，但是教师对“学生自行设计和组织活动”有必要给予指导，提供支持。比如，可以提出一些框架性的学习主题和建议，让学生讨论、研究，形成具体的实施计划、方案；可以提供相关背景活动、材料以及探寻的路径和方法，启发、诱导学生寻找、提炼出值得开展综合性学习的课题；可以对学生的选题、设计进行审查、改进；还可以指导学生对教师或教科书提供的范例进行选择、修正和补充。学生无论采用哪种方式开展综合性学习，教师始终都充当着讨论伙伴、提供咨询的重要角色，并且是决策的主要参与者。

2. 形成基本程序

在明确活动要求之后，就需要引导学生把要求转化为具体的可以实现的程序，列出路线图。下面这位教师对学习方案的指导就比较有效：

在我们的生活中，母爱无处不在，但是我们往往习以为常，忽视了她的存在，甚至有时还嫌弃、抱怨这种爱的奉献。母爱如山，如山的伟大，如山的崇高，如山的厚重，如山的静默无言……母爱是原点情感，理解了母亲的爱，我们才能爱人爱己，才能让爱迸发出光辉，照亮我们未来的路！基于这样的认识，我们在征求学生意见之后，对学生进行了一次综合性学习指导。具体做法如下：

1. 提供一组表现母爱的文章：史铁生的散文《秋天的怀念》、张顺的《母爱无言》、叶倾城的《母亲的心》和《母亲情怀》、梁毅和李国征的纪实散文《母亲的情怀》《牵着母亲过马路》、韩静霆的《母爱是船也是岸》、庄因的《母亲的手》、赵翼如的《单身母亲手记》、吴周文的《天下最怕伤害的是孩子—赵冀如散文〈单身母亲手记〉赏析》、小小说《妈妈的眼睛》和《中校的命令》、毕淑敏的《母爱》、王宗仁的《藏羚羊跪拜》、孙春平的《老人与狐》、冰心的《往事》、美国心理学家弗罗姆的《父母与孩子的爱》。其中既有教师推荐的文章，也有学生们从书籍、杂志或网上挑选的。应该说，内容是丰富的，有散文，也有小说；有文学欣赏，也有科学论文；有人类情感，也有动物的天性……

2. 由学生设计学习方案，教师提出指导性意见。最后达成如下实施方案。

（1）请你给上面的一组文章编一个目录，把它写在扉页上。

（2）从上面的文章中，摘抄出1500字左右你最受感动的情节，制成几张读书卡片。

（3）字词品读：用圈点读书的方法，从每一篇文章中找出一个字或一个词或一个句子，谈谈你的看法。

（4）读了上面的一组文章，你对习以为常的、曾经忽略甚至是淡漠过的母爱有了什么新的理解？

（5）母爱是神圣而伟大的爱，是一种无条件且不求回报的爱。通过阅读这组文章，在你感动之余，你是否想做一件你力所能及的事回报你的母亲呢？把你的计划写下来并付诸实践！

（6）请你挑出一篇，请父母读读并谈谈他们的看法，将他们的想法记下来。

（7）认真阅读《天下最怕伤害的是孩子》，就其中的一篇文章，写一篇600字左右的读后感。

（8）读了这些文章，对母亲、对母爱，你一定有了新的认识和理解，请你以“母爱”为话题，写一篇文章，通过点滴的小事，让同学们了解你的母亲。

（9）请你从课外书籍中向你的同桌推荐一篇表现母爱的文章（或一首诗歌）。

（10）请你向同学推荐一种表现爱的音像作品（电影、电视、歌曲、MTV等）。

（11）积累：从文章中挑出你新学到的二字词和四字词各50个，把它们写在笔记本上。通过工具书，了解它们的意思。

（12）请同学们写一篇以“母爱”为话题的演讲稿，在小组内进行初评后，推荐两位同学在班上演讲。

（13）认真阅读《父母与孩子的爱》，进行一次辩论赛，正方论题：“无条件的母爱是积极的爱”，反方论题：“无条件的母爱是消极的爱”。（提前一个星期在班上宣布辩论题，全班分为两个团队，抽签决定正反方，给两天的时间让团队成员思考、搜集材料。）

附：辩论程序

①双方一辩陈词，表明己方观点，5 分钟；②自由辩论，各位队员都可自由发言，5 分钟；③总结陈词，由各队四辩对己方观点进行总结，5 分钟。

（14）活动总结：在这次活动中，你受到了什么启发，你做了哪些工作……请你写一个活动总结，并给自己做一个评定。

3. 防止异化为“课外活动”方案

综合性学习作为语文课程改革的一大亮点，安排在每册教材中，推动着学生语文学习方式的积极转变。这种转变将有利于学生在未来的语文学习和实践中更加明确语文的学科价值和课程内涵。语文的外延和生活的外延是一样广阔的。因此开展综合性学习活动最重要的就是要解放学生的语文学习方式。

习惯了常规教学活动方式的语文教师，在面临语文综合性学习时，会不自觉地把它异化为语文课外活动，而且因其活动的形式多样化和考查的困难，综合性学习在日常教学中也很容易被边缘化。例如，某老师在教学“我爱文学”这一实践活动时，干脆把它当作一次家庭作业来布置——以“我爱文学”为主题出一期手抄报。于是，学生也把它当成了一次任务来完成，这里抄一首诗，那里抄一个散文片段，那里找一些有关名作家的介绍。自己的感受呢，则是把“我爱文学”变成一个长长的扩句，空谈一下感受，用的时间长则两个小时，短则半个多小时，至于效果恐怕偶尔记住些只言片语外，再也没有任何收获了。教材编者设计此综合性活动的目的在于以教材为切入点引领学生去阅读文质兼美的文章，感受文学的魅力，交流自己的感受，尝试文学创作，最后编一期手抄报。看来，编者设计这一主题活动是将语言、文学的学习和阅读、写作、口语交际整合为一体，综合训练学生听说读写能力。将综合性学习简单地等同于布置课外作业，显然有悖于新课程的理念。①

综合性学习活动的确立，不是老师的突发奇想，不是“心血来潮”，而应是

① 惠亚波. 语文综合性学习的几个误区 [J]. 陕西教育，2010（1）.

有计划地纳入教师的统筹教学之中。仍以“我爱文学”这一综合性学习为例，这一活动是放在第一单元“亲近文学”之后进行的。在教学之初，教师应意识到教学应由浅入深，循序渐进地引领学生去感受文学那“美的情感”“美的形象”“美的语言”,《为你打开一扇门》让孩子意识到文学的魅力,《繁星》让学生领略文字中流淌着的对生活的爱等，这一切正是为了引领学生步入综合性学习的境地，激发他们的学习、研究的兴趣。

（三）组建活动小组

综合性学习是一个研究的过程，探讨的过程，它不是一蹴而就的，而是一个由简单到复杂，由感性到理性的过程，这就要求在确定活动方案之后，要根据学生的实际情况确定合作小组成员并进行任务分工。

1. 学习“合作技巧”

合作小组确定之后，需要对所有成员进行“合作技巧”培训。

人们已经开发了大量的支持小组合作的活动框架和技巧，这些技巧表明，我们仅仅告诉学生要合作是不够的，学生必须在相应的小组中担任相应的角色来学习合作技巧，才会有成效的。下面的合作技巧就体现了这一原则：

“拼图式”合作技巧——小组进行副主题的工作，目标是使每个人成为“专家”。保证每个人理解是重要的。然后，小组成员改变小组，如此在每个新的小组会有一个关于每个副主题的“专家”。之后，新的小组被要求去完成一个需要“专家”投入的挑战。例如，在一个研究海洋生物的中学科学课堂上，学生 5 人一组，共组成 4 个小组，他们用一周的时间使用课本、网络进行研究，成为关于海洋生物的“专家”。在这周结束时，新的小组形成了，每个小组都有一个来自动物专家小组的成员。这时候，每个小组成员中有独特的专长技能。在接下来的两周，新的小组被给予一系列关于海洋生物的令人感兴趣的问题去研究，他们的发现以一个最终展示的形式完成。

“剧本化”合作技巧——结对参与到任务中，通过轮流参与到特定的认知活动中共享工作。两人一起阐述和讨论材料，然后交换角色。例如，女同学和男同学挨着坐，他们负责读诗和写一个简短的报告。女同学读第一节，她的同伴总结她所读的。女同学记下总结并进行阐释。接下来，男同学读第二节，他的同伴总结他所读的，同时男同学记下来。最后，用他们的阅读笔记一起完成最后的报告。

组成有效的合作小组需要让学生学习相关的小组合作技巧，这样可以提高小组合作的成效。

2. 合理分配任务

语文综合性学习不仅打破了课堂教学的时空界限，也打破了班级授课制下的学习小组的建制，代之以依据兴趣、特长和个人意愿的自由组合、自主活动。因此，教师在帮助学生组建合作小组之后，还需要健全小组合作学习的联系网络，明确具体的活动任务，做到合理分工，有效合作。

例如，下面这位教师采用“专题项目承包制”就比较有效地分配了活动任务：①

我在教学中采用的比较有效的做法是推行“专题项目承包制”，因为只有这样才能使综合性学习活动更开放、深入。如在五年级“遨游汉字王国”综合性学习中，我将“有趣的汉字”板块梳理分割成“经典字谜”“趣联品味”“谐音对联”“谐音故事”“汉字起源”“汉字演变”“错写汉字引发的故事”“书法欣赏”“街头招牌欣赏”九大项目，让学生自行组团承包项目，每个项目要求通过阅读、查找、采访、摄录等手段丰富项目资料，并且要有简单的陈词。到活动后期，开展演示说明会，并要求各项目组有PPT或其他辅助说明资料。活动中，每名学生都有发挥自己专长的领域：人员召集和分工、图片收集、文字整理、设计说明材料、制作PPT以及进行说明词的撰写等。在此过程中，他们学着相互合作、相互竞争，经受着收集整理、品味筛选、描述概括等语文能力的训练。我则时不时地询问各项目组的活动开展情况，适时地给些意见，并渲染竞争氛围，保障各项目组任务的圆满完成。这种项目承包制极大地激发了学生的活动热情，因为他们获得了在语文课堂上真正意义的主动权，也深刻地感受到自己才是活动的主体。可以想象，如果综合性学习活动的开展仍然是正襟危坐，而老师也仅是在有限的阅读材料中打转转，那么不但辜负了教材编者的良苦用心，也缺失了真正意义上解放学生语文学习方式的机会，自然也无法让大语文、生活语文的观念深入人心。一个简单的例子，在我们班的“遨游汉字王国”综合性学习活动展示中，“街头招牌欣赏”项目组就为我们呈现了一些颇具意趣的招牌，我们这才发现，站在教室门口就可以望见的茶楼墙上那副大大的“几片叶看人生沉浮，一壶水容世间沧桑”的对联原来是如此富有意蕴。这样的语文意识的觉醒自然是难能可贵的。如果我们的学生没能解放学习方式，没有真正的“活动”意识，那么是

① 罗才军. 解放我们的语文学习方式——关于语文综合性学习的几点思考 [J]. 小学语文教与学，2012（1）.

断然得不到这样丰富的语文内容的。

由此，我们看到，采取“专题项目承包制”这一类方式进行综合性学习活动的任务分配，有效激发了学生的主动性与积极性，同时学生的责任意识也得到了增强，这样分配任务的方式也防止了“走过场”“流于表面”的弊端，各项任务都能得到细致而具体的落实。

二、专题式的语文综合性学习活动的展开阶段

专题式语文综合性学习活动的展开阶段是指具体的活动过程，主要包括采取具体的活动方式去收集相关资料与数据、对数据加以分析、采取合适的方式呈现活动成果。在活动展开的过程中，教师需要密切关注学生的活动过程，及时发现问题，加以正确的引导，确保综合性学习活动的有效展开。

（一）密切关注活动过程

在综合性学习的开展过程中教师要密切关注学生的活动过程，对过程实施调节和监控。教师对综合性学习的调节和监控，较为有效的方法有：通过合作小组组长负责制来实施监控；保持信息联络的畅通，及时调研，及时反馈，及时调节；跟踪督查，及时检查活动记录或阶段性成果并加以调控等。教师的调节和监控的主要目的是保证语文综合性学习方法合理、过程流畅，促成学生全程有效地参与。①

1. 及时指导与纠正

学生在自主合作学习的同时，教师不能作壁上观，应该发挥援助、指导的职能。如一位教师组织的以地方资源为主题的综合性学习，小组的任务是“为宝应荷藕产品写广告词，做广告画”，练习商业广告的写作。②

教师先帮助学生明确学习目标：写作商业广告词，要求主题鲜明，感情真挚，构思新颖，语言简明。

接着指导写作商业广告的一般步骤：

第一步：熟悉产品特点和功效，关注消费者的心理和需求；

---

① 黄伟. 开展语文综合性学习必须解决的几个问题 [J]. 中小学教材教学，2002（5）.

② 袁爱国. 融通：提升语文综合性学习品质 [J]. 新课程研究，2015（1）.

第二步：确定广告主题，进一步了解产品的性能、特点、成分、优势，寻找广告的创意点；

第三步：创意构思，写作广告语，征询意见，反复修改，选取最富创意的广告语。

接着交流搜集的荷藕产品资料：

捶藕：色泽酱红，香甜酥烂，素而不淡，浓而不腻，有健脾开胃、生津止渴、减肥降压、益肾固精之功效。

莲藕汁：产品清雅爽口，口味纯正，富天然莲藕的独特风味。它不含防腐剂、香精、色素。清热解火，醒酒养颜，瘦身美体。

藕粉：营养丰富、口感滑润，不含人工色素、防腐剂，色泽好、晶莹透亮、味清气芳。藕粉具有美容美白等功效。

荷叶茶：荷叶具有解热、抑菌、解痉作用，有降脂、降血压、清理肠胃、排毒养颜，滋肝润肺等功效。

在研读上述产品资料之后，教师引导学生了解宝应荷藕产品的不同特点和功效，努力寻找广告语的创意点。然后小组内部交流讨论，互相评价修改。最后学生展示优秀的广告语，解释自己的创作意图，集体评价。在整个活动过程中，教师都加以了精心的指导，及时发现问题，帮助学生解决学习过程中遇到的困难。

2. 注重方法引领

密切关注学生活动过程还需要教师加以方式方法的指导与引领，示以门津，让学生的活动既得到充分的展开，又能不偏离目标。

专题式的语文综合性学习活动，都是走出教室的自主性活动，大多数学生缺少这样自主性的经验。如果整个活动不能合理安排，没有掌握适当的方法，就很难有好的效果。因此，教师应该对学生的活动过程和活动方法予以具体的指导，必要时还应该进行示范。就如“走进图书馆”的活动，根据不同的要求应该怎样查阅，根据同样的要求又有几种不同的查阅方法，查阅到资料应该怎样摘记等，都需要教师进行指导。

综合性学习活动，并不是教师提出了要求，指导了方法，就可以让学生自由活动，还必须跟踪活动的全过程。比如“走进图书馆”，有些同学进了图书馆，方法的运用不得要领，甚至还会忘了所讲的方法，有时候也会遇到意料之外的困难，这就需要教师及时的帮助。即使一些很分散的活动，教师也应该尽可能和一些学生在一起活动，随时了解情况，发现问题，及时纠正，保证活动的质量和效果。

（二）提高全体学生的参与度

在语文综合性学习活动中，要关注全体学生的参与度，积极引导全体学生参与到各个环节的活动中，真正体现学生的学习主体性。

1. 避免少数优等生把持活动的现象

综合性学习活动的综合性较强，它需要学生有一定的阅读能力和一定的知识基础上的思维水平。对于那些基础较差，知识面较窄的学困生来说并不是一件易事，而优等生凭着自己较好的基础，往往能不费力地占有材料，组织材料，进而质疑、假设、验证，形成自己的看法。在进行合作、探究的小组成员分配中，老师往往将优等生平均分配到各组中，目的是想让他们发挥引导的作用。然而，事实未必如愿——优等生的出现往往会让学困生对自己产生怀疑，其次会产生依赖心理，在整个实践活动中听从于别人，丧失了自己探究的兴趣和信心。要走出这个误区，语文老师要注意综合性学习内容的个性化、具体化、可操作化。对于学困生而言，要求的起点不能太高，不能与优等生同等要求，更要注重依据学生的兴趣自主地展开。以“汉字专题”为例，这是个比较大的综合性学习活动，为此教师可引导学生从几个子题去研究，如汉字的历史与发展，汉字的艺术，汉字的文化，汉字的功用，汉字的特点等。对于成绩并不好，但是喜欢练习书法的学生来说，在“汉字的艺术”这个综合性活动子题中，就找到了研究的方向，发挥了自己的特长。①

教师在综合性学习中应有意识地为每一个学生提供参与探究活动、表现自己的机会，尤其是要给中差生以特别的关照和积极的鼓励，使他们同样分享到活动的快乐与成功的喜悦。一方面，培养优生宽以待人和乐于助人的品质，让他们接纳差生、帮助差生；另一方面，教师依据差生的心理特点，参与到差生组织的活动中，有针对性地进行引导、点拨与督促，并为他们提供信息、启发思路、补充知识、介绍方法。在内容分配上，充分尊重差生自愿，把容易完成的任务交给他们。成果展示时，多给他们以肯定性的评价，委婉地指出不足。通过这样一些方法，几乎所有的学生都能积极主动地参与综合性学习。②

① 惠亚波. 语文综合性学习的几个误区 [J]. 陕西教育，2010（Z1）.

② 王健. 语文综合性学习的困惑及应对方案 [J]. 语文教学与研究，2005（12）.

2. 避免虚假的“自主性、主体性”

日本学者佐藤学在研究综合性学习时发现存在一种虚假的“自主性、主体性”。[①] 例如，在某小学五年级的一个教室里开展着这样的学习：每个学生各自决定了主题，制订了调查计划，展开了个别的学习。有的以地区商店街上日本点心的制作为主题制订了学习计划；有的则制订了调查蔬菜店各种商品产地的计划。不限于这个班级，常常可以在很多学校的综合学习实践中都看到这种状况，即让每个学生以自己的兴趣和爱好为中心，制订出个别化的课堂计划，开展“自主的、主体的”学习活动。

可是，如果仔细观察一下这些教室的情况就会发现，虽然有一部分学生能有目的地主动活泼地进行学习活动，但多数学生却只停留于表面性的活动上，有的仅仅草率地做一些调查就停滞不前了；有的虽然确定了课题，却不能制订出学习计划来。这些学生失去了学习的目的和方向，热衷于闲聊，浪费了很多时间。

而往往在这种时候，教室里最容易出现纠纷、暴力的情况。那些学习不能顺利进展下去或失去目的和方向而感到厌烦的学生，为了填补空虚感、无能感，就会相互捉弄或使用粗暴的语言。综合学习中出现的这类混乱情况，在全国中小学中曾见到过不少。

为什么会出现上述这类混乱情况呢？其责任当然应由教师来承担。这种教室里的教师总认为，只要让学生“自主地、主体地”设定课题，每个学生都“自主地、主体地”“自己解决问题”，就是很好的综合学习了。因此，他们热心于指导学生在活动前写“计划”，活动后写“反思”，而教师自己对重要活动题材的发展却缺乏预见，没有准备丰富的办法或对策，对很多学生失去方向、陷入困惑的事实无动于衷。强调学生的“自主性”和“主体性”听起来是很好的，但是，上述做法实际上是把学习这件事完全听任学生自己来做，依赖于学生自己的能力和努力，这种做法极端地说，是不负责任的表现。

每个学生自己制订计划、自己独立学习的方式不是学校应组织的学习方式。学校是通过教师的帮助和学生的合作，来实现学生独自一人无法进行的学习的场所，综合学习也不例外。尊重每个学生的“兴趣”和“爱好”是很重要的，但这并不是为了还原到“自主性”“自我解决”上去，而是要在教师的帮助下，把学

① [日] 佐藤学著，李季湄译. 静悄悄的革命：创造活动、合作、反思的综合学习课程 [M]. 长春：长春出版社，2003.123.125.

生组织到其个人无法进行的、合作的学习活动中去。在“学生的自主性、主体性”这些美丽词语的背后，隐藏着教师无责任心的一面。

要搞好综合学习，对主题及内容的发展具有预见性是决定性的因素，但更重要的是教师要把设计好每一个学生的学习作为自己的责任。

3. 保证活动的时间和空间

学生的活动参与度常常是受到时间和空间的制约，很多老师给学生的活动时间不够，或活动空间狭小，造成学生的活动施展不开。任何一项活动的开展都是需要时间和空间作为保障的，语文综合性学习也不例外。学生的学习方式完全不同于过往的接受、讨论和练习，而是需要完成整个项目的设计、分工、讨论、实施、总结等，还有许多现实中的困难和问题，所以更需要老师能给足时间和空间。很多老师在实施综合性学习过程中会产生焦虑情绪，害怕学生在活动中无法控制。其实，只要我们开始前准备充分，过程中适时激励，活动自然就能收到很好的效果。

例如，有位教师实施六年级“难忘小学生活”综合性学习活动①，其中包括回味小学生活、畅谈成长故事、书写毕业赠言、策划毕业联欢等内容，无论哪一个板块的活动，都需要足够的时间。尤其是策划毕业联欢，在毕业阶段，很多老师轻易就忽略过去了。其实，到了这个阶段，学生是很有表演的期待和欲望的，因为这毕竟是小学生活圆满结束的一个标志。这位老师在这项综合性活动开展过程中，就放手让学生积极准备，成立了毕业联欢主创团队，并根据每名学生的特长进行文艺展示策划。在六一儿童节下午，这位老师和许多任课老师受到邀请参加了毕业联欢活动，这真让教师们大开眼界。尤其值得一提的是有位同学自编自导的课本剧《马二遇仙》，是从《儒林外史》中截取的经典故事，他自己改编成剧本、自己找演员排练、准备服装道具等，最终呈现得虽然还很稚嫩，但已很让人讶异其巨大潜力了。可以想象，如果我们以毕业升学为理由肆意钳制，不能给足时间和空间，那么也不会有如此令人振奋的毕业联欢了。综合性学习活动的实践证明，我们只有默默包容并期待学生的学习成长，才能最大限度地解放学生的头脑和手脚，才能从真正意义上解放学生的学习方式，培养学生的自主学习能力。

① 罗才军. 解放我们的语文学习方式——关于语文综合性学习的几点思考 [J]. 小学语文教与学，2012（1）.

（三）呈现活动成果

在语文综合性学习活动中，教师要引导学生用多种方式呈现学习活动的结果，可以是一篇研究论文、一份调查报告、一块展板，也可以是一场主题演讲、一次口头报告、一本研究笔记，还可以是一项活动设计的方案。只要能够呈现学习活动的结果，教师可以灵活把握，不必拘泥于单一、固定的形式。在指导学生用多种方式呈现活动成果时，应该注意以下两个方面：

1. 对成果形式应该加以介绍与指导

在语文综合性学习活动的实施过程中，有的教师发现学生感觉最无从下手的是写调查报告或活动总结，因为这有别于他们往常的习作。长期以来，语文课堂教学中常常把习作与学生实际生活相隔离，学生的习作并不能真正反映现实生活。这样的习作观念导致学生在写调查报告时难以下笔。其实，调查报告的一个很重要原则就是如实陈述，语言也追求简明准确。这时，就需要老师的指导和肯定，哪怕调查选题非常稚嫩，研究结论非常简单，只要他有调查的思路、过程和最终自己撰写的报告就应该加以肯定。因为我们所倡导的调查研究只是一种意识的渗透、一种形式的感知、一种学习方式的演练。

例如，“走进信息世界”综合性学习中，好多学生都善于从身边生活中寻找研究选题，如“班级体型偏胖学生调查”“近视学生饮食情况调查”“关于寄宿生睡眠情况的调查”等。在讨论这些选题时，只要是有价值的，学生自己真正想了解的，都要积极支持。在撰写调查报告时教师也应该加以引导，提供调查报告样本，让学生感知调查思路，产生调查欲望和信心十足地撰写调查报告。[①]

2. 对学生呈现的活动成果要加以分析

教师对学生完成并呈现的活动成果要加以认真分析，通过分析发现学生完成这次综合性学习活动的质量，找出存在的问题，利于下阶段对学生加以纠正与指导。

例如，前文提到的语文综合性学习案例《依据体式特征促进学生对知识的综合运用》。在学生完成这项综合性活动之后，我们把全班学生的活动成果收上来进行了分析。

其中第一部分即“温故知新”的完成情况分析如下：

第一小题是引导学生梳理该单元所学的课文内容，用一句话概括每篇课文的

① 罗才军. 解放我们的语文学习方式——关于语文综合性学习的几点思考 [J]. 小学语文教与学，2012（1）.

内容。

对《黄河是怎样变化的》《蝙蝠和雷达》和《人类的老师》三篇课文的概括，正确率达 90% 以上。答案基本为“破坏森林是不折不扣的自杀行为”“人类受到蝙蝠的启示发明了雷达”“生物是人类的老师”。而对《“打扫”森林》一文则出现了三种概括：第一种，大自然中的一切事物都是互相联系的（45%）；第二种，不能破坏大自然的生态平衡（40%）；第三种，森林不可以乱砍，不然没有了天然保护层（15%）。这里第三种概括反映出这些学生基本没有概括能力，仍然停留在课文的具体内容层面。概括是一种逐步抽象的过程，要懂得要逐步把相关内容放在更大的筐里。第二种进了一步，从“生态平衡”角度来看问题，揭示了一定的道理，但不全面；第一种概括最完整，揭示了“一切事物”的“互相联系”，概括程度最高。学习一篇课文，只有概括能力达到这样一个层面，学习的知识才可能“迁移”到其他不同的情境中加以运用。不然，学习仍停留在具体的内容层面。

针对学生的概括情况，教师加以了指导，强调了要从“具体”事物中寻找联系，把这种联系写出来。接着让学生完成《蛇与庄稼》的阅读练习。这次的概括，第一道题全部正确，理清了文章三个事例中所讲的蛇与庄稼、猫与苜蓿、吐痰的人与肺结核患者之间的联系。在概括三个事例内部关联的基础上，进行更高层次的概括，概括全文所见的道理：“任何事物都存在着关联。”这时，大多数同学都正确完成了，只有一个同学概括为“一物降一物，当遇难的时候可以利用它们的克星来制服它们”。这位同学实际已看到了事物之间存在的这种关联性，只是语言表达上不规范，没有用概括的语言，用的是描述性语言。

第二部分关于合作探究的完成情况如下：

学生分小组在课外进行观察与探究，从学生补充完整的“调查报告”、心得体会和手抄报等成果来看，主要探究的对象有鸽子（为什么鸽子是和平的象征）、鱼（鱼是如何在水中生活）、石榴花（石榴花长什么样）、猪笼草（猪笼草怎样捕捉食物）、含羞草（含羞草的叶子为什么会缩起来）、西瓜虫（西瓜虫为什么会卷起来）、花生（花生的果实为什么在地下）、蚂蚁（蚂蚁为什么要搬家）等。

通过对学生活动成果的分析，我们得到以下几点启发：

（1）依据体式特征选取核心教学内容非常重要。这些综合性学习得以顺利开展，关键在于理清了本单元几篇文章的共同体式特征，从中提炼出“事物之间的因果关联”这个核心要素。以这个要素为基点加以教学设计，就使整个综合性学习活动有了一条清晰的路径。一方面引导学生顺应课文体式获得了相应的阅读方法，另一方面促进了学生阅读经验的整合与运用。

（2）要充分关注学生的学习过程。这次综合性学习活动，虽然学生最终递交的成果离预设的目标还有较大的距离，但这并不重要，重要的是我们看到了学生在这次学习活动中的浓厚兴趣和高涨的学习热情。大多数学生都积极参与了小组的探究活动，按照小组所分配的任务，课上课下都忙乎起来了。这次学习的一个重要目标就是学会与同学合作与分享学习经验，从整个活动的观察可以看到，大多数学生是达成了这个目标。

（3）单篇课文教学之后的整合活动对促进学生的深度学习至关重要。学生在零散的单篇课文学习中可能只学习到了一些基础知识，但不知道课文的知识与自己的生活有何关系。通过联系生活经验进行的综合性学习，就起到了一个整合与建构的作用，在这个过程中学生逐步建构起课文内容与自己生活之间的联系，既提高了自己的阅读理解能力，同时也促进了听说读写综合能力的发展。

三、专题式的语文综合性学习活动的展示与交流阶段

专题式语文综合性学习活动的展示与交流是活动的最后阶段，学生把各自分小组进行活动所取得的研究成果在班级进行展示，全班学生交流与分享各自的活动心得，取长补短，共同提高。

（一）展示是对活动的全面总结与检阅

每次专题式的语文综合性学习活动结束后，不能将成果束之高阁，而要总结、交流与分享。每个学生都要对自己的学习过程进行总结，正确地对待自己的收获或存在的问题。同学之间可以交流学习过程中的体会和经验，在合作、交流中，学生学会理解和宽容，学会客观地分析和辩证地思考，也学会申辩。学生的自我反思和小结对于学生在学习上的成长尤其重要。[①]

在展示与交流活动中，教师一定要关注学生在具体活动过程中的投入、体验和表现，调动、引导学生以心灵贴近自然，在与自然包括动物、植物相融、相知的过程中获得自己独特的体验、感悟、遐思……学生可能有各自的不同表现和言语方式，不同的视角，不同的感受，但这正是要达成的活动目标。教师的责任就是在这一活动过程中给予引导、激发、激励，而不是仅在活动结束后来甄别优

① 郑国民，冯伟光，沈帼威. 语文综合性学习的理论基础与基本特征 [J]. 语文建设，2002（4）.

劣。如开展“探索月球的奥秘”这一综合性学习活动，其主要目的并不是要学生探寻出多少月球的奥秘，也无意于让学生解开月球之谜。而是让学生能在“月球文化”的“潮汐”里接受一次冲浪，凭此可以培养探求自然奥秘的兴趣与学会基本的科学方法，可以徜徉在唐诗宋词的那古典的人文的“月亮”里，可以想象、漫游在亦幻亦真的迷宫里……

当然，涉及上述审美体验、情感态度、价值观等非智力因素的培养和评价，目前还不能像知识、能力那样构建系统的培养方法与检测手段，但这些非智力因素的生成与发展是体现在活动过程中的。学生个性素质的生成过程，实质上是在具体情境中、在主客体的交互作用下的主体自我建构过程。因此，面对新的学习与活动情境，学生全身心地投入了，心灵激荡了，真切体验了，感情融入了，我们就有理由认为学生的个性素质获得了发展。那么，我们就应把注意力集中在过程上，放在学生的参与程度上，放在参与过程中的行为表现、情感反应上，而不能只关注那些可以通过结果来呈现、检测的知识与技能。[①]

（二）教师要引导学生互动交流

综合性学习的效果，不仅仅在于每个学生在学习过程中的经验、感受和所取得的成果，更重要的是互相交流过程中所得到的收获。教师要善于组织和指导学生用适当的方式，展示成果，互相交流。

展示过程不仅是检测综合性学习成果的过程，更是展现学生自我风采和合作成效的过程。其实，每个学生都有在同学面前展示自己学习成果的欲望，即使是最为内向的孩子，在成果丰厚时也期待能“被展示”。所以，我们要尽量保证展示的全面深入，争取让每一名学生都有展示的机会，每一名学生的成功都有被肯定的机会。只有这样才能激发学生在以后的综合性学习中更具积极性，从而保障综合性学习活动的持续和高效。

例如，有位教师在指导学生学习六年级“诗海拾贝”专题时[②]，引导学生深入社会生活，调查本地民谣、童谣，让他们发现诗海中这条最为亲切的河流。两天后，学生收获颇丰，因为父辈甚至爷爷奶奶辈的童年记忆都被唤醒了，这些童谣、民谣展现的是淳朴的乡间气息，都带着长辈们温暖的记忆，尤令学生惊喜的

① 黄伟. 语文综合性学习教学实践中的误区辨析 [J]. 中小学教材教学，2002（17）.

② 罗才军. 解放我们的语文学习方式——关于语文综合性学习的几点思考 [J]. 小学语文教与学，2012（1）.

是，很多童谣用方言说才有韵味，这让他们感觉很新鲜。活动展示中，每一名学生都迫不及待，怕被别人抢先说出那些最有趣的童谣。如此丰富绚烂的民间文化元素一旦被打开，语文的内涵就更丰富了。大家跟着推荐人用方言吟诵着。紧接着，推荐人又为大家解说其中的诗歌元素。比如“像诗一样是分行的，押韵的，可以吟唱的”之类，因其直白中蕴含意趣，诵读起来又朗朗上口，所以深得学生的喜爱。展示活动就在动听的歌谣和欢笑声中结束，语文课从来没有像这样的活跃，这样的引人入胜，这样的争先恐后。这样的课堂才是真正解放学生的课堂，这样的语文学习才是真正有生命活力的语文学习。

（三）展示活动常常与学习活动同步进行

在一些以表现为主的综合性学习活动中，如口语交际、朗诵、演讲、戏剧表演等学习活动，过程与结果常常是同步的，或者说是这类活动的展示活动与学习过程是合一的。在这类展示活动中，可以看到学生的学习成果的形成过程。

例如，在“儿童戏剧”的编排与表演这类综合性学习活动中，展示与学习是在同一个过程中完成的。儿童戏剧编排、表演属于语文综合性学习的范畴。它把语文知识的综合运用，听说读写能力的培养，语文课程与其他课程的联系，课堂学习与课外实践活动的结合充分整合起来，突出了儿童的自主性。特别是由学生自行设计和组织的戏剧活动，让学生在探索和研究过程中，学会了合作，培养了学生的策划、组织、协调能力。这种跨学科、跨领域的学习实践，给学生带来了学习语文的全新体验。这种全新体验分为两个核心阶段——编排与表演。两个阶段的要领如下：

1. 编排

儿童戏剧的编排是对原有文本的一种再造和想象。心理学认为，想象是人脑中对已有的表象进行加工改造而创造新形象的过程，而再造想象作为有意想象的一种，是根据语言的描述、图像的示意，形成新形象的过程。儿童剧本的编排就是一个再造想象的过程。

首先，教师引导学生学习戏剧的有关基本知识，场景、故事、道具、服装，矛盾冲突、人物语言、戏剧结构等，告诉学生戏剧就是要达到时间和空间的高度集中和高度统一。

其次，教师可以让学生先分组来写剧本，然后把其中最好的剧本进行修改（先自己改，然后小组互换修改，最后教师指导批改），再定稿。在剧本编排的过程中，要特别注重人物的对话描写，通过剧本的语言（包括台词和舞台说明）来表现人物的性格，让学生学会用细节描写抓人物性格特点的方法。此外，课内课本剧的编写也是儿童戏剧的一部分，如编排《彭德怀和他的大黑骡子》时，可以安排能力强的学生做导演，招募演员，讨论角色的性格特点，设计相应的动作、表情、台词，做好服装、道具的安排，以保证剧目的成功表演。从最初的了解背景资料到参与剧本编排，学生在教师的指导下，经历了主动搜集——理解创作——再造形象的过程。这一由内化到创造的过程，既培养了学生语文的综合素养，也让学生体验了成就感，获得了美的感知。

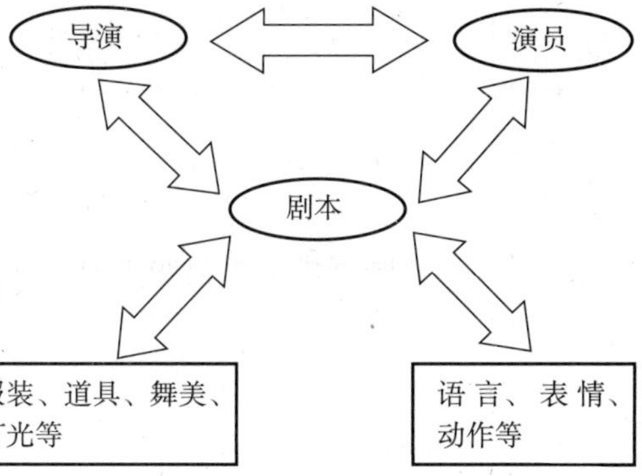

2. 表演

儿童戏剧具有教学和戏剧的双重身份。在表演的时候，既要符合语文综合性的学习要求，又要体现戏剧表演的原则。首先，教师应要求学生不能干巴巴地在舞台上独白、对话，要有一定的动作、神态补充，要运用自己的想象，在表演的过程中生成新的资源，在活动中发现问题、探索问题。其次，学校的儿童戏剧演出并非专业的剧场演出，在道具、服装的配备上尽量不要要求过高，很多时候可以发挥班级学生所长，鼓励师生亲自动手制作来锻炼能力，不追求才艺的最终目标，而重在体验的过程，促使每个学生都参与表演。所有表演过程中，学生担任每个岗位，如小导演、小道具师、小剧务师、小催场师……戏剧表演是培养学生口语交际能力和合作探究能力的重要方式之一。在表演过程中，学生通过反复积累训练，充分感受戏剧的形象美、音乐美、语言美，提高自己的审美品位，使自己的语文素养完成从量变到质变的飞跃。此外，学生通过表演走进人物内心，从角色的主观体验上，提高自己明辨是非的能力，促进了个人身心健康的发展。[1]

从以上表述可以看到，“儿童戏剧”是一种较为特殊的语文综合性活动，这是一种以表现为主的活动形式，编排与表演这两个阶段是前后相续的，密不可分的。在实际的学习活动中，编排与表演都是边学习边展示，学习活动与展示活动同步进行。

① 王静. 儿童戏剧对小学语文综合性学习的促进作用初探 [J]. 江苏教育研究，2015（12A）.

第六章　语文综合性学习活动的评价

本章主要介绍语文综合性学习活动的评价方式以及评价实施，并结合语文综合性学习活动评价的相关案例分类加以分析，力图从中提炼出一些较为实用的评价原则与方案。

第一节　语文综合性学习活动的评价方式

语文综合性学习活动的评价现状不容乐观，我们需要对现有的评价方式与评价实施进行改进，寻求最合适的评价方式，提高语文综合性学习活动评价的信度与效度。

一、语文综合性学习活动的评价现状

任何一项语文综合性学习活动都离不开评价，评价不仅是语文综合性学习活动的最后环节，也是非常重要的环节。由于语文综合性学习活动的实施过程与学习方式都和传统的语文学习有差异，用传统的评价方式来评价语文综合性学习活动是不合适的。语文综合性学习活动评价中出现的问题主要表现为以下四个方面：

（一）只重形式不重实质

对于语文综合性学习活动的评价，我们常常把兴趣点放在那些花里胡哨、热热闹闹的形式上，而对于哪些活动在哪些方面建构了学生的知识与能力，在哪些方面培育了学生的语文素质，却很少深入追究和认真测评。

评价没有把形式与内容关联起来，教师只关注外在的过程与表现方式，而对

学生在综合性学习活动中对主题或问题的探究状况则不甚关注。

（二）过程、方法与结果相隔离

有些论者和实践者为了强调语文综合性学习与传统的语文课堂教学的不同，将学习过程、学习方法抬到比学习结果、学习效果更高的地位，凌驾于学习结果和学习效果之上，将学习过程与学习方法从学习结果和学习效果中剥离出来。实际上，学习过程、学习方法与学习结果、学习效果是相互依存、互为因果的关系，在这对关系中任何一方失去对方都将失去意义。由于我们只看重所谓的过程和方法而忽视或轻视学习的结果和学习效果，自然会导致过程的散漫化，以求新求异为目标。那些无问题的探究、假问题的研究、虚假的合作、虚张声势的讨论交流、现代教学手段的越位和喧宾夺主……都是唯重学习过程和学习方法所产生的病灶。只要我们深入追问其学习的结果和实效如何，那些泡沫化的过程和花拳绣腿般的方法立显原形。在语文综合性学习中，对学习结果的测评诚然不宜用一把尺子衡量有差异的学生，但结果的检测应该贯穿到学习的每一个环节。

（三）知识、能力与情感态度价值观割裂

当前，语文综合性学习的一个严重误区是，语文综合性学习无须语文知识，排斥语文知识，更无意把语文综合性学习活动过程作为语文知识的学习过程；另一误区也值得关注，其后果可能更为严重，这就是将语文知识学习、语文能力培养与情感态度价值观的养成割裂开来。在许多语文综合性学习中，不见语文知识学习、语文能力培养，大谈情感态度价值观，或者总要在活动中“外加一勺”，似乎在语文综合性学习中情感态度价值观可以甚至应该脱离语文学习的过程而独自存在。

就是在《全日制义务教育语文课程标准（2011版）》的“评价建议”中关于综合性学习的表述，也没有把语文知识、能力与情感态度价值观的内在关联表述清楚，好像更为适用于“综合实践活动课程”中的“研究性学习”：

> 综合性学习的评价应着重考察学生的探究精神和创新意识。尤其要尊重和保护学生学习的自主性和积极性，鼓励学生运用多种方法，从不同的角度，进行多样化的探究。这种探究，既有学生个体的独立钻研，也有学生群体的讨论切磋，所以除了教师的评价之外，要多让学生开展自我评价和相互评价。评价的着眼点主要在：
>
> ——在活动中的合作态度和参与程度。

——能否在活动中主动地发现问题和探索问题。

——能否积极地为解决问题去搜集信息和整理资料。

——能否根据占有的课内外材料，形成自己的假设或观点。

——语文知识和能力综合运用的表现。

——学习成果的展示与交流。

在评价时，要充分注意学生在解决问题的过程中所采用的思路和方法。对不同于常规的思路和方法，尤其要给予足够的重视和积极的评价。

评价的“非语文化”表现得非常明显，除了“语文知识和能力综合运用”一条外，其他条款均是适用于综合实践活动课程的评价指标。由于评价对语文综合性学习的特质关注不够，对“语文性”和“综合性”轻视与忽视，过于强调研究性、活动性，这就在很大程度上把语文综合性学习引导到“综合实践活动课程”的轨道。①

（四）评价方式与内容单一化

语文综合性学习活动评价方式与内容单一化体现在：（1）中考、高考在知识学习评价系统中长期占据绝对的主导地位，使日常学习层面的评价缺乏独立性。（2）学习过程割裂。因为评价模式复制中考、高考，教师常常在收尾阶段实施评价，并没有意识到教学过程中教学、学习和评价实质是一个循环往复的动态过程，没有意识到评价是衡量学生在学习中每一个阶段、每一个环节表现的重要反馈信息来源。（3）行为主体单一。单纯纸笔测试只是教师测评学生的手段，这种评价模式下的教师是行为主体，学生在评价中被动应付，并没有把评价的反馈信息作用于自己的学习中。②

二、评价的转型：寻求更加合宜的评价方式

与传统语文学习的评价方式不同，语文综合性学习需要实现评价方式的转型，这既是实现综合性学习目标的需要，也是促进学生个体发展的需要。语文综合性学习的评价，其主要评价手段不再是考试，评价依据不再是分数，评价的目的也不是用来甄别和选拔，而是采用多维评价的方式，以改进学生的学习和教师

① 黄伟. 关于语文综合性学习边界问题的思考 [J]. 语文教学通讯 · 初中刊，2006（9）.

② 吴钟铭. 以评价促进语文学习综合素养——以语文主题综合学习课程评价为例 [J]. 语文学习，2016（12）.

的指导，改善语文综合性学习的课程设计，完善学习活动过程，推动学生的整体发展。要尊重学生评价，加强过程评价，重视个性化评价。① 因此，评价的方式需要从传统的注重甄别、注重量化分数变为更加注重质性、注重发展。具体来说，要注重以下五个方面：

（一）以质性评价统整量化评价

量化评价是把复杂的教育现象加以简化或只评价简单的教育现象，它不仅无法从本质上保证对客观性的承诺，而且往往丢失了教育中最有意义、最根本的内容。20 世纪 70 年代起，人们借助于社会科学研究中不断完善的质性研究方法，开发了回应性评价（responsive evaluation）、解释性评价（illuminative evaluation）、教育鉴赏与教育评论（educational connoisseurship and educational criticism）等质性评价模式。这些评价模式在教育实践领域得到了广泛运用，尤其是在语文综合性学习中人们更加注重从质性角度评价学生的学习过程与学习结果。但质性评价并不是对量化评价的简单否定。质性评价应该内在地包含了量化评价，是把量化的方式统整起来，在适当的评价内容或场景依然需要借助量化的方式对学生的综合性学习做出精准的评价。

（二）由侧重甄别到侧重发展

语文综合性学习的评价并不是为了达到甄别学生的目的，而是为了促进学生的语文运用和综合能力的发展。因而应该把评价作为课程与教学的一个有机构成环节，融合在学习过程中。评价是与教学过程并行的同等重要的过程，评价提供的是强有力的信息、洞察力的指导，旨在促进学生的发展，评价应该体现以人为本的思想，建构个体的发展。因而我们要在语文综合性学习活动中实施发展性评价。发展性评价具体体现为：②

1. 评价主体互动性。强调评价过程中主体间的双向选择、沟通和协商，关注评价结果的认同问题，即如何使评价对象最大程度接受评价结果而不是结果本身的正确性。改变单一评价主体的现状，加强自评、互评，使评价成为教师、管理者、学生、家长共同积极参与的交互活动，如家长开放日、公开答辩等。

2. 评价内容多元化。注重学生综合素质的考察，不仅关注学业成绩，而且关

① 黄伟. 开展语文综合性学习必须解决的几个问题 [J]. 中小学教材教学，2002（5）.

② 钟启泉，崔允漷，张华.《基础教育课程改革纲要（试行）》解读 [M]. 上海：华东师范大学出版社，2001：304.

注学生创新精神和实践能力的发展，以及良好的心理素质、学习兴趣与积极情感体验等方面的发展；尊重个体差异，注重对个体发展独特性的认可，给予积极评价，发挥学生多方面潜能，帮助学生悦纳自己、拥有自信；不仅考察“认识”或“概念”等认知层面，同时关注对“表现”等行为层面的考察，如行为观察、情境测验等。

3. 评价过程动态化。不但关注结果，更注重学生成长发展的过程；不仅关注学生解决问题的结论，更关注学生在解决问题时的思维发展和能力变化过程，将终结性评价与形成性评价有机地结合起来；给予多次评价机会，其目的在于促进评价对象的转变与发展；鼓励将评价贯穿于日常的教育教学行为中，使评价实施日常化、通俗化，如口头评价、作业评价、成长记录袋评价等。

（三）强调评价的真实性与情境性

现代认知心理学的研究表明，学生对学习内容的认知和学习，与其所发生的情境有着密切的联系。传统的语文教学评价中那种孤立的问题或测验条目，缺乏与真实生活的相似性。学生在这种测验中所得的分数，对他们未来在真实生活中的表现很少有预见价值。教育的真正价值，不只在于学生在学校情境中的表现，更在于学生在非学校情境中的表现，在于学生解决真实生活中的真实问题的能力。因此，语文综合性学习活动评价的设计要具有真实性、情境性，以便于学生形成对现实生活的领悟能力、解释能力和创造能力。

（四）个性化表现与学会合作相结合

语文综合性学习中的评价应该尊重学生的个别差异和个性特点，允许学生依照自己的兴趣和特长选用不同的方式加以表现或回答。在重视个性化表现的同时，更要关注学生合作解决问题的能力。传统的语文教学评价为了达到甄别的目的，往往把学生置于严格的个人环境中，不允许学生之间相互交流探讨，让学生面对试题孤军奋战。这不利于学生养成相互合作的精神和技巧，不符合当代社会生活对人的要求。综合性学习的评价鼓励学生之间的合作，允许学生通过分工协作共同完成任务。学生在小组合作中的表现，对问题解决所做的贡献，也成了综合性学习的很重要的评价内容。

（五）着眼于促进语文综合性学习的持续改进

“促进语文综合性学习的评价”即“促进学习的评价”，指学习者和教师收集和解释证据，以决定学习者现在哪里、将来要去哪里以及如何更好地到达哪里的过程。首先，教师的评价观要发生变化，评价不等同于测量，评价本身也是一种学习任务；其次，持续地改进学习状况，需要教师能有效地将评价反馈给学生，促进学生反省自己的学习状况；再次，学生不仅是评价的对象，更是评价的主体，学生只有积极主动地运用评价的信息管理自己的语文综合性学习，才有可能实现评价支持改进学习进而提升学习的终极目的。[①]

三、语文综合性学习的主要评价方式

语文教学评价一般有形成性评价、终结性评价和诊断性评价等方式，这三种评价方式也适用语文综合性学习。但语文综合性学习的特定目标决定了其评价应该更加突出过程性、情境性、表现性、发展性，因此把语文综合性学习的教学目标与其评价方式合理匹配是非常重要的。在语文综合性学习评价中应该灵活运用多种评价方式，采取组合式评价，以便对学生在综合性学习活动中达成的语文诸领域目标和应用能力目标做出合理地评价，促进学生语文素养全面提高。

（一）与教学目标相匹配的组合评价方式

语文综合性学习是以活动的形式呈现的，在活动中学生的学习目标达成情况需要采取相应的评价方法。纵向评估与横向评估相组合的评价是一种较好的方式。纵向评估对应语文综合性学习中的语文诸领域目标的达成情况，反映学生对听说读写课程目标不同方面的掌握情况；横向评估则对应语文综合性学习中的“应用能力”目标的达成情况，考查学生运用相应的综合性学习方法完成任务的总体程度。

纵向评估的主要标准来自语文课程标准总目标和各学段目标，分别是识字与写字、阅读、写作和口语交际诸领域的相关目标，但并不是每一次综合性学习活动都涉及所有这些目标，要视具体的学习活动而定，有的活动只涉及一个领域，有的会涉及多个领域。

横向评估的主要标准来自语文课程标准中的“综合性学习”的相关目标，主要涉及五个方面：问题解决、交流工具和技巧、信息工具和技巧、学习和自我管理的工具和技巧、与他人共同工作的工具和技巧。其中“问题解决”主要考查学

① 吴钟铭. 以评价促进语文学习综合素养——以语文主题综合学习课程评价为例 [J]. 语文学习，2016（12）.

生在三种类型项目中的能力表现：1. 设计一种新产品、一项服务或一个系统，学生要确认这种新产品、新服务或新系统应该满足的各种需求，同时创造满足这些需求的方法；2. 改进某一系统，学生要发展对这一系统的理解，并能发展提高效率的策略；3. 计划和组织一项活动，从构思到结果，学生要对计划和组织活动的各个方面负责，充分安排好人员、时间、经费、物质和设备资源。这些活动中的表现标准要求从小学到高中逐渐提高。横向评估中的其他四个要素是成功完成“问题解决”各类项目所需的工具和技巧，这些工具和技巧只有在考虑到具体的目的和情境之后加以评价才有意义。有效使用这些工具和技巧的关键是，在实际完成任务的过程中综合地运用它们。因此，要让学生在实际问题解决过程中系统地学习和使用工具和技巧，而不是零碎地作为技能操练。学生应在问题解决的项目中展示自己应用这些工具和技巧所达到的程度。另一个方面，任何一个项目都不可能展示学生达到所有标准的情况，事实上，如果一个项目试图覆盖所有标准，那很可能没有一个标准能完成得好。

在一项具体的语文综合性学习活动中，纵向评估和横向评估是交织在一起、融合在具体的情境和行为中。为此，在评价时就需要通过具体的情境和行为去鉴别学生对相应学习目标的达成程度，通过不同的评价工具或方法分类加以评价。

在选择评价工具或方法的时候需要把评价工具或方法与学习目标相匹配，不同的评价工具或方法有各自的优势与局限，如纸笔测试往往较难用来评价技能型学习目标，因此教师必须为不同的学习目标选择、制定确切的评价工具或方法，否则评价的效度就得不到保证。下表呈现了评价方法与学习目标的组合情况：

评价方法 学习目标	选择式反应评价	论述式评价	表现性评价	交流式评价
知识和观点	能够考查对知识点的掌握情况	可以测量对各个知识点之间关系的理解	不适用	通过提问来推断，但费时

续表

学习目标＼评价方法	选择式反应评价	论述式评价	表现性评价	交流式评价
推理能力	可以评价某些推理形式的应用	对复杂问题解决的书面描述，可以考查推理能力	可以观察学生解决某些问题或通过成果推断其推理能力	可以要求学生“出声思考”或通过讨论问题来评价推理能力
表现性技能	可以评价对表现性技能的理解，但不能评价技能本身	可以评价对表现性技能的理解，但不能评价技能本身	可以观察和评估这些技能	非常适于评价口头演讲能力，还可以评价学生对技能表现的基础知识的掌握
产生成果的能力	只能评价对创作高质量产品的能力的认识和理解	可以评价对产品创作的背景知识的掌握情况；简短的论文可以评价写作能力	可以评价创作产品的步骤是否清晰，产品本身的特性	可以评价程序性知识和关于合格产品的特点的知识，但不能评价作品的质量
情感倾向	选择性反应问卷可以探测学生的情绪情感	开放式问卷可以探测学生的情绪情感	可以根据行为和产品推断学生的情感倾向	可以跟学生交流，了解他们的情绪情感

（二）行为评估方式

语文综合性学习活动有一个动态发展的行为过程和最后的行为活动结果，采取行为评估方式才能充分考察到学生各项能力的发展情况。

大部分的开放式问题和封闭式问题，教师只能观察到学生智力活动的结果，而不能了解产生这些结果的思维活动。如果学生做对了一道选择题、正误题、匹配题或者填空题，教师只能假定学生肯定是遵从了正确的程序，而很难有直观的证据来支撑他的假设，因为证明学生思维过程的唯一证据是一个选出来的数字、字母或者所填写的词语。另一方面，问答题和其他需要拓展性回答问题的题目提供的是能够表明学生如何思、如何构建答案的信息。这样，教师能够看出论证的逻辑、答案组织的方式以及学生得出结论的基础。因而，诸如文章、故事、报告、作品展示等的纸笔测试评估是行为评估的一种重要形式。

对语文综合性学习中的行为评估的实施，一方面，教师可以通过对学生在活动中的行为观察随时获得信息，这样的观察是非正式的、自发的。另一方面，教师可以通过构造正式的评估活动，创设评估情境，在这样的情境中，学生的学习行为或成果可以得到展示和评判。这样的评价让每个学生都能展示他们对同一过程或任务的掌握情况，并获得非正式自发观察不可能发现的活动行为或事件的信息。

行为评估一般具有以下几个基本要领：

1. 确定行为评估的目的。语文综合性学习活动的评价常常流于一种形式，其中一个很重要的原因就是评价的目的不清晰。一项综合性学习活动的评价是用于诊断学生的综合运用能力的发展状况，还是为了对学生的这些能力做出评定，目的必须一开始就要清晰。有了较为清晰、具体的评价目的，对活动中的学习行为的评价就具有了一定的针对性。

2. 确定行为标准。首先需要决定是观察动作还是作品，前者需要标准来判断学生的实际行为，后者需要标准来评估行为的结果。在某些场合，过程和结果都要进行评估。其次需要依据行为的基本特征将整个行为或作品拆分成不同的组成部分。另外是行为标准的表述要清晰具体，必须足够具体直到教师能够清晰界定行为或作品的特征，并能让教师清楚地向学生传授，做到行为评估与学生所学一致。

教师确定行为标准的步骤：

（1）通过想象操作，观察学生操作或者考查完成作品来明确需要评估的行为和作品的特征及步骤。

（2）列出行为或作品的重要特征。

（3）力图保证行为标准的量以确保观察和判断的合理性。

（4）通过教师小组来思考标准。

（5）表述可观察行为和作品特征的标准。

（6）避免模糊和模棱两可的词汇。

（7）按照观察的顺序安排行为标准。

（8）在编制自己的行为标准之前，考察现有的行为标准，加以修改。

3. 创设引导和观察行为的情境

在语文综合性学习活动中，有些行为经常在活动中出现，我们就可以在自然的活动过程中加以观察和评价这些行为；有些行为则并不经常出现，如演讲或口头汇报，要评估学生这方面能力就需要创设特定的演讲或口头汇报的情境，让学生呈现这些行为。

创设特定的评价情境需要注意让情境的各要素保持相似性和一致性，当情境对所有学生都是类似且熟悉的时候，评价的有效性可以得到改善。同时还要注意某些情境对某些学生的适应性和特殊性，有些学生在特定情境中呈现的行为特征不一定是稳定的，为了获得稳定的信息，就需要进行多次的观察与评价。如果每次观察得到的是相似的行为，那么教师就有信心相信信息的有效性，并在决策时加以使用。如果得到的信息相互抵触，那就应该重新进行观察。

4. 为行为评分

行为评估的最后一步是给特定情境中的学生行为评分。语文综合性学习活动中的行为评分有两种方式，一是综合性分数，二是分析性分数。当教师需要对学生在这项活动中的整体表现做出评价时，就可以打出一个整体的综合性分数。当教师需要诊断学生的困难所在或是要表明学生对某个行为标准的掌握情况，这是就要分析性分数。

收集和记录学生行为的方式有很多种：纪事（记录观察到的学生个体重要事件和行为的文章）、核对表、等级量表、建立档案袋等。

下表是数字型等级量表的样例。其中的分数（1—4）级别是概述行为表现的一种方式，它给每一行为标准赋值，然后算出总值。

等级量表（rating scale）

姓名：　　　　时间：

说明：指出学生在做口语展示时发出如下动作的频率。对于每个行为，如果“总是”发生划“4”，“经常”发生划“3”，“很少”发生划“2”，“从来没有”发生划“1”。

Ⅰ肢体表达

4 3 2 1 A. 笔直站立，面向观众

4 3 2 1 B. 随着语调的改变而改变面部表情

4 3 2 1 C. 与观众保持目光交流

Ⅱ声音表达

4 3 2 1 A. 语音平稳、声音清晰

4 3 2 1 B. 用不同的语调来强调重点

4 3 2 1 C. 声音能让所有观众听见

4 3 2 1 D. 语速均匀适中

4 3 2 1 E. 清楚表达每个单词

Ⅲ语言表达

4 3 2 1 A. 用准确的单词传递信息

4 3 2 1 B. 避免不必要的重复

4 3 2 1 C. 句子要表达完整的观点和思想

4 3 2 1 D. 按照逻辑顺序组织信息

4 3 2 1 E. 结论处要总结主要观点

量规（rubrics）或称评分量规，是一系列的期望值或标准，这些期望值或标准有助于教师和学生关注课程、主题或活动中的价值点。评分量规是对学生不同行为水平的间断的、书面的描述。由不同的行为表现组织形成，每一组行为描述表明学生行为的一个水平层次。量规既可以用于总结学生行为，也可以用于总结结果（works）。

例如，上述等级量表的行为评估样例（口头汇报或演讲）可以转化为下面的量规描述：

优秀：能持久地面向观众，笔直站立，保持目光交流；声音响亮，语调语速

变换合适；观点组织合理，逻辑性强，句子完整；结尾有简短总结。

好：通常能面向观众，笔直站立，目光有交流；声音较响亮，语速以及清晰度变换不合适；观点组织合理但有些重复；偶尔对词语的选择不恰当，并且没有完整的总结。

一般：学生表现烦躁；有一些目光交流和表情变化；语音不均衡，且不能被所有的人听清楚，有吞音；观点组织松散且重复，有些观点概述不清；没有总结。

差：学生肢体语言不当，很少有目光交流或声音的变化；有吞音，语言单调，声音小，语速不平稳；展示散漫，在主要和次要观点之间没有区分且缺乏组织；没有总结。

第二节　语文综合性学习活动的评价实践

语文综合性学习活动的评价，应着重考察学生的语文综合运用能力、探究精神与合作态度，着眼于学生在综合性学习过程中的表现，如是否能积极参与活动，是否能主动提出问题，还有搜集整理材料、综合运用语文知识探究问题、展示与交流学习成果等方面的情况。

评价要尊重和保护学生学习的自主性和积极性，鼓励学生运用多种方法，从不同的角度进行探究。要充分注意学生解决问题的思路和方法，对有新意的思路和表达以及有特点的展示方式，尤其要给予足够的重视。除了教师的评价之外，要多让学生开展自我评价和相互评价。

一、合理使用量规进行评价

语文综合性学习活动要依据教学设计的评价方式，结合当前的活动进程，考虑如何对学生的学习活动进行合理的评价。评价重点是关注活动的过程和最终的成果，对过程和成果的评价采用行为评估方式。针对语文综合性学习活动的特点，较常见的做法是使用“量规”对学生在学习活动过程中的行为进行评估。

（一）设计并拟写用于特定综合性学习活动评价的量规

语文综合性学习活动量规的设计与拟写需要遵循以下步骤：

第一步，确定好需要评价的活动过程或成果；

第二步，明确这些活动过程或成果的行为标准；

第三步，确定各条行为标准的评分层次水平；

第四步，陈述学生行为标准层级的最高水平；

第五步，陈述学生行为标准接下来的层级水平。

其中，“第三步，确定各条行为标准的评分层次水平”非常关键。一般情况下，行为的层次水平通常以三至五层为宜。有许多通用术语用于描述这些层级评分水平，如优秀、好、需要改进、差，总是、大部分、有时、很少、从不，高级、熟练、基本、进步，所有的、部分的、少数、不完整。

语文综合性学习活动的评分量规有两种基本的类型：综合性评分和分析性评分。综合性评分是通过行为标准评估学生的总体行为，老师挑选出与学生总体行为或作品评价最为匹配的描述。分析性评分是用于评估每个学生的每个行为标准，这些标准都已经在量规中列出，用不同的行为水平对每个标准都进行评价。

语文综合性学习活动评价的量规，在行为标准的确定上需要与语文课程标准的相关要求一致，在第一、第二学段要较多地关注学生参与语文学习活动的兴趣与态度，而在第三、第四学段要多关注学生在语文活动中提出问题、探究问题以及展示学习活动成果的能力。各个学段综合性学习的评价都要着眼于促进学生提高语文水平的效率，并有助于他们扩大视野，更好地掌握学习语文的方法。

在拟定行为标准的时候，需要逐项对照语文课程标准中的“课程目标与内容”“教学建议”和“评价建议”的具体内容，对这些内容进行逐层分解，尤其是要明确区分“听说读写诸领域的目标”与“综合性学习方法等目标”。在具体的语文综合性学习活动中，这些目标是融合在学生的具体行为中的，是难以区分的。但在对学生的行为进行评价时，就需要区分开来，不然就难以拟定出具体的行为标准。

下表是美国肯塔基州评判学生“写作行为”的综合性评分方式，①左侧是行为标准，从“目的 / 读者”到“正确性”有六个主要的评分标准；右侧是从生手到优秀选手的四个层级评分的综合性评分纲要，每个层级评分都包括六个标准。

① [美] 阿来萨，徐士强译. 课堂评估：理论与实践 [M]. 上海：华东师范大学出版社，2007：288.

评分标准	评分层级水平
目的 / 读者 树立和保持一定的目的 与读者进行交流 使用合适的语气和语调 **观点提出 / 论据** 作者进行思考以及支持主要观点的论据 **组织** 作者表现得：逻辑顺序、内在一致性、过渡句 / 总结句 句子 作者涵盖如下的句子：句子长度和结构多变、构造有效、完整且正确 语言 词汇选择、惯用语 正确性 拼写、标点符号、大小写	**生手：**不注意读者或目的；没有提出观点、论据有限或无关；散漫或组织性不强；句子结构不正确或无效；语言不正确或无效；拼写、标点符号出错，且大小写与句子长度、复杂性不成比例 **学徒：**在特定目的上跟读者有些交流，在关注点上有些不集中；不能精心提出问题，论据不精致或重复；组织结构或一致性缺乏；句子结构简单或不合理；语言贫乏或不精确；拼写、标点有些错误 **熟手：**关注目的、与读者交流、语音语调合适；观点有深度，且有相关的精致的论据支持；组织有逻辑，具有内在一致性；句子机构多变且把握得很好；语言易被接受，且有效；拼写、标点有少量错误 **优秀选手：**树立目的且有清晰的关注点，读者意识较强，语音语调合适且有特色；观点的深度和复杂性有丰富的、生动的、恰当的论据支持，有分析、深思和深入洞察；组织仔细且精巧；句子结构多样，长度合理；语言精确或丰富；拼写、标点、大小写都能控制

（二）运用量规进行评价

设计好量规之后，就需要对学生的具体活动加以评价。评价一般按照下面三个步骤进行：

第一步，将每个学生的行为同每个层级水平进行比照；

第二步，根据学生的实际行为或作品选择最合适的层级水平；

第三步，给学生评级。

在运用量规进行正式评价之前，应该先告知学生或让学生熟悉用于评价他们行为和作品的量规中的标准和层级水平，最好能够举例对各条标准加以说明和展示，让学生明白就这一项综合性学习活动而言，好的行为应该符合怎样的标准，差的行为又是怎样界定的。这样，学生就会以标准为参照，认真参加并完成好相应的学习活动。

评估之前了解行为标准和层级水平，对教师和学生都有诸多的好处。对教师而言，具体的标准有助于关注教学重点及评估的重点，提高评估与教学活动的一致性；而且因为有了清晰的标准和层级评分水平，会减少评价的争议，可以给家长和学生提供学生行为描述的详细信息。对学生而言，明确了重要的行为任务，明白了哪些是行为和作品中的重要部分，在学习的过程中可以对自己的行为进行自我评估，进而可以提高整个综合性学习活动的质量。

教师运用量规进行综合性学习评价时应该明白，评价并不是一劳永逸的事情，实际上综合性学习活动的评价是一个需要多次反复、验证、核实的过程，在这个过程中，量规需要不断与实际的学习活动进行磨合，学生对量规的理解也是需要一个过程，应该引导学生把量规与自己要学习的行为一一加以对应，这样可以促进学生对量规的理解。有许多教师采取与学生一道商量并确定量规的方式进行评估，这让学生把评估当作是自己学习活动的一个部分，学习动机和效能感大大增强。

二、注重表现性评价

有关形成性评价的研究表明：当反馈关注学生的过程而非最终作品，关注作品的质量（包含任务）而非学生的素质，同时关心对学生的评论而非分数时，反馈就会非常有成效（Black & William，1998；Butler，1988；Deci & Byan，1985）。谢帕德（Shepard，2000）指出，对过程及任务的关注使学生将认知才能不是视为固定不变的个体特性，而是视为一种动态，这种动态是在当前任务中努力程度的结果。这就在保持学生对学习能力自信的同时，支持了学生的动机。由此，语文综合性学习活动中学生的具体“表现”应该作为评价的重点，注重表现性评价。

（一）表现性评价要合理有序地实施

在语文综合性学习活动中实施表现性评价时需要事先做好相关的准备，确定评价的目标、任务，制定好评价的规则及操作步骤。具体来说，表现性评价的实施要遵循以下程序：

第一步，基于课程标准确定学习目标。《义务教育语文课程标准（2011年版）》作为国家的课程文件，对整个义务教育阶段语文学科的目标做了整体的设计和安排，分四个学段规定了语文教学需要达到的最低要求。这些要求，是确定语文学习目标的基点，语文综合性学习的目标确定也不例外。

第二步，围绕学习目标设计表现任务。在确定了学习目标之后，接下来就要设计达成这一目标的一系列活动，即设计学生需要完成的表现任务。如果语文综合性学习的设计粗疏，既没有设置具体的情境，提供必要的资源，也很少提供具体的程序，那么可操作性就会很差，这也是造成语文综合性学习流于形式、难以实施的原因之一。改变这一状况，就需要提供具体的任务设计的程序和技术。

第三步，根据目标和任务开发评分规则。评分规则在表现性评价设计中具有重要的地位。它如同一张知识地图，能够对学生的学习起着定位和引领的作用。正因为如此，大量关于表现性评价的研究都对评分规则给予了高度的关注，如评分规则有哪些类型、如何开发评分规则、怎样让学生真正理解并能够运用评分规则、样例在评分规则中有什么作用等。

第四步，运用评分规则引领教与学。在实际的教学中，表现性评价的实施面临着许多挑战，如让学生参与评分规则的开发需要花费许多时间，在实施教学的过程中，这些时间从哪里来？其适宜的教学组织形式是什么？如何处理评价的结果？基于这些实施中必须面对的实际问题，教师需要采取及时准确的反馈、集束式的内容编排、学生的自我评价和同伴互评等多种策略，以确保评价与教学相辅相成，共同促进。[①]

（二）表现性评价任务要切实可行

表现性评价最显著的特征，其一是唤起真实情境的运用，其二是使用有意义的教学活动作为评价任务。这也说明，表现性评价需要尽可能真实的情境，这些真实的情境最容易激发学生学习的兴趣，因为越是真实也就越具体。在设计评价任务时，至少要做到以下两点：[②]

1. 任务与目标相契合。综合性学习评价任务的设计首先要与学习目标相契合。评价，就是对学习目标的检测。用以检测学习目标的任务，我们称之为评价

① 申宣成. 表现性评价在语文综合性学习中的运用 [D]. 华东师范大学博士论文，2011.

② 蒋惠琴. 破解语文综合性学习评价难题 [J]. 人民教育，2015（20）.

任务。如果两者不能做到相契合，那么综合性学习的目标无法真正达成。下面是一位老师的评价任务设计：

《走进标点世界》(小学二年级下)
(1)对学生的汇报呈现进行评价；
(2)对小组合作的过程进行评价；
(3)对学生创造性的表演进行评价。

我们不难发现，这位老师设计的评价任务重心主要指向学生综合性学习的形式——如何呈现、如何合作、如何表演等。但这次综合性学习目标则是如此表述的：

(1)掌握逗号、句号、问号和感叹号的用法，正确使用常用标点符号；
(2)进行语文基本功训练，产生学习语文的兴趣；
(3)学会分角色读对话，形成初步的语感。

姑且不论其陈述的目标是否合理，单结合目标审视其设计的评价任务，两者的契合度几乎为零。尤其值得一提的是，目标陈述体现了综合性学习的学科特点——语文性，但评价任务却看不出与学科特点有多大程度的关联。评价任务在用以检测的同时，也在帮助学生达成目标，因此评价任务与“教学活动”是一致的，它应指向学生真实情境中的学习任务，既要与学科特点契合，还要与确定的学习目标契合，这样才能避免教学归教学，评价归评价，教学与评价割裂的现象。

2. 具有可操作性。如果我们要让评价任务始终围绕目标有效地推进，任务的程序必须足够具体，对程序的介绍必须足够明确。这样，才能让学生清楚自己要做什么。有位老师在《我们的中国节》(小学三年级上)综合性学习中这样设计评价任务：

(1)在小组合作分工的任务表格中设计自我评价一栏，引导学生自我评价；
(2)积极构建网络环境下的学习平台，在班级微信群中交流收集到的资料，并将自己的实践成果展示，生生点赞互评；
(3)和父母亲子合作制作美食，撰写简要说明，或将收集到的传说、故事等先讲给家长听，请家长点评；

（4）在课堂上通过自己自信出色地表达，赢得同伴的赞赏和肯定。

这位老师的评价任务设计有两大优点，一是评价任务思路清晰，指向“语用”，体现了语文“听说读写”的能力要求以及表达思维的考量，学科特点明显。二是设计了多元评价方式，自我评价、同伴互评、家长评价、教师评价等，这也正是表现性评价的主要特点。

这个评价任务设计的不足之处主要还是比较笼统，不够具体。如“（1）在小组合作分工的任务表格中设计自我评价一栏，引导学生自我评价”，如果能够为学生提供自我评价表，设定领域、维度、指标、赋值以及等第等，那么这个评价任务就得到了进一步的具体化，便于学生操作，同时也利于教师更为客观地对学生的学习情况进行评判。

再如“（4）在课堂上通过自己自信出色地表达，赢得同伴的赞赏和肯定”，怎样才是自信出色地表达？这一评价任务也需要进一步具体化，如：

*和老师或小组同学保持目光交流；

*音量、语速适中，确保大家都能听清楚；

*使用适当的肢体语言；

*能够举例子来支持自己的表达；

……

如果对评价任务的设计体现出契合性与可操作性的特征，并将其扎扎实实地落实到位，那么学生学习的积极性、主动性就会得以改观，语文综合性学习始终在同一平面滑动的困境也必将得到改善。从这种意义上说，正确运用表现性评价是破解语文综合性学习评价难题的关键因素。

三、正确使用档案袋评价

档案袋是学生学习作品（成果）的集合，这些学习作品不是随意收入的，而是根据一定的目的有意挑选出来的，且与教学目标是一致的。档案袋可由综合性学习活动中的多种行为及作品组成，也可由单一的一种行为及作品组成。

档案袋内的资料主要包括下表中所列举的几类：[①]

媒介：视频、磁带、图片、艺术作品、计算机程序等； 反思：计划、目标、自我反思等； 个人工作：测验、日志、标签、家庭作业、文章等； 集体工作：合作学习班、小组行动、同伴复习等； 学业的进步：初始的和最终的图案，记载下的学习的问题，科学展览计划等。

美国南卡罗来纳大学教授格莱德勒以档案袋的不同功能为标准，把档案袋评价分为：理想型、展示型、文件型、评价型以及课堂型。[②] 具体见下表：

类型	构成	目的
理想	作品产生和入选说明，系列作品，以及代表学生分析和评定自己作品能力的反思。	提高学习质量。通过一段时间的成长，帮助学习者成为自己学习历史的思索者和非正式的评价者。
展示	主要由学生选择出来的学生最好的和最喜欢的作品集。自我反思与自我选择比标准化更重要。	给由家长和其他人参加的展览会提供学生作品的范本。
文件	根据一些学生的反映以及教师的评价、观察、考查、轶事、成绩测验等得出的学生进步的系统性、持续性记录。	以学生的作品、量化和质性评价的方式，提供一种系统的记录。
评价	主要由教师、管理者、学区所建立的学生作品集。评价的标准是预定的。	向家长和管理者提供学生在作品方面所取得成绩的标准化报告。

① [美] 阿来萨著，徐士强译. 课堂评估：理论与实践 [M]. 上海：华东师范大学出版社 2007：290.

② 钟启泉，崔允漷，张华.《基础教育课程改革纲要（试行）》解读 [M]. 上海：华东师范大学出版社，2001：304.

续表

类型	构成	目的
课堂	由三个部分组成:(1)依据课程目标描述所有学生取得的成绩的总结;(2)教师的详细说明和对每一个学生的观察;(3)教师的年度课程和教学计划及修订说明。	在一定情境中与家长、管理者及他人交流教师对学生成绩的判断。

档案袋可以在以下诸多方面促进语文综合性学习的开展：不时地监督学生的进展状况；帮助学生进行自我评价；提供学生学习的持续性评估；帮助教师判断课程的适切性；使得家长会更容易展开；将学生以前成绩告知任课教师；有利于对学生进行评级；展示学生主要成绩；进一步强调了学习中行为过程和作品的重要性；提供了学生实实在在的作品；鼓励学生思考不同课程领域中哪些行为可称为好的行为；为学生行为提供诊断性信息；向学生展示行为过程与成果之间的联系；既关注学习过程也关注最终的学习结果。

档案袋对语文综合性学习活动的最大贡献就是它能让学生重返他们已经做过的行为，并对其进行思考。对于许多学生而言，学生的学校生活是考试、活动、任务、作业的持续不断的过程。每天，都有成批的新的作业要做，而前一天做好的作业又被扔掉或不知去向，这些都是体力和脑力劳动的成果。所以，将他们的作业收进档案，可以为以后的复习、反思、展示、评级而保留。这样，学生可以对不同时期的作业进行思考和比较，这是没有档案的情况下不可能获得的机会。档案让学生看到自己的进步，让他们从长远的时间角度以及个人的发展角度来评判自己的作品。

档案袋并不是一大堆作业的大杂烩，档案袋评价是行为评估的一种，因此，需要遵循行为评估的四个基本要素:(一)清晰的目的;(二)恰当的行为标准;(三)合适的环境;(四)行为评分。

在语文综合性学习活动中实施档案袋评价，需要统筹安排、全程规划，把学生参与综合性活动的过程划分为若干个阶段，依据每个阶段的不同活动任务规划相应的档案栏目，为每一位学生建立一个独立的档案袋或文件夹，把不同阶段的活动记录、学生作品等及时归入档案袋中。在活动过程中，教师需要不断查阅学生已取得的阶段性学习成果，根据学生的已有基础调整对后面活动的指导计划。

四、积极倡导多元评价

语文综合性学习活动应该综合运用多种评价方式进行评价，有的学者提出采取多元评价方案加以评价。多元评价方案的目的不在于评价本身，评价方案本身是本次综合性学习活动的一个环节，通过这一环节一步一步把学习活动向前推进，并且通过评价帮助学生及时发现问题进行调整、完善，评价应伴随整个学习活动的始终。[①] 在具体的语文综合性学习活动中可以参照以下的步骤选用相应的评价方式进行评价：

（一）活动起步阶段：师生共同讨论主题，教师提供活动目的、达标要求及活动计划（教学设计），确定主题及活动计划。

主要评价方式：苏格拉底式讨论评价、非正式性评价。

评价主体：教师、同学、自我。

（二）活动实施阶段：按活动计划开展综合性学习活动。

评价方式：非正式评价、目标游离评价。

评价主体：教师、同学、自我、其他。

（三）活动总结阶段：总结、反思活动过程，形成学习成果。

评价方式：真实性评价、苏格拉底式讨论评价。

评价主体：教师、同学、自我、家长。

（四）成果展示阶段：展示本次学习活动的成果。

评价方式：表现性评价、档案袋评价。

评价主体：教师、同学、自我、其他。

总之，语文综合性学习活动因为涉及因素比较复杂，学习活动也面临着较多的任务。只有依据不同的学习任务和活动目的选择不同的评价方式，才能避免综合性学习活动评价流于形式化，进而增强评价方式的针对性，激发学生参与学习的热情和积极性，提高学习活动的质量。

① 靳彤. 语文综合性学习：理论与实践 [M]. 北京：中国社会科学出版社，2007：143.

第三节 语文综合性学习活动评价的案例评析

本节主要是对语文综合性学习活动评价的几种常见类型案例进行评析，揭示案例中蕴含的操作要领，为改进当前的综合性学习活动评价提供借鉴与参考。

一、语文综合性学习活动的“评价设计”案例评析

下面这个案例是一个综合性学习活动方案中对评价的设计，整个方案按照“活动目标——活动准备——活动过程——活动评价”的思路进行设计，其中“活动评价”与前面三个阶段有机结合起来，可以较好地发挥评价在语文综合性学习活动中的导学与促学功能。

话说千古风流人物（人教版九年级上）[①]

活动目标：

1. 通过讲述、评论、写作风流人物，开阔视野、增长见识，树立正确的偶像观、英雄观、唯物史观，激起对风流人物的景仰、渴慕之情，培植理想主义信念和远大抱负。

2. 通过收集相关资料，练习信息的收集、筛选和整理能力，尝试运用“调查法”，培养初步的科研意识和科研能力。

3. 通过讲述、评价、辩论风流人物及其业绩，练习口语表达能力；通过“风流人物诗文朗诵”，提高朗诵水平。

活动准备（一周）：

1. 教师准备：

（1）时间安排：至少提前两周给学生布置准备任务，包括对“风流”一词词义的准确定位，对风流人物资料的查找、收集、整理，对风流人物诗文作品筛选和朗诵准备。（2）知识和材料准备：教师本人应首先注意多收集资料，涉猎相关的历史书籍，避免老生常谈；为学生推荐相关网站及中央电视台《人物》栏目等。

2. 学生准备：

（1）阅读课本上关于这次活动的说明，明确本次活动的主题和主要内容。

① 靳彤. 语文综合性学习：理论与实践 [M]. 北京：中国社会科学出版社，2007：195–199.

（2）研讨“风流”的含义，查阅《现代汉语词典》《辞海》等工具书，了解“风流”的多种含义，找出相应的例子，并明确本次活动中大家共同采用的义项。

（3）根据对活动板块的兴趣，自愿组合成两个小组，一组负责“今朝话风流”的人物故事讲评和“英雄排座次”的调查，另一组负责“豪情诵华章”的风流人物诗文朗诵。

（4）成立“学生评价小组”（5—10人），负责评价工作有序、自主地开展。设立评价小组的目的是为了体现活动的自主性，从小培养学生自我管理、民主参与的意识、习惯和能力，体现以人为本的教育思想。评价小组的职责是：拟制评价标准并向同学说明，保证评价的公开和公正；在整个活动的过程中，进行过程评价，随时收集、听取各方面的意见，作为对同学进行评价的依据，尤其是参与热情与合作态度方面的评价依据；给每个朗诵的同学打分、写评语；给同学们的作文打分、写评语；把各项内容的评价、各个主体的评价（包括学生自评和老师的参考评价）结合起来，给同学一个综合评语或成绩。

活动过程（一周）

板块一：今朝话风流

“今朝话风流”组成员分成“讲评组”和“调查组”。教师在学生进行风流人物的筛选、讲述前注意提醒：（1）人物的涵盖面要广，不仅有书上提到的政治家、军事家、文学家，也应该注意那些从事的事业难以产生轰动效应、但在人类历史上确有里程碑意义的人物，如科学家、使臣等；不仅有伟人大物，也可以包括现实生活中在某方面堪称“风流”的平凡人物；对于学生们普遍崇拜的某些球星、歌星，不要粗暴拒斥，而要因势利导。（2）选择和介绍人物时，牢牢扣住“风流”二字，不断强化学生对“风流”的思考，不要泛泛地谈论偶像、英雄。（3）对历史人物的评价坚持唯物史观，做到理解与批判的辩证统一。

“讲评组”把小组成员活动前收集到的资料通过图片、课件展示等方式上台为同学们进行讲述并总结风流人物身上值得自己学习的品质，每次讲评3—5分钟。教师对讲评材料的选择、讲评口语表达能力等方面进行适时指导，“评价小组”进行现场评价。

“调查组”把活动前设计的“我心中的英雄座次”调查问卷收集起来，进行整理分析后，由代表上台为同学们讲解问卷设计过程、调查结果、达到的效果等，可以抽被调查过的同学为大家讲解自己排座次的原因，让同学们对学生自己的风流人物看法有比较全面的了解，树立正确的英雄观、偶像观等。

板块二：豪情诵华章

“豪情诵华章”组负责风流人物诗文朗诵比赛。

每位上台朗诵的同学都准备一篇自己最喜欢的由风流人物留下的千古名篇，如苏轼的《念奴娇·赤壁怀古》、岳飞的《满江红》、毛泽东的《沁园春·雪》等。注意：（1）朗诵应配上适合的音乐作为背景，营造气氛，感染观众，带领大家一起走近历史人物的心灵。（2）朗诵的篇目不宜过长，每人应有时间限制，规定5—10分钟，朗诵完由评价小组成员打分。（3）朗诵的次序最好事前按照作品问世的先后顺序，给人以清晰的历史脉络、从古至今的体悟。（4）朗诵比赛完毕，由同学们点评，老师总结，最后评出最佳朗诵者、最佳配乐，以提高学生的口头表达能力、审美素养甚至综合语文素养。

板块三：潇洒抒真情

1. 作文练笔：在参加完以上两个板块的活动后，同学们一定有自己的感受，要求学生自选角度、自拟题目，以风流人物为话题，写一篇作文。

2. 作文由评价小组成员打分，写评语，教师审核。（评价组成员自己的作文可以由其他同学互评）

活动评价

把每位同学在整个活动中的表现集中起来考核，着重看他们在“今朝话风流”中的口头表达能力，“豪情诵华章”中的朗诵水平，调查过程中的参与、配合程度等，参考评价小组给出的活动成绩如朗诵名次、作文分数等，进行客观综合的评价。先由同学自评写出总结、教师评价写出评语，最后评价小组同学根据自我总结和教师评价给出最终评价结果，把评价结果放入学生的成长记录袋。

在这个语文综合性学习活动案例中，活动评价的设计有几个主要特点：一是在活动准备阶段就规划好“学生评价小组”（5—10人），并明确了评价小组的主要职责与具体任务。这样的设计旨在落实活动评价主体的多元化，从“学生互评”的角度落实学生作为评价主体的职责。二是在综合性学习活动的开展过程中设计了相关的评价任务，如在“今朝话风流”板块设计了“评价小组”的现场评价；在“豪情诵华章”板块设计了“朗诵完由评价小组成员打分”的环节；在“潇洒抒真情”板块设计了“由评价小组成员打分，写评语，教师审核”等评价环节。三是在“活动评价”中具体陈述了本次综合性学习活动的评价内容、评价形式、评价过程等，评价兼顾了每位同学的活动，我们从“把每位同学在整个活动中的表现集中起来考核”“先由同学自评写出总结、教师评价写出评语，最后评价小组同学根据自我总结和教师评价给出最终评价结果”“把评价结果放入学生的成长记录袋”等相关表述中也可以看到其对评价过程的完整设计。

二、语文综合性学习活动的“展示与评价”案例评析

下面这个案例是语文综合性学习活动的实施过程实录，反映的主要是综合性学习活动的“展示与交流”阶段，从这个过程中我们可以看到任课教师对活动进行评价的一些做法。

马的世界（人教版七年级下）①

教学目标：

1. 指导学生在活动中积累资料，深入思考，了解有关“马”的文化知识，进而认识到中华文化的博大精深。

2. 了解马和人类的亲密关系，学习马的精神。

教学过程：

一、创设情景，导入课题

（播放歌曲《骏马奔驰保边疆》）

师：从莽莽尘沙中走出的马，用它的雄姿展现了驰骋沙场的风采，用它的豪迈彪悍征服了敌人。马与人类共命运，同呼吸，共劳苦，历尽艰险，受尽磨难。马，是人类最忠诚的朋友。现在，让我们走进马的世界，去了解这位人类最忠诚的朋友。

二、成果展示，多元评价

师：活动前，我们根据个人兴趣爱好自由分为“文字中识马”“历史中见马”和“文学中寻马”三大组探究相关问题。今天我们终于可以一展风采了。希望全班同学人人参与，共享资源，积极发言，互相学习，总结探究得失。有请第一小组！

1. 文字中识马

生 1：大家好！我们是文字小组，现在我们来解读汉字“马”。

---

① 赵水英，王林发. 语文综合性学习教学设计方案 40 例 [M]. 北京：中国轻工业出版社，2013：130–134.

生2:“见字如见马”,“马”字的起源主要是从象形文字而来的。甲骨文“马”字的出现,说明公元前15世纪至公元前11世纪的殷商时代,我们的先民已有蓄养马来应用于战争、农耕的能力。《说文解字·马部》:“马,怒也,武也。”而“马”字正体现了“怒”“武”,即马容易激怒,喜欢奔驰,具有无视对方、敢于勇往直前的特征。

生1:其实,“马”不一定都指马,像“驸马”指的是皇帝的女婿,还有“兵马”“探马”“响马”“马大哈”等都是指人;“马”也有既不指马,又不指人,而是指物的,如“马力”“马达”“马克”“马蜂”“马拉松”等;指事的有“出马”“下马”“拍马屁”“露马脚”等。没想到“马”字有这么多意思吧,它为丰富祖国的语言文字立下了“汗马功劳”啊。

师:这组同学都是一匹匹黑马,搜集了这么多有关“马”字的资料,一个简简单单的“马”字却蕴含这么深厚的文化知识。“马”字不简单,你们更加不简单。同学们对第一小组的成果展示满不满意?

生3:介绍得太精彩了,由浅入深,由表及里,有条有理。如果没有认真的态度和充分的准备,是不会有如此出色的表现的。

生4:这组同学善于总结归纳,按照指人、指物、指事把“马”字分为了三类,一目了然。不过,如果能展示甲骨文的“马”字就更好了,“音形结合”更能吸引人。

师:同学们的点评对这组同学的进步立下了“汗马功劳”,希望你们再接再厉。(学生笑)

2. 历史中见马

师:穿越历史的云烟,马始终以一种昂扬向上的姿态与人类同行。翻开历史画卷,我们看到许多与马有关的故事。同学们,想听吗?掌声有请第二组!

生5:大家好!我们搜集了与马有关的故事。先讲“指鹿为马”的故事。秦朝末年,丞相赵高阴谋篡夺王位,但害怕群臣不服,所以迟迟不敢动手,他想了一个办法,想测验一下群臣对他的态度。一天他把一只鹿献给秦二世,并说:“我献给您一匹马,请您笑纳。”秦二世一看,大笑起来,说道:“你搞错了吧,这不是马,这是一只鹿。”随即秦二世问左右大臣,赵高献的是鹿还是马。许多大臣都惧怕赵高,明知道是鹿也不敢承认。“指鹿为马”比喻颠倒黑白,混淆是非。

……

师:请大家给第二组打个分。谁先来?

生 6：但凡口才好的人，都是会讲故事的人。这组肯定隐藏着许多未来的演说家。

生 7：我们虽然只听到了故事。但是明白他们付出的努力，准备了 20 个与马有关的故事，而且讲得娓娓动听，大方得体，难得！

生 8：故事惊心动魄，值得赞赏！

生 9：听了这个故事，我们知道了成语"指鹿为马"的典故。但是这位同学仅仅是为了讲故事而讲故事，没能把个人的思想融进去，如果能联系现实生活具体说说就更好了。

师：大家的评价较为中肯。谢谢第二小组辛勤的付出！

3. 文学中寻马

师：人们对马充满了感情，这种感情在许多文学作品中也有充分的体现。下面请第三小组展示他们的学习成果。

生 10：马，作为一种形象，与文学艺术结下了不解之缘。我们来欣赏杜甫的《房兵曹胡马诗》。（出示课件）

房兵曹胡马诗

（唐）杜甫

胡马大宛名，锋棱瘦骨成。竹批双耳峻，风入四蹄轻。

所向无空阔，真堪托死生。骁腾有如此，万里可横行。

生 10：作者笔下的马嶙峋耸峙，状如锋棱，马耳如刀削斧劈一般锐利劲挺。四蹄腾空，凌厉奔驰。首句写马的产地，大宛以产好马闻名于世；第二句写马的不凡风骨和高贵品格；接下来的两句写马的双耳和四蹄，细节描写出神入化，马的形象跃然纸上；后四句既写马，又写人，写时代，至此境界全出。

师：请大家进行评价。

生 11：写马写得神，评马评得奇！我由衷地爱上了马，爱上马的精神特质。不过这位同学对于后四句的介绍略显得简单，在这里我想补充一下。诗的前四句写马的外形动态，后四句转写马的品格，用虚写手法，由咏物转入了抒情。颈联承上写奔马而来，纵横驰骋，有着无穷广阔的活动天地，它能逾越一切险阻，足以使人信赖。这里看似写马，实是写人，这难道不是一个忠实的朋友、勇敢的将士、仗义的豪杰的形象吗？尾联先用"骁腾有如此"总挽上文，对马做概括，最后宕开一句"万里可横行"，包含着无尽的期望和抱负，意境深远。

生 12：** 同学的分析很好，不过我觉得还是稍有欠缺，展示的同学只是简单地分析了马的形象，既然说这首诗体现了一种时代精神，为什么没有说明诗是借马的形象和气质来表现盛唐气象？

这个案例把评价活动融入活动过程中，体现了活动与评价合一的形成性评价原则，语文综合性学习的整合性、自主性、实践性等特征决定了其评价应遵循综合性、过程性和主体性的基本原则。综合性学习是一种开放性活动，单方面依靠教师很难对学生做客观、准确、全面的评价，需要遵循多元评价原则。多元评价的方式应是多种多样的，从不同角度、不同层面、不同方面进行评价，以促进学生多元智能的发展。在学生的展示活动过程中，每一个学生展示与汇报之后，都安排了学生之间的评价与交流，方式也多种多样，较为充分地发挥了评价的引导性功能。

三、语文综合性学习活动的"作业样本评价"案例评析

下面的案例是美国的一个初中综合性学习的"作业样本评价"，从中我们可以看到其"标准"与"实例"的一致性。

《美国初中学科能力表现标准》[①]中的"初中应用学习能力"相当于"综合性学习"，其中的"作业实例及评注"展示了一个案例——"学生历史杂志"，主要是介绍了英语（母语）与历史学科的综合性学习。作业任务是"英语和历史小组的学生设计和出版一系列有关历史主题的杂志，该杂志为买不到这类杂志的中学生们提供娱乐性、大信息量的夏季阅读材料"。

完成作业的条件：在由班级设计、分发和收集的调查问卷中得到的数据基础上，学生们根据符合读者兴趣的历史主题来编辑杂志，他们以个人和团队成员的身份开展工作，每个团队都侧重于做一个特定主题。为了确保学生们完成目标中的内容，历史和英语教师担任了项目顾问和项目监督员。该作业大约持续了三个月，并和班上的其他工作同时进行。

进行该综合性应用作业的宗旨：综合性学习应让学生将其理论知识应用于实践中，并从作业实践中学到知识，这些知识同他们在学校里所学到的知识联结起

① 美国国家教育和经济中心、匹兹堡大学著，上海教育科学研究院组译. 美国初中学科能力表现标准 [S]. 北京：人民教育出版社，2004：134-139.

来，以适应21世纪工作的需求。

该作业样例的评注实际蕴含了综合性应用活动的评价理念——依据相应的“表现标准”对学生的“表现”做出评价。其中的“表现标准”涉及两个方面，一个方面是“应用能力表现标准”，二是“写作能力表现标准”。

其中“应用能力表现标准”包括：

a. 问题解决：设计一种产品、一项服务或一个系统；
b. 交流工具和技巧：使用多种方法和形式出版信息；
c. 信息工具和技巧：收集信息；
d. 信息工具和技巧：使用信息技术；
e. 学习和自我管理的工具和技巧：开发并修订一个工作活动计划；
f. 与他人共同工作的工具和技巧：负责团队项目中的某一部分。

而其中的“文章”采用的是“写作能力表现标准”加以评价，例如其中一篇《采访越战老兵》就须用“写作：学生写一篇报告”的相关标准：

a. 构建文章内容，建立个人风格，激发读者的兴趣；
b. 把握好贯串全文，传达主题思想的基本主线；
c. 构建一个与特定目的、读者、上下文相适应的基本框架的要求；
d. 包含恰当的事实和细节；
e. 删除多余的及不适当的信息；
f. 运用一系列适合的写作技巧，诸如提供事实和细节，描写或分析主题，叙述相关的轶事，比较、对照、指出并说明其优越性和不足之处；
g. 使文章的结尾有意义。

这个团队学生的作业实例主要包括以下内容：

A

亲爱的××女士和××女士：

我们应用学习小组正在编辑一份杂志，它侧重于从19世纪末到20世纪初的现代艺术主题。有很多原因使我们感到编辑这本杂志是件很值得的工作。首先，这份杂志将为我们小组成员和读者提供教育资源。我们将从我们的研究中学到很多东西，因为我们的主要目标是为读者服务，读者也将受益，因为他们会从这份互动式的杂志中学到东西。其次，杂志能愉悦读者。

这整个项目将是一个有价值的体验，我们希望您能考虑我们这个建议的思路。谢谢，占用了您的时间。

您忠诚的梅丽莎娜塔莎达斯蒂金伯利杰迷

B

亲爱的 ×× 女士和 ×× 女士：

我没有预想到要花这么多时间和精力进行研究，准备无穷尽的底稿、艺术作品、文字和编排版面，有时在小组中开展工作也很困难，尽管我们在进行中遇到了一些大大小小的困难，但我对最后的作品感到高兴，并觉得通过这个项目我获得了很多有价值的教训和技能。

在考虑写文章之前，编辑杂志的第一步是设计。我首先提出应把娱乐性做为主题，这是因为在读者的需求和价值取向列表中，娱乐被列为主要项目之一。后来我们又加入了音乐、游戏和电视，因为我们认为这些很有趣，至于决定杂志中应包括哪些内容，我们先确定读者的需求、价值观和知识结构。我们小组中的每个成员编织自己的列表。然后我们在班里将它们汇集在一起。在我们较好的了解了我们在为谁编杂志后，我们找来了几本杂志做参考，像《十七岁》，作为有能力的成年人榜样（见日记 2/22）。然后我们每个人列出了我们喜欢的以及想包括在我们杂志中的内容。我们注意到了醒目的标题、不同的版面编排、许多艺术作品、变化多端的色彩以及易于发现有趣主题的文章。在这方面，我们小组成员在一起工作得确实很好，我们每个人都参与了讨论并提出了见解。在基本主题定下以后，我们开始发展事先确定的各个栏目，我建议编辑一个额外栏目，叙述有关电视机历史的趣闻或趣事，及今日的状况，最后我们确实这样做了。我们一完成初稿，就作了评估，其方法是让两组人员阅读、发表评论。

C

一个学生的几则日记（工作计划表样例）

3 月 30 日 A.L. 杂志的第二批稿子和艺术作品下星期三交。为此，英语课我们都去了图书馆。我需要写采访，将它转成专栏形式。历史课上，我们讨论了需要联系的一些组织，以获得刊登照片的许可。需要写一些信件。

3 月 31 日英语课，我们在图书馆查找版权办公室的地址，以便给他们写信。查找中，我们发现了一些需要的艺术作品，由我负责打印信，我将在家里打信并在这个周末寄出。给霍利的独创故事找到一幅画。

4 月 4 日我开始为我的栏目写新的稿子，我们最后得到了所有的版权许可，信已发出，所不幸的是，我没有微软的印刷系统软件，我只能用“微软的 word”软件打这篇文章，明天要在学校将它转入印刷系统软件。

4 月 5 日今天磁盘出了问题，我的文章全部消失了。我不得不在周末打文章以保证有足够时间编排版面。版权信已发，但还未收到回信。

D

安迪•沃霍尔视觉艺术基金会

××中学
××路
福特沃斯，德州 761

亲爱的×××女士：

谢谢你关于安迪沃霍尔的堪培尔汤罐的复制请求。我们很愿意满足您的这一要求（不收取任何费用）。艺术品的版权号为：

○ C1995 安迪•沃霍尔视觉艺术基金会

我不知你们是要复制一份这幅图画还是这幅图的复制品，所以我不清楚你们需要何种文字说明。如果你们需要文字说明，请告诉我更多的细节，我很高兴帮助你们。

这次综合性学习活动的主要任务是编一本杂志，学习活动整合了英语和历史两个学科的相关内容。这里呈现的是这次语文综合性学习活动的部分作业样例，其他成果（杂志封面、目录、文章、研究报告等）样例从略。这个案例给我们的启发有以下两点：

一是在对综合性学习活动进行评价之前，要对照表现标准的具体指标，结合具体的活动内容与任务，逐条分解落实，找到活动内容与标准的对应处。这样就保证了评价与目标（标准）的一致性，体现了评价活动与整体活动的完整性，在评价时就具有针对性。

二是依据学习证据对学习活动进行评价。这里的学习证据，既包括学习活动过程中的证据，如 A（任务选择）和 C（学生活动日记）；也包括学习活动取得的成果，如 B（成果说明）和 D（复制品的许可）。有了这些证据，才能对学生的参与状况、活动进程及成果的质量等进行精准的评价。

四、语文综合性学习活动中的“纸笔评价”案例评析

这里的纸笔评价主要是指大规模测试中对“综合性学习”内容的考查。大规模测试主要形式是小学学业水平考试、中考和高考。这三类考试中均有综合性学习试题，而尤以中考最为典型。下面我们主要结合中考的相关题型做一番分析。

中考的综合性学习测试方式是纸笔测试。通过纸笔测试的方式来评价学生综合性学习的能力，有一定的局限性，只能呈现认知结果，而学习的过程则无法呈现。为了弥补这一缺陷，语文综合性学习测试的题型就需要更加讲究，尤其需要更加突出语文能力的综合运用、生活化的情境设计、问题解决的过程设计等。

近几年的语文综合性学习测试题型的质量参差不齐，有不少比较规范的合宜的综合性学习试题，但也存在很多问题。这些问题集中体现在以下几方面：①

一是没有突出语文综合能力的运用。

二是语文综合能力的运用与阅读、写作单项能力的训练没有区分，混淆了与阅读、写作的界限，尤其是把非连续性文本的阅读当作了语文综合性学习。

三是“综合性”没有得到很好的处理。没有做到设置试题时兼顾听说读写四种能力的考查，并且各小题之间注重内在逻辑关联，力求体现综合性学习试题“综合的语文味”。

四是情境的设置华而不实。有的试题中设置的情境与学生要完成的任务几乎没有关联。学生在答题过程中，根本不需要考虑命题者设置的情境，所谓的情境成了可有可无的点缀。还有的试题设置虚假情境，造成过程的虚化，从而违背了综合性学习考查的初衷。

因此，纸笔测试形式的语文综合性学习评价需要对“活动情境”加以精心设计，以弥补学生“活动”的不足，为学生提供更加“生活化”的综合情境。如下面这道题（2015 年浙江省绍兴市中考试题）：

① 周日．“四伪”现象：综合性学习试题命制亟须矫正 [J]. 语文学习，2016（12）.

越秀小区的王菊香奶奶收到了一份电费通知单。通知单除了告知王奶奶家2014年全年的电费情况外，还附上了两张图表（图一、图二）（8分）

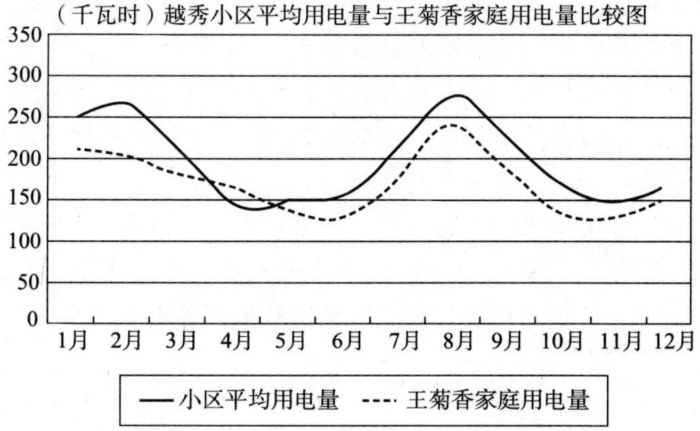

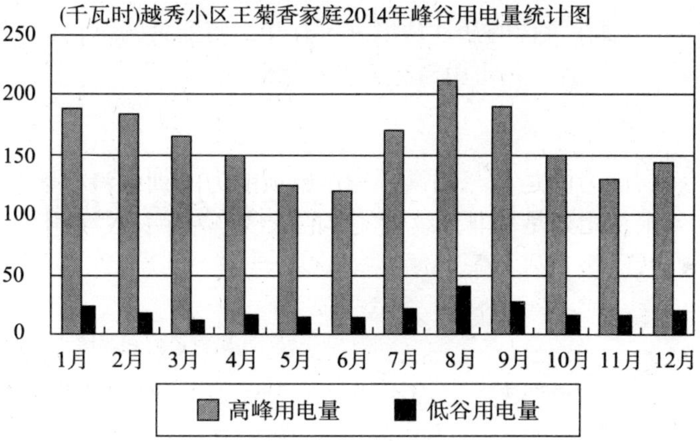

【知识链接】[来源：21世纪教育网]

8:00–22：00时段用电，称为“峰电”，电价：0.568元/千瓦时；22:00–次日8:00时段用电，称为“谷电”，电价：0.288元/千瓦时。普通用电电价：0.538元/千瓦时。

分析图一曲线，归纳王奶奶家2014年用电情况的总体特点。（3分）

王奶奶看着自家的电费单想不通：都说用峰谷电省钱，自家的用电量跟以前差不多，可电费为什么还没降下来？请你阅读图二和“知识链接”，帮王奶奶找

一找原因。（2 分）

（3）为了帮助王奶奶家省电费，同学们七嘴八舌地提出下面几个“金点子”，请结合上述有关材料，选出与峰谷电的特点相关的三个“金点子”。（　　）（3 分）

每次看完电视后，把电视机的插座拔下来。

最好在早上八点以前用电水壶烧好开水。

夏天天气炎热，白天尽量用耗电省的电风扇。

家里的白炽灯全部换成更省电的节能灯。

晚上十点以后再给家里的电动自行车充电。

【答案:（1）特点：总体上低于小区平均用电量；不同月份（季节）用电量不均衡。（2）电价较高的峰电用量较大，而电价较低的谷电用量偏小。（3）B CE】

这三道题紧紧围绕“用电”这一图文并置的主题情境，并且呈逻辑性、层进式逐题展开，学生答题时必须紧紧依据情境设置中提供的信息进行作答，充分体现了综合性学习必须在具体的活动情境中考查知识与能力的综合运用。

又如 2016 年浙江省台州市中考综合性考试题：

阅读下面图片，完成 1—4 题。

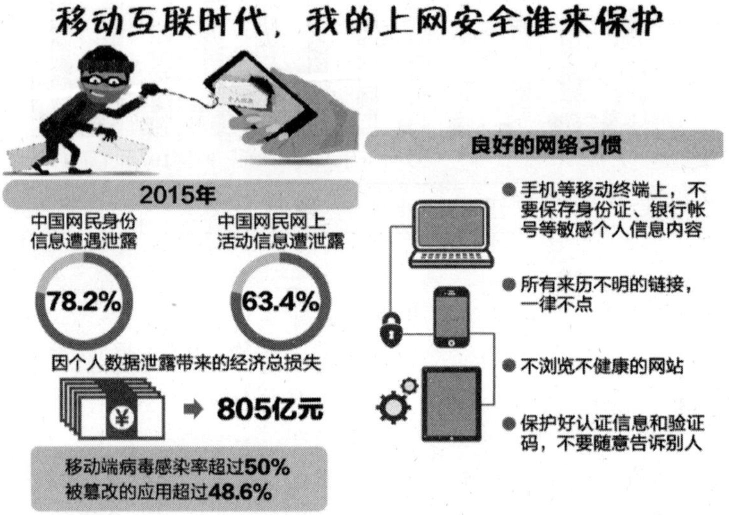

（图片来源于《钱江晚报》2016 年 5 月 13 日）

1. 阅读图片中的数据及与数据相关的文字，你得出哪些结论？（2 分）

▲

2. 下列对图片的理解，正确的一项是（ ▲ ）（3 分）

A. 图中漫画的主要意思是告诉人们要保管好自己的手机，以防被偷走。

B. 图中设置锁状图标“🔒”的用意是提醒人们不要将手机、电脑等通过网络连接。

C. 上网时不点来历不明的链接，不要浏览不健康的网站。

D. 在手机等移动终端上要妥善保存身份证、银行账号等个人信息。

3. 阅读下面材料，结合你对图片内容的理解，对材料中某小伙的做法加以分析。（4 分）

2016 年 4 月 8 日，北京某小伙莫名其妙地收到一条“订阅增值业务”的短信，他根据提示回复了一条“取消 + 验证码”的信息之后，自己的手机 SIM 卡被恶意复制，卡中的个人信息全部被盗用，半天之内支付宝、银行卡里的钱被席卷一空，而最后他也没有完全明白自己的钱究竟是怎样被黑客盗取的。

（材料来源于《北京青年报》2016 年 4 月 13 日）

▲

4. 如果把上面的图片张贴在公共场所的宣传栏中，你认为此图片对网民能达到宣传目的吗？请说明理由。（4 分）

▲

【答案 1. 中国网民信息泄露严重，网民因信息泄露带来的经济损失巨大，移动端病毒感染严重，被篡改的应用多。（2 分，一点 1 分，答对两点即可）2.C（3 分）3. 示例：小伙的做法应该引起大家的警惕。他的受骗，最主要的原因是不慎泄露验证码等信息，缺乏网络安全意识。在使用手机时，对于可疑的短信，不要回复，保护好认证信息和验证码，不要随意告诉别人，要有安全防范意识，养成良好的网络习惯。4. 示例一：能，因为这张图片图文结合，形象生动，易于大家接受；数据准确，条理清楚，一目了然；简便直观，利于快节奏时代的阅读；整张图片警示作用突出，利于网民养成良好的上网习惯。（4 分，一点 2 分，两点 4 分。每点都要从图片特点和宣传效果来答，仅答一方面得 1 分） 示例二：不能。图片中的有些专业性图标因配上文字说明，便于人们理解，图片与文字结合还不够紧密，设计成图表会更清楚明白；图文中出现了一些专业术语，应采用更通俗易懂的文字说明。（4 分，一点 2 分，两点 4 分。若有学生只回答类似“有些人看不懂图片”或“不喜欢图片”的答案给 1 分。只答“能”或“不能”不给分）】

这道题采用了报纸上的真实图片作为活动情境，具有生活化的气息。题目的回答要求学生综合运用阅读、推理、写作等相关能力。从语文综合性学习活动纸笔测试评价方式来看，这道题在情境、内容、方式之间的逻辑联系方面处理得比较好。

总体看来，语文综合性学习活动的纸笔评价，要根据综合性学习的特点进行考查和评价，以区别于通常的知识考查和单一的阅读、写作训练，更不能背离语文学习的基本要求。不少地方的中考已经体现综合性学习的要求，这对引导大家重视这一学习方式，无疑会有很大的作用。但也有些试卷的试题，似乎偏离了语文的方向，如果不加以注意和调整，会使综合性学习误入歧途。如某地中考试题要求学生为一本杂志设计一幅封面，并在考卷上画出来。这的确有一定的综合性，但以画的形式呈现学习成果，则不够妥当，用语言表述还在情理之中。还有一份中考试卷中有这样一道试题：上物理课时，老师为了生动形象地讲解热学知识，写下了一副有趣的对联，它的上联是“杯中冰水，水结冰冰温未降”，下联是“盘内水冰，冰化水水温不升”。这副对联反映的一个规律是：A. 液体凝固、晶体熔化过程，温度不变。B. 液体凝固过程，温度不变。C. 气体液化、液体凝固，温度不变。D. 固体熔化过程，温度不变。这道题虽然体现了语文和物理学科的交融，但遗憾的是把考查的重心放到了物理知识上，而且对综合性学习的基本特点也体现得不够。[①] 因此，在大规模测试中的“纸笔评价”的内容与方式都需要进一步研究，要编制出真正体现语文综合性学习活动目的的题目，以更加精准地引导语文综合性学习活动。

① 黄厚江. 打开语文学习的又一扇窗——谈语文综合性学习的开展 [J]. 语文教学通讯，2006（5）.

参考文献

1. 中国大百科全书・教育 [Z]. 北京：中国大百科全书出版社，1985.

2. 周振甫. 文心雕龙今译 [M]. 北京：中华书局，1986.

3. 钱锺书. 谈艺录（补订本）[M]. 香港：中华书局香港分局，1986.

4. 中央教育科学研究所比较教育研究室编译. 简明国际教育百科全书・教学（上）[Z]. 北京：教育科学出版社，1990.

5. [美] 杜威著，王承绪译 . 民主主义与教育 [M]. 北京：人民教育出版社，1990.

6. 江山野主编译. 简明国际教育百科全书・课程 [Z]. 北京：教育科学出版社，1991.

7. 王炳照等. 历代教育论著选评（上、下册）[C]. 武汉：湖北教育出版社，1994.

8. 张隆华，曾仲珊 . 中国古代语文教育史 [M]. 成都：四川教育出版社，1995.

9. 皮连生. 智育心理学 [M]. 北京：人民教育出版社，1996.

10. 张志公. 张志公自选集 [C]. 北京：北京大学出版社，1998.

11. 何怀宏. 选举社会及其终结——秦汉至晚清历史的一种社会学阐释 [M]. 北京：生活・读书・新知三联书店 1998.

12. 朱绍禹，庄文中. 国际中小学课程教材比较研究丛书：本国语文卷 [M]. 北京：人民教育出版社，1999.

13. 余英时. 论戴震与章学诚：清代中期学术思想史研究 [M]. 北京：生活・读书・新知三联书店，2000.

14. 钟启泉，崔允漷，张华. 为了中华民族的复兴 为了每位学生的发展——《基础教育课程改革纲要（试行）》解读 [M]. 上海：华东师范大学出版社，2001.

15. 褚树荣. 教室里的革命 [M]. 杭州：浙江教育出版社，2002.

16. 徐长福. 理论思维与工程思维：两种思维方式的僭越与划界 [M]. 上海：上海人民出版社，2002.
17.［日］佐藤学著，李季湄译. 静悄悄的革命：创造活动、合作、反思的综合学习课程 [M]. 长春：长春出版社，2003.
18.［美］杜威著，姜文阁译 . 我们怎样思维 · 经验与教育 [M]. 北京：人民教育出版社，2004.
19.［德］加达默尔（Gadamer，H.G）著，洪汉鼎译 . 真理与方法：哲学诠释学的基本特征（上卷）[M]. 上海：上海译文出版社，2004.
20. 美国国家教育和经济中心、匹兹堡大学著，上海教育科学研究院组译 . 美国初中学科能力表现标准 [S]. 北京：人民教育出版社，2004.
21. 黄伟，陈尚达. 语文综合性学习研究与教学设计 [M]. 南宁：广西教育出版社，2004.
22. 靳彤. 语文综合性学习：理论与实践 [M]. 北京：中国社会科学出版社，2007.
23.［美］阿来萨著，徐士强译. 课堂评估：理论与实践 [M]. 上海：华东师范大学出版社，2007.
24. 洪宗礼，柳士镇，倪文锦主编 . 母语教材研究 1—10[C]. 南京：江苏教育出版社，2007.
25.［加］德雷克，［美］伯恩斯著，廖珊译. 综合课程的开发 [M]. 北京：中国轻工业出版社，2007.
26. 孔庆茂. 八股文史 [M]. 南京：凤凰出版社，2008.
27.［美］琳达 · 达林－哈蒙德等著，冯锐等译. 高效学习：我们所知道的理解性教学 [M]. 华东师范大学出版社，2009.
28.［比］易克萨维耶 · 罗日叶著，汪凌译. 整合教学法：教学中的能力和学业获得的整合 [M]. 上海：华东师范大学出版社，2009.
29.［比］易克萨维耶 · 罗日叶著，汪凌译. 为了整合学业获得：情境的设计和开发 [M]. 上海：华东师范大学出版社，2010.
30.［瑞典］胡森，（德国）波斯尔斯韦特总主编，丛立新等译. 教育大百科全书 · 课程卷 [Z]. 重庆：西南师范大学出版社，2011.
31. 林维杰. 朱熹与经典诠释 [M]. 上海：华东师范大学出版社，2011.
32. 申宣成. 表现性评价在语文综合性学习中的运用 [D]. 上海：华东师范大学博士论文，2011.

33. 义务教育语文课程标准修订组编写，温儒敏、巢宗祺主编.《义务教育语文课程标准（2011 年版）》解读 [M]. 北京：高等教育出版社，2012.
34. 郭英德主编. 中国古代文学与教育之关系研究 [M]. 北京：北京大学出版社，2012.
35. [荷] 范梅里恩伯尔，[荷] 基尔希纳著，盛群力译 . 综合学习设计 [M]. 福州：福建教育出版社，2012.
36. [美] 布兰思福特等编著，程可拉等译. 人是如何学习的（扩展版）[M]. 上海：华东师范大学出版社，2012.
37. 包建新. 语文综合性学习案例教学论 [M]. 杭州：浙江大学出版社，2012.
38. 赵水英，王林发. 语文综合性学习教学设计方案 40 例 [M]. 北京：中国轻工业出版社，2013.
39. 张霞尔. 实践・探究・开放——初中语文综合性学习教学及思考 [M]. 宁波：宁波出版社，2013.
40. 王荣生，申宣成. 语文综合性学习教什么 [M]. 上海：华东师范大学出版社，2014.
41. 王荣生，陈隆升. 实用文教学教什么 [M]. 上海：华东师范大学出版社，2014.
42. 钟启泉. 课堂革命 [M]. 南京：江苏人民出版社，2017.
43. 钟启泉. 课堂转型 [M]. 上海：华东师范大学出版社，2018.
44. [新西兰] 哈蒂著，金莺莲等译. 可见的学习：最大程度地促进学习 [M]. 北京：教育科学出版社，2018.
45. 陈隆升. 学情分析论 [M]. 上海：上海交通大学出版社，2019.